Abb. 1, Vorsatz: Ansicht Manhattans: Die nach Norden ausgerichtete *Birdseye View* von John Bachmann (um 1865) zeigt die wichtigsten Schauplätze der Ereignisse. Westlich vom City Hall Park (dunkles Dreieck in Bildmitte) liegt das Seidenhandelszentrum mit St. Paul's Church und Vesey Street, weiter südlich am Broadway die Trinity Church. Jenseits des Hudson (linker Bildrand) erheben sich die Vorortquartiere von New Jersey mit Hoboken und Bergen Hill. Rechts der East River mit Blackwell's Island, darüber am obersten Bildrand der East Sound, wo Emil Streulis Grundstück College Point liegt.

NZZ **Libro**

Hans Peter Treichler

Ein Seidenhändler in New York

Das Tagebuch des Emil Streuli

1858–1861

Verlag Neue Zürcher Zeitung

Autor und Verlag danken für die freundliche Unterstützung durch

Hans Georg Schulthess, Horgen
Dr. Adolf Streuli-Stiftung, Zürich
Gemeinde Horgen
Zürichsee-Fähre Horgen-Meilen AG
Zürcher Kantonalbank, Richterswil

Bibliografische Information der Deutschen Nationalbibliothek
Die Deutsche Nationalbibliothek verzeichnet diese Publikation
in der Deutschen Nationalbibliografie; detaillierte bibliografische Daten
sind im Internet über http://dnb.d-nb.de abrufbar.

© 2010 Verlag Neue Zürcher Zeitung, Zürich

Lektorat: Ingrid Kunz Graf, Schaffhausen
Umschlag: GYSIN [Konzept+Gestaltung], Chur
Gestaltung und Satz: Claudia Wild, Konstanz
Druck, Einband: Kösel GmbH, Altusried-Krugzell

ISBN 978-3-03823-596-5

www.nzz-libro.ch
NZZ Libro ist ein Imprint der Neuen Zürcher Zeitung

Inhalt

Abb. 2: Ein Segeldampfer nähert sich der Mündung des Hudson River;
im Hintergrund die Küste von Manhattan. Für die erwartungsvoll auf dem
Vorderdeck versammelten Passagiere dauerte die Atlantikpassage, je nach
Windverhältnissen, 10 bis 14 Tage.

ATLANTIKÜBERFAHRT, JULI–AUGUST 1858

«Gegen 12 Uhr war endlich alles in Ordnung, die Glocken wurden geläutet, an der grossen Pfeife gepfiffen, der Kapitän stieg auf den Radkasten, und langsam fuhren wir vorwärts. Längs des Hafenquais und bis zum Leuchtturm hinaus standen eine Masse Menschen, um unsere Abfahrt zu sehen, und viele schwenkten Tücher zum Abschied. Die Hafenwache stand unter Gewehr, und wir salutierten mit einigen Kanonenschüssen. Eine kurze Strecke auf dem Meere draussen machten wir abermals Halt, um auf ein Boot zu warten, das vom Lande auf uns zukam und aus dem drei Herren stiegen, die dem Kapitän etwas überbrachten. (...) Endlich setzte sich auch unser Schiff wieder in Bewegung und steuerte der Küste entlang eine Weile vorwärts. Der Zeitpunkt war nun gekommen, dem entschwindenden Lande ein Lebewohl zuzurufen; es kam dabei ein recht wehmütiges Gefühl über mich, das sich in Gebet zum himmlischen Vater für das Wohl der Lieben in der Heimat und für eine glückliche Reise meinerseits aufklärte.»

Der dies schreibt, ist der junge Kaufmann Heinrich Emil Streuli, kurz Emil genannt, vor einigen Tagen gerade eben 19 Jahre alt geworden. Die *Arago*, auf der diese Notizen entstehen, ein Segeldampfer von «riesiger Grösse und Festigkeit», legt am 27. Juli 1858 in Le Havre ab und wird um den 10. August in New York erwartet. Vor wenigen Tagen hat sich Emil Streuli in der Zürichseegemeinde Horgen von den «Lieben in der Heimat» verabschiedet: vom Seidenfabrikanten Hans Caspar Streuli, von Mutter Caroline und den drei jüngeren Brüdern. Fest steht, dass er seine Familie erst nach Jahren wieder in die Arme schliessen wird.

Das hat vor allem mit dem Landsmann zu tun, der mit Emil zusammen die Passage gebucht hat und seine Kabine teilt. Der zehn Jahre ältere Friedrich Theodor Aschmann betreibt in New York mit gutem Erfolg eine Agentur für den Vertrieb von Schweizer Seide. So kräftig ist der Umsatz seit den mittfünfziger Jahren gestiegen, so guten Absatz finden gerade die Stoffe der Horgner Manufaktur Baumann & Streuli, dass es sich nachgerade aufgedrängt hat, einen Vertreter des Herstellers mit diesem vielversprechenden neuen Markt vertraut zu machen. Der älteste Streuli-Sohn soll in den nächsten Jahren im Laden von «Commanditär» Aschmann die Vertriebswege in der Neuen Welt kennenlernen und dabei den Bedürfnissen und Vorlieben dieser nach Millionen zählenden neuen Käuferschicht auf die Spur kommen. Nicht zuletzt deshalb hat Emil den Vorsatz gefasst, seine täglichen Eindrücke schriftlich festzuhalten – als Gedächtnisstütze, als Rechenschaftsbericht und als Orientierungshilfe in einer unvertrauten neuen Umgebung.

Vorangestellt sei, dass Emil Streuli an diesem Vorsatz festhielt. Als er zweieinhalb Jahre später an den Zürichsee zurückkehrte, füllten die täglichen Einträge zehn Tagebuchbände mit zusammen zweitausend Seiten. Sie bilden die Grundlage, auf die sich dieser Bericht stützt.

Um ganz praktisch einzusteigen: Wie reiste es sich an Bord eines modernen Segeldampfers des Jahres 1858? «Der Platz in diesen Kabinen ist natürlich sehr klein», hält Emil fest, «es sind in jeder zwei Betten übereinander von kaum 6 Fuss Länge, sodass ich mit 5 Fuss 7 Zoll Körperlänge gerade recht Platz darin habe. In der Ecke stehen der Waschtisch und ein kleines Gestell, und an der Wand, in der das Fenster sich befindet, ist ein gepolsterter Sitz angebracht. So klein und beengt sich dieses im Anfang ausnimmt, so gewöhnt man sich doch bald, auch in diesem kleinen Raum mit genügender Bequemlichkeit zu leben, zudem man ihn ja nur zum Schlafen und zur Toilette gebraucht.»

Für die meisten der rund 3500 Personen, die in dieser Epoche jährlich aus der Schweiz nach Übersee auswanderten, hätte eine Aussenkabine mit zwei Betten den Gipfel des Komforts dargestellt. So wie praktisch alle Atlantiksteamer der Zeit führte die *Arago* eine Anzahl von Zwischendeckpassagieren mit, untergebracht in stickigen Massenlagern ohne Tageslicht. Von ihnen weiss das Tagebuch kaum etwas zu vermelden, wohl aber von einer Gruppe eher ungewöhnlicher Mitreisender in der zweiten Klasse: «Es waren nämlich in Southampton ein halbes Dutzend Nonnen eingestiegen, die also auch nach Amerika übersiedeln wollen. Die Äbtissin ist eine ältere Frau mit scharfen und ungemein energischen Zügen, ihre Schwestern hingegen sind alle ganz junge Mädchen, die nun mit bangem Herzen von ihrer Heimat Abschied nahmen, die ihnen doch trotz ihres mühseligen Lebens darin lieb war – hoffentlich gehen sie einer freieren und wirkensreicheren Zukunft entgegen in dem grossen freien Lande. Sie erheiterten sich bei ihren traurigen Betrachtungen, als sie sahen, wie ihre alte Oberin galant den Arm eines ihr bekannten Herrn annahm und mit ihm spazieren ging.»

So als gelte es, sich noch vor dem Verlassen des alten Kontinents über die Zuverlässigkeit der modernen Technik zu vergewissern, lässt sich Emil vor der englischen Küste in den Kesselraum führen und staunt über «die Maschine, die wirklich riesenhaft ist. Sie ist etwa 600 Pferdekräfte stark und hat oszillierende Zylinder. In zwei Dampfkesseln, die die ganze Tiefe des Schiffes ausfüllen, wird der nötige Dampf produziert; die zwei mächtigen Kolbenstangen haben bei 8 Fuss Länge. Auf der Galerie ist eine Uhr angebracht, die die Zahl der Umläufe der Balanciers für einen Tag angibt und somit dem Ingenieur genau angibt, ob die Maschine gleichmässig gehe; ich zählte 14 solcher Umläufe in einer Minute.»

Und die Windkraft? Ganz offensichtlich spielen die Segel des Dreimasters eine untergeordnete Rolle und werden nur selten erwähnt – das erste Mal bei widrigem Wetter: «Gegen Abend bekamen wir Regen und starken Gegenwind, sodass alle Segel eingezogen wurden.» Später heisst es: «Nach dem Mittagessen sahen wir ein Schiff (Dreimaster), das in der Nähe und in der gleichen Richtung segelte wie wir. Es lief stattlich von dannen, musste aber doch zuletzt hinter uns bleiben. Auf unserem Schiffe wurden dann auch Segel beigesetzt, als man sah, wie das andere Schiff sich damit so gut behelfen konnte. Die beiderseitige Begrüssung geschah nur durch Flaggenaufhissen.»

Drei Tage nach dem Auslaufen lässt die *Arago* den westlichsten Zipfel Europas hinter sich: «eine ganz vereinzelte Inselgruppe, aus öden Felsen bestehend. Sie besitzt einen Leuchtturm auf der höchsten Spitze.» Eine ganze Woche lang wird das Meer den Horizont begrenzen, wird sich die *Arago* nach Kompass und Gestirnen richten. Es bleibt Zeit, den Passagier und Tagebuchschreiber näher vorzustellen, seine persönlichen Koordinaten zu bestimmen. Wer ist der junge Emil Streuli?

Wie bereits erwähnt, sind die Verhältnisse zu Hause komfortabel. Vater Hans Caspar Streuli hat zur Zeit von Emils Geburt mit einem benachbarten Unternehmer eine Seidenmanufaktur aufgebaut; in den folgenden Jahren steigt die Firma Baumann & Streuli zum drittgrössten Seidenhersteller am Ort auf. Das will etwas heissen: Zusammen mit Wädenswil und Thalwil gehört Horgen zu einem Produktionszentrum mit weltweiter Ausstrahlung, das Seide und andere Textilien in alle Himmelsrichtungen exportiert. Das örtliche «Handelsinstitut Hüni» ist eine international angesehene kaufmännische Ausbildungsstätte. Emil hat sie mit Auszeichnung absolviert, so wie er sich auch weitere Fähigkeiten fast im Flug aneignet: fliessendes Französisch im Welschlandjahr, gute Kenntnisse im Italienischen und Englischen. Emil spielt geläufig Klavier, singt vom Blatt populäre Salonlieder und Operettenweisen – ein nicht zu unterschätzendes Plus in einer Zeit, in der gesellige Abendrunden meist selbst für ihre musikalische Unterhaltung aufzukommen haben. Eine besondere Beziehung verbindet den ältesten Sohn mit seiner Mutter, geborene Caroline Maurer aus Adliswil, die dem weitläufigen Haushalt im Horgner Ortsteil Heilibach vorsteht. Sie ist es, die ihn in den nächsten Monaten über die häuslichen Ereignisse auf dem Laufenden halten wird, als Einzige dabei auch auf die Bedürfnisse, Hoffnungen und Zweifel eingeht, die ein junger Mann in einer unvertrauten Umgebung hegt.

Wie wirkt Emil auf Aussenstehende? Ein bereits in New York entstandenes Fotoporträt zeigt den 19-Jährigen als strammen jungen Mann in aufrechter Haltung. Mit 5 Fuss und 7 Zoll oder 1,70 Meter ist er für damalige Verhältnisse mittelgross. Der Blick wirkt aufgeweckt und sorgfältig abschätzend. Von modischer Eleganz, die sich mit dem Begriff Seidencomptoir verbindet, ist trotz Gehrock, Uhrkette und Zylinder wenig zu spüren. Noch drückt der «Seebub» durch, wie sich die rudernden, schwimmenden, tauchenden und angelnden Burschen vom Zürichsee gerne nennen.

«Seit gestern bis heute Mittag 12 Uhr machten wir 268 Meilen»: So oder ähnlich hält der Seebub die tägliche Leistung fest. «Wir waren um 295 Meilen weiter gerückt, was an der Uhr gerade 20 Minuten ausmachte, um die wir nun später als gestern Mittag hatten.»

Ganz offensichtlich kann Emil die Ankunft in der Neuen Welt kaum erwarten. Dabei hat der Einsatz der Dampfkraft, wie ihm Aschmann bezeugen kann, die Dauer der Atlantiküberfahrt massiv schrumpfen lassen. Aus den einst üblichen dreissig bis sechzig Tagen sind deren zwölf oder vierzehn geworden, und dies auch bei widrigen Bedingungen. «Heute hatten wir einen bösen Tag», beginnt der Eintrag zum 1. August. «Der Wind hatte während der Nacht immer mehr zugenommen, sodass am Morgen das Meer schäumte und tobte bei meinem Erwachen. (…) Gegen elf Uhr endlich erschien ich doch auf Deck, wo es aber nichts weniger als angenehm war. Die rollenden Wellen liessen fast keinen ordentlichen Schritt zu, man taumelte eigentlich nur von einem Ende zum andern. Es war ein eigentümlicher Anblick für mich, diese Höhen und Tiefen der Wogen zu betrachten, die uns abwechselnd bald hoben, bald in jähem Sturze wieder herabsenkten. Oft schien das Vorderteil der Meeresfläche eben zu sein und bald das Hinterteil sich in dieselbe zu tauchen. Die Maschine hatte schweren Stand, sie arbeitete merklich langsamer und mühsamer. Die Räder kamen oft fast ganz aus dem Wasser, dann zerteilten sie wieder die Wellen in Staubtropfen, öfters schlugen solche über den ganzen Radkasten auf das Vordeck hinein.» Trotzdem ist der Kapitän, der offensichtlich eine Vorliebe für Emil gefasst hat – «er war sehr leutselig zu mir, aus was für Gründen weiss ich nicht» –, mit der Fahrtleistung zufrieden. Trotz stürmischem Wetter, so lautet seine Auskunft, sei die *Arago* «noch immer 60 Meilen im Vorsprung gegenüber der gewöhnlichen Fahrzeit bis hieher».

Ob die Bevorzugung durch den Skipper damit zu tun hat, dass Emil sich von den «Höhen und Tiefen der Wogen» kaum beeindrucken lässt? Wie er sich zum Mittagessen einfindet, «waren die Tische zu drei Vierteln leer. (...) Der Schiffsarzt musste sozusagen von Kabine zu Kabine gehen, um namentlich der Masse kranker Frauenzimmer Linderung des Übels zu schaffen.» Selber zeigt Emil zwar ebenfalls «keine grosse Essenslust», greift immerhin bei der als Nachspeise aufgetragenen Apfeltorte kräftig zu. «Herr Yard, einer unserer Tischgefährten, ein stämmiger Mann, war seit zwei Tagen seekrank gewesen und konnte gar nicht begreifen, wie ich Landratte, die zum ersten Male auf dem Meere ist, dies alles ausstehen konnte, ohne krank zu werden.»

Vielleicht macht dem Kapitän aber auch Eindruck, dass dieser junge Mann die Zeit an Bord offensichtlich zu nutzen weiss. Mehrere Einträge bezeugen, dass Emil zwischendurch Englischvokabeln büffelt und jede Gelegenheit zur Konversation in der unvertrauten Sprache nutzt – offensichtlich mit Erfolg. «Ich erhielt während des Morgens ein sehr schmeichelhaftes Kompliment. Es glaubten nämlich einige Herren, ich sei Amerikaner, und konnten dann, als sie meine Herkunft wussten, nicht begreifen, woher ich mein Englisch habe, ohne in England oder Amerika gewesen zu sein. Ich lasse mich aber dadurch in meiner Meinung nicht abwendig machen, dass ich die Sprache noch höchst unvollkommen spreche, hoffe jedoch, jetzt schon eine Vorübung darin zu erhalten, indem ich selbst mit Herrn Aschmann kein deutsches Wort mehr spreche.»

Zwei Tage später, so meldet der leutselige Kapitän, ist die Hälfte der Passage geschafft, «und sollten wir also von heute in einer Woche in New York landen. Die Ungeduld von Herrn Aschmann steigt täglich, und ich kann es wohl begreifen, denn seit bald sechs Wochen hat er nun keine Nachrichten von dorten mehr. Ich hingegen erwarte geduldig unsere Ankunft, wenn sie nur glücklich ist; ich harre der Dinge, die da kommen werden, mit Gleichmut.»

Tut er das tatsächlich? Manchmal überfällt ihn unerwartet das Heimweh – etwa wenn er bei rauem Wetter warme Wäsche hervorkramt und feststellt, dass die «gute Mama» mit ihrer übertrieben scheinenden Fürsorglichkeit recht hatte. «Unterhosen, Unterleibchen, Halsbinde, alles habe ich benützen können, an dessen Gebrauch mitten im Sommer ich nicht einmal gedacht hätte.» Und in manchen stillen Nächten überkommt ihn eine seltsam süsse Wehmut, gemischt aus Heimweh und Abenteuerlust.

«Die Nacht, die diesem Tag gefolgt ist, ist wunderschön. Die Sterne prangen, und eben ist hinter einem Gewölk hervor der Mond erschienen. Ich bin allein, mutterseelenallein auf dem Deck gestanden und habe hinter mir in die schäumenden, im Mondschein glänzenden Wellen geschaut. Es ist, als ob das Schiff bei dieser Beleuchtung eine silberne Furche durch die Wellen zöge, und wenn ich nun in Gedanken diese schimmernde Strasse weiter fortsetze, so komme ich endlich in der lieben, fernen Heimat an. Es kommt dabei ein wehmütiges, melancholisches Gefühl über mich, das mich zwar traurig stimmt, mir aber ungemein wohltut. Daheim im Vaterhause schlafen jetzt alle Lieben hoffentlich in Ruhe und Frieden, während ich hier so ganz allein, unter mir den dunklen, rauschenden Ozean und über mir den reinen klaren Sternenhimmel, stehe und von der teuren Heimat träume.»

Am 4. August mehren sich die Hinweise auf die Nähe des Festlands: «Bald darauf trafen wir Tausende von Enten an, die ziemlich klein und schmal sind und sehr gut fliegen. Diese zeigen schon die Nähe der sogenannten Banks an.» Einen Tag später ist es so weit: «Gegen drei Uhr nachmittags erschallte plötzlich der Ruf: Land! Land! (…) Binnen einer halben Stunde hatten wir dann die ganze Länge der Insel Newfoundland vor uns, die also schon einen Teil des Erdteils, den wir zu erreichen hofften, bildet, und brachte deren Anblick die ganze Gesellschaft in Aufregung.» Seit Southampton hat sich die *Arago* auf striktem Westkurs befunden; jetzt erstmals schwenkt sie um 90 Grad nach Süden: «Gegenüber im Westen kamen wir nun nahe an Cape Race vorbei, auf dessen äusserstem Vorsprung ein Leuchtturm steht. Sonst war auf der ganzen Küste kein Haus zu entdecken, wohl aber stachen ihr frisches Grün sowie die vielfach zerklüfteten Felsen längs des Meeres freundlich in die Augen. Verschiedene Fischerboote kamen auf uns zugesegelt, um unsere Depeschen für den Telegrafen auf Cape Race, die in eine blecherne Büchse eingeschlossen waren, in Empfang zu nehmen.»

Zumindest eine tragische Meldung findet sich unter den Depeschen, die der eigentlichen Ankunft in New York um fast drei Tage zuvorkommen werden. Emil hat an Bord die Bekanntschaft eines jungen Amerikaners gemacht, dessen «stilles und trauriges Wesen» ihm schon beim Einschiffen auffiel. Die Geschichte, die sich mit ihm verknüpft, wird an Bord bald bekannt: Der junge Mann ist von zu Hause abgeordnet worden, um seine schwerkranke Schwester aus Frankreich heimzuschaffen, trifft aber zu spät ein. «Er kam am 24. Juli in Paris an, allein am 24. Juli, drei Tage vor unserer Abfahrt, starb die Schwester im gleichen Hôtel du Louvre, in dem wir waren. In drei Tagen musste dann dieser unglückliche, des Landes und der Sprache unkundige Mann die Leiche einbalsamieren und in drei verschiedene Särge einpacken lassen. Von Paris nach Havre wurde sie in einem eigenen Waggon geführt, was ihn etwa 600 Francs kostete, und hier auf dem Schiffe zahlt sie ebenfalls als Passagier. Er telegrafierte von Cape Race aus seinen Eltern die traurige Botschaft.»

Emil nimmt sich das Schicksal des blassen Amerikaners umso eher zu Herzen, als er in Horgen eine an der «Auszehrung» kränkelnde Mutter zurückgelassen hat. Auch macht die Tuberkulose vor jungen Leuten wie ihm keineswegs halt – im Gegenteil. «Wir haben an Bord eine verhältnismässig grosse Zahl von jungen Leuten, bei denen diese Krankheit im Anfange ist oder die Anlage dazu besteht.» Das alles, so schwört er sich, soll ihm als «ernste Warnung dienen, meiner Brust namentlich viel Sorge zu tragen und sie besonders stets in der gehörigen Wärme zu halten».

Aber alle diese Dinge rücken in den Hintergrund, als man sich – dank kräftigem Nordwind in allen acht Segeln – einen halben Tag früher als erwartet dem Reiseziel nähert. Beim abschliessenden Captain's Dinner geht es hoch zu und her: «Der Champagner floss reichlich, namentlich an unserem Tische, wo unser fünf drei Flaschen versorgten. Ich war wirklich selbst erstaunt über den ausgezeichneten Appetit, der mich bis ans Ende dieses Gaumenkampfes nicht verliess.»

Aber für Katerstimmung lässt der Morgen des 9. August keinen Raum. Vom Radkasten aus dirigiert der zugestiegene Lotse die *Arago* durch das immer dichter werdende Gewimmel vor Long Island.

«Bald darauf stieg der Pilot an Bord, ein ganz anständig gekleideter Mann, der dann immer auf dem Radkasten stand und von da aus seine Befehle erteilte. Er brachte Zeitungen mit, die die unerwartete Botschaft der Legung des atlantischen Telegrafen brachten. Dies brachte alle an Bord sich befindlichen Amerikaner in noch viel grössere Aufregung, sodass sie völlig aus ihrem gewohnten Phlegma herauskamen. Als ich um halb acht Uhr auf das Deck kam, hatten wir das Land schon recht deutlich vor uns und waren dann binnen weniger Stunden längs der Küste von Long Island, die aber immer noch in bedeutender Entfernung von uns blieb. Zahlreiche Segelschiffe von allen Grössen verfolgten hier denselben Weg wie wir, dann kamen aus dem Hafen heraus eine Menge kleiner Dampfschiffe, alle mit der eigentümlichen Bauart, wie sie hier vorherrscht, die teils Passagiere enthielten, teils zum Hineinbugsieren der Segelschiffe dienten. (…) Über uns wölbte sich der prachtvolle blaue Himmel, der von einzelnen weissen, sonderbar gruppierten Wölkchen durchzogen war; neben uns boten sich dem Blicke die immer näher und näher uns einschliessenden Ufer mit prachtvollen Gärten und Landhäusern dar; unter uns wallte das Meer, dessen schönes Grün sich leider in Schmutzigbraun verwandelt hatte. Es stiegen sodann der Sanitätsarzt und einige Zollbeamte an Bord, die uns aber nicht mit ihren Untersuchungen belästigten.

Bei Sandy Hook fuhren wir dann in den Hafen ein, indem sich hier der Meerbusen stark verengt und so eine natürliche Einfassung des eigentlichen Hafens bildet, auf deren beiden äussersten Punkten zwei starke Forts gebaut sind. Ausserhalb davon ankerte eine ganze Flotte von Schiffen, die hier in Quarantäne liegen müssen. (…) Die zwei hübschen Geschütze, die wir an Bord hatten, verkündeten nun mit ehernem Munde unsere Ankunft, die dann im Nu der ganzen Geschäftswelt New Yorks bekannt war. Noch war das eigentliche New York kaum bemerkbar zwischen den andern Städten der Umgebung und hinter dem ungeheuren Mastenwald der davor ankernden Schiffe. Wir fuhren zunächst längs Staten Island hin und kamen darauf nach Jersey City, der ersten eigentlichen Stadt. Wir trafen dort die *Persia* an, die bloss drei Tage vor uns von Liverpool abgegangen, doch rund sechs Tage vor uns angekommen war.»

Emil Streuli hat ein winziges Souvenir aus Übersee nach Hause gebracht: ein streichholzschachtelgrosses Etui, der Deckel geschmückt mit einer Miniatur. Sie zeigt einen Raddampfer beim festlichen Einlaufen in einen Hafen: flatternde Wimpel und Fahnen, Lotse und Kapitän auf dem Radkasten Ausschau haltend, während die auf dem Achterdeck versammelten Passagiere mit den Hüte schwenkenden Ruderern eines Hafenboots Grüsse austauschen.

Auch wenn die Ankunft der *Arago* wohl etwas nüchterner ausfiel, bestand durchaus Grund für festliche Stimmung. Am 27. Juli zur Mittagszeit in Le Hâvre ausgelaufen, am 9. August ebenfalls um Mittag an einem Pier des Hudson angelegt – mit dieser Passage von 13 Tagen hatte die *Arago* ein gutes Mittelmass eingehalten. New Yorker Zeitungen hielten die Überfahrtsdauer der grösseren Steamer jeweils gewissenhaft fest und veröffentlichten auch das Logbuch: Trotz Dampfkraft hielt der Atlantik Risiken und Überraschungen bereit. Das sollte sich ein paar Überfahrten später gerade bei der für ihre Schnelligkeit bewunderten *Persia* erweisen: «Diese hatte von Liverpool bis hierher fast beständigen Sturm, Schneewetter und grässlich rollende See. (…) Die Fahrt dauerte also völlig 15 Tage.» Noch schlimmer erging es der *Ariel*, die «aus Mangel an Kohlen» nach einer Fahrt von 21 Tagen eintraf. Wie das Tagebuch notiert, «hatte sie schon am achten Tage den Kapitän verloren, der von einer Sturzwelle getötet wurde».

Den Rekord hielt seit Sommer 1858 die *Vanderbilt*, die die Strecke von Irland bis zum Leuchtschiff im Hafen in sensationell kurzen neun Tagen und zwanzig Stunden schaffte und diese Zeit im folgenden Frühjahr nochmals unterbieten sollte: auf neun Tage und neun Stunden. Mit jedem gewonnenen Tag konnten New Yorks Geschäftsleute die aus Europa gelieferten Güter früher ausliefern. Dass auch die *Arago* ihr Einlaufen mit Kanonenschüssen ankündigte, war mehr als blosse Folklore. Es war vielmehr das Startzeichen für die Frachtunternehmer und Zulieferer, die ankommende Güter durch den Zoll schleusten und im Rekordtempo in die Magazine an Broadway und Canal Street lieferten.

Es waren diese Träger, Kärrner und Zollabfertiger, die Emils Arbeitsalltag der nächsten zwei Jahre mitbestimmen sollten. Mit ihnen lernte er auch die Devise kennen, die sogar für die Überfahrtsdauer von Kontinent zu Kontinent galt: Zeit war Geld.

Abb. 3: Hafengewimmel: das Landungsquai am Hudson River mit ankommenden und abreisenden Passagieren. Neben dem Office für Anlegestelle 7 die Büros der Dampferlinien nach dem Süden in Richtung Baltimore und Savannah.

DIE ERSTEN TAGE

«Endlich langten wir beim Landungsplatz an, und es verging nun eine
geraume Zeit, bis der schwere Koloss in das enge Bassin hineingezwängt
war. Das Gedränge wurde nun ungeheuer. Hunderte von Personen, die
auf der Werft standen, wollten an Bord springen, um da ihre Verwandten
abzuholen, und von der andern Seite wollte eine grosse Menge Passagiere sich *à tout prix* ans Land drängen. Der Kapitän schaffte aber bald
Ordnung und liess zuerst die Briefpost passieren, die in etwa zwanzig
grossen Säcken verpackt auf mehrere Karren geladen wurde. Wir sahen
Herrn Stapfer und den *Custom House Broker* Mr. Burton auf der Werft
stehen, und es gelang uns, ans Land zu kommen. Mit Hilfe des Letztern
konnten wir dann auch unser Gepäck sehr schnell aus dem Schiff bringen,
und es wurde sogleich untersucht. Da ich das *Bracelet*, das ich als Geschenk
für Frau Aschmann brachte, in meinem Rock trug, so war ich schnell und
ohne Umstände passiert, und auch Herr Aschmann kam durch, ohne
etwas zahlen zu müssen. Wir trugen unser Gepäck schnell zum Wagen,
der für uns gemietet worden, und ersparten uns so viel Zeit und viel
unnütze Sporteln. Ich war froh, als ich in der Kutsche war, denn überall waren wir von Wegelagerern und dienstfertigen Leuten eingeschlossen, sodass ich meine *Preziosen* gut bewachte. Wir fuhren, oder vielmehr
wir wanden uns zwischen Hunderten von Karren nach Hoboken Ferry
durch, wo uns das Dampfschiff mit Ross und Wagen nach Hoboken
hinüberspedierte.»

Mit einer kleinen Schummelei beginnt für den Jungkaufmann Emil
Streuli das Abenteuer New York: Es gilt das kostbare Armband für die
Gastgeberin und Gattin von Seidenkommanditär Aschmann am Zoll
vorbeizuschleusen. Es ist Emils erstes von zahlreichen weiteren kleinen
und grossen Erfolgserlebnissen, die ihm New York bringen wird. Die
Stadt wird ihn in den folgenden zweieinhalb Jahren zum gewieften
Unternehmer formen, der sich in den Vertriebswegen der Importseide
auskennt, mit Erfolg Grundstücke an- und verkauft und sich – mit weni-

ger Erfolg – im Geschäft mit Gasapparaten umsieht. Die New Yorker Jahre bringen weiter eine zwiespältige Liebschaft, die Emil in die Schliche und Tücken des Flirts mit amerikanischen Mädchen einweiht. Sie führen ihm vor Augen, wie geläufiges Klavierspiel und gefällige Umgangsformen gesellschaftliches Prestige schaffen und zeigen ihm das Potenzial dieser Nation, die sich eben anschickt, zur Weltmacht aufzusteigen. Und sie kommen in den ersten Wochen des Jahres 1861 zum Abschluss, als sich bereits ein unheilvoller Konflikt zwischen Nord- und Südstaaten abzeichnet.

Schon der erste Abend im neuen Logis auf Bergen Hill gab Emil einen Begriff davon, mit welch unvertrauten Dimensionen diese neue Welt aufwartete – und vor allem diese dynamische, von Leben strotzende Stadt, in der er seinen Platz finden sollte. «Wir gingen auf die Veranda des Hauses, um den glutroten Vollmond hinter der Stadt New York aufsteigen zu sehen, die man von hier aus in ihrer wahren, ungeheuren Ausdehnung sehen kann, indem sie von dem nördlichen Horizonte bis zu dem östlichen hinaufreicht.»

In der Tat hatte die Metropole der 1850er-Jahre einen Wachstumsschub durchgemacht, der selbst in ihrer bewegten Geschichte einmalig bleiben sollte. Allein von der Jahrhundertmitte bis zu Emils Ankunft erhöhte sich die Einwohnerzahl um eine halbe Million auf rund 1,2 Millionen. Die fünf Stadtkreise von New York City zählten mehr Einwohner als die Weltstadt Paris und immerhin halb so viele wie London. Denn nicht nur Manhattan dehnte sich in wenigen Jahren von der Südspitze der Landzunge bis weit in einstiges Farmland aus. Auch das jenseits des East River gelegene Brooklyn versechsfachte in zwanzig Jahren seine Bevölkerung und stieg mit 280 000 Einwohnern (1860) zur drittgrössten Stadt des ganzen Landes auf.

New York war die Metropole, in der praktisch die Hälfte des landesweiten Handelsvolumens abgewickelt wurde. Zwei Drittel aller Importe trafen in ihren Häfen ein, mehr als die Hälfte der Gesamtexporte wurde

hier verladen. Die vier Jahre vor Emils Ankunft aufgenommene Stadtkarte von Eugene Dripps zeigt Aberdutzende von Molen entlang von East
River und Hudson; insgesamt 120 Slips oder Landestege umschlossen die
Südspitze der Halbinsel wie ein stachliger Ring. Nachdem in den 1840er-
Jahren Feuersbrünste die Wohnquartiere Battery und Bowling Green
zerstört hatten, brachte der Wiederaufbau Büroblocks und Magazinbauten
in nie gesehener Dichte. Die Südspitze westlich des Broadway wurde zum
reinen Geschäftsquartier mit rasch schwindenden Einwohnerzahlen;
bereits wurde Wohnraum in Zentrumsnähe zum begehrten Gut.

Damit hatte wohl auch zu tun, dass Seiden-«Commanditär» und
Geschäftspartner Friedrich Theodor Aschmann bei seiner Haussuche vor
Jahresfrist auf einen Vorort gestossen war, der dank den modernen
Dampffähren bequem vom Geschäftsviertel aus zu erreichen war. Bergen
Hill, ein Neubauquartier zwischen Hoboken und Hudson City, lag zwar
jenseits des Hudson und damit auf dem Gebiet des Nachbarstaats New
Jersey. Dafür blieb hier Platz für geräumige Vorstadthäuser samt Gärten
und Parks. Es war diese Vorortgemeinde, in der Emil für die nächsten
Monate eine neue Heimat fand. Ihr halb ländliches, halb städtisches
Ambiente mit dem Ausblick auf den Hudson erinnerte an das vertraute
Horgen; sie bot ein ideales Rückzugsgebiet, von dem aus sich die Welt-
stadt erobern liess.

«Wir langten nun bald bei dem Hause von Herrn Aschmann an, das allerliebst in einem Garten liegt und hart an dasselbe seines Schwagers Herrn
Tooker anstösst. Frau Aschmann empfing mich aufs Herzlichste und war
hocherfreut, ihren Gemahl in so blühender Gesundheit wiederzusehen.
Auch Herr Aschmann war glücklich, seine geliebte Frau wohlbehalten
anzutreffen und hatte dann in wenigen Augenblicken sein Haus durch-
mustert, das kranke Pferd besucht und sich versichert, dass alles noch am
alten Ort stehe. Wir sassen sodann zu Tische und stiessen gegenseitig auf
unsere Gesundheit an. Nachher ging es ans Auspacken, und Herr A.
erfreute seine Frau mit den zahlreichen Geschenken, die er ihr aus

Europa gebracht hatte, sowie seine junge Schwägerin Miss Frances, die dabei gegenwärtig war.»

Der kleine Kreis, der Emils häuslichen Alltag der Folgezeit bestimmte, ist damit im Wesentlichen skizziert. Er sollte sich schon bald erweitern: Gastgeberin Martha Aschmann, geborene Davis und vier Jahre älter als Emil, war hochschwanger und brachte im September den kleinen Freddy zur Welt. Im Nachbarhaus wohnte die Schwester von Martha und Frances, die fünf Jahre ältere Harriet Tooker-Davis; sie hatte kurz zuvor ebenfalls einen Sohn geboren. In Manhattan, an der 15. Strasse, wohnte eine weitere Schwester, Mary Dörler-Davis, auch sie mit einem Schweizer verheiratet. Gelegentlich weilten, im einen oder andern Haus, auch die Eltern der vier jungen Frauen zu Besuch, beide noch im vorhergehenden Jahrhundert geboren.

Häufig stellte sich zu solchen Familientreffen der ebenfalls für Aschmann tätige Adolf Stapfer ein – so auch an Emils Ankunftstag, den die drei Landsleute mit einem «vaterländischen Jass» beschlossen. Das Tagebuch vermerkt die verwunderten, leicht abschätzigen Blicke der beiden jungen Frauen. Galten sie den unvertrauten Spielkarten oder dem Mangel an Galanterie, den die Jasspartie auszudrücken schien? Was sich bereits an diesem Abend abzeichnete: Die 16-jährige Frances Davis, eine reizende Blondine, sollte mit ihrem hübschen Äussern noch einige Verwirrung stiften.

Trotz handfestem Kartenspiel brachte der Abend einen abschliessenden Augenblick der Besinnlichkeit. Als die kleine Gesellschaft um neun Uhr nochmals ins Freie trat, spannte sich ein «wunderschöner, klarer Himmel» über dem Hudson. «Der Anblick dieser Sterne, deren Gruppen mir aus der Heimat her bekannt sind und an die sich also eine süsse Erinnerung an die Heimat knüpfte, war für mich ergreifend und liess mich während einiger Augenblicke das bange Gefühl, das mich diesen Tag über beherrscht hatte und das ich hier nicht beschreiben kann, überwinden durch den Gedanken, dass gleich denselben Sternen auch derselbe Vater droben wallt und dass ich auch hier in der Fremde unter seinem Schutz und Schirm mich wohl befinden könne.»

Bereits der nächste Tag bringt die ersten Eindrücke vom Leben in Downtown New York, vor allem aber die Begegnung mit dem *store*, Emils Wirkungsort für die nächsten Jahre. Sein Prinzipal Aschmann hat für die Seidenagentur eine Adresse bezogen, wie sie zentraler nicht liegen könnte: Die Vesey Street verbindet Broadway und die Hafenanlagen am Hudson. City Hall, das Rathaus, erhebt sich in einem kleinen Park gleich um die Ecke, nur wenige Schritte davon entfernt liegen der Vergnügungspalast von Barnum & Baileys, das fesche Hotel *Astor House* und die grossen Kaufhäuser der Stadt. Es sind die Vertreter dieser Marmorpaläste, mit denen Emil in seinem Arbeitsalltag vor allem zu tun haben wird.

«Nach eingenommenem Morgenessen, bei dem ich zum ersten Male Fleisch zum Kaffee nach amerikanischer Sitte genoss, bestiegen wir alle drei den Wagen von Herrn Aschmann, um nach Hoboken zu fahren. Die Strasse, die dorthin führt, ist in furchtbar schlechtem Zustande und führt an der Eriebahn vorbei, deren neue Linie aber unvollendet mitten in allen Vorarbeiten liegen bleibt. Das Ferryboat brachte uns in zehn Minuten nach New York. Wir passierten nun durch mehrere Strassen, die mir aber wegen der Unsäuberlichkeit, die in den meisten daran liegenden Magazinen herrschte, nicht eben besonders gefielen. Vesey Street sieht schon besser aus, und die marmornen *stores* der Importeure präsentieren sich schon dem ersten Blick. Unser Store ist im ersten Stock gelegen und hat drei Fenster auf der Hauptfassade und drei nach hinten; er ist etwa zweimal so lang als breit. Ich machte mich dort mit Herrn Wegelin, einem jungen Mann von etwa 22 Jahren und eher kleiner Statur, und dem Porter Karl Klein bekannt. Mein Pult wurde mir nun angewiesen, und die erste Arbeit, die ich darauf tat, war das Schreiben eines Briefes an meine Eltern, in dem ich ihnen meine ersten Erlebnisse bis hierher schilderte; gegen zwei Uhr musste ich aber etwas kurz abbrechen, da die Post nach Boston zum Steamer ging.»

Mit wie viel Freude und Erleichterung Emil Streulis erstes Lebenszeichen aus der Neuen Welt im heimischen Horgen aufgenommen wurde, wird gleich zu schildern sein. Woher aber der zwiespältige Eindruck, den in der Umgebung des Arbeitsortes der Kontrast zwischen «Unsäuberlichkeit» und blitzenden Marmorfassaden hinterliess? In der Tat war das Quartier im Westen von City Hall Park und St. Paul's Church in vollem Umbruch begriffen. Das heruntergekommene Wohnquartier wandelte sich gerade in diesen Jahren zum schicken Geschäftszentrum, dominiert vom *dry goods commerce:* dem Handel mit Textilien. Auf der erwähnten Dripps Map, die in regelmässigen Abständen nachgeführt wurde, erscheinen um 1850 die Blocks rund um Park Place und die Sankt-Pauls-Kirche als locker überbautes Terrain mit grosszügigen Innenhöfen. Ein Jahrzehnt später sind die Parzellen zwischen Broadway und Hudson praktisch lückenlos überbaut. Magazine und Bürobauten dominieren; der Textilhandel hat die Gegend mit Lagerhäusern überbaut, die von einer Querstrasse zur andern reichen. Von Fulton Street bis Warren Street erhebt sich Architektur der modernsten Sorte: fünf- und sechsstöckige Paläste aus Gusseisen und Backstein, die zum ersten Mal andeuten, dass dieser Stadt nichts anderes übrig bleibt, als sich himmelwärts zu orientieren. Rund um Park Place verdoppeln und verdreifachen sich die Grundstückspreise in den späten fünfziger Jahren; so gesehen ist Aschmann eben noch rechtzeitig eingestiegen.

Emils erster Eindruck: «Gegen Mittag machte ich den ersten Ausgang nach der Chemical Bank in Begleitung von Herrn Wegelin. Wir kamen auf dieser Wanderung in das eigentliche Hauptquartier der Seidenimporteure in Park Place. Die Chemical Bank ist am Broadway gelegen, den ich hier zum ersten Mal erblickte. Gegenüber liegt auf einem mit Bäumen bewachsenen Platze die City Hall, der Sitz der Stadtbehörden, ein schönes Gebäude von weissem Marmor. Was mich am meisten beim Anblick des Broadway frappierte, das war die ungeheure Masse Menschen und Karren, mit denen sozusagen die ganze Strasse überdeckt war. Es ist hier wirklich mit Gefahr verbunden, die Fahrstrasse zu durchschreiten, da sich jeden Augenblick drei bis vier Fuhrwerke an derselben Stelle kreuzen. Die Magazine sind im Allgemeinen sehr gross und geräumig, jedoch mit einzelnen Ausnahmen nicht so glänzend wie in europäischen Städten, da sie mehr für Grosshandel eingerichtet sind. Wir kamen noch an Astor House vorbei, einem grossartigen Hotel, das an der Ecke von Vesey Street liegt, und ich kaufte mir noch einen Strohhut für etwa 3 Dollar, der mich sehr befriedigte. Um zwölf Uhr ging ich mit Herrn Itschner zum Mittagessen, wobei wir abermals den Broadway in Richtung gegen Castle Garden durchzogen und dann beim deutschen Restaurateur Bühler einkehrten.»

Wenige Wochen nach diesem Eintrag wird Streuli im Tagebuch festhalten, wie die von Bäumen gesäumte marmorne City Hall in Flammen aufgeht – ein Grossbrand, dessen Ursache nie ganz geklärt wurde. Rückblickend scheint er eine Katastrophe von ungleich grösserem Ausmass vorwegzunehmen. Wo sich die Gusseisenbauten und Marmorfassaden des Zentrums für *dry goods* erhoben, entstanden um 1970 die Zwillingstürme des World Trade Center. Wer heute die Seiten von Emils Tagebuch durchblättert, gerät bei Strassennamen wie Murray, Warren oder Vesey Street ins Stocken: Es sind eben diese Namen, die in der Berichterstattung über 9/11 den Schauplatz einer in New Yorks Geschichte einmaligen Tragödie markieren. Wo Emil einst die «marmornen Stores der Importeure» bestaunte, beginnt heute die Grenze zu Ground Zero; über das Bild schmucker Seidenläden der Vesey Street schiebt sich heute die Erinnerung an einen verbrecherischen Terrorakt.

Wie lange war ein Brief von der Weltstadt in die Zürichseegemeinde Horgen unterwegs? Selbst wenn der eben auslaufende Steamer, der Emil das Schreiben so abrupt abschliessen liess, die Überfahrt in zehn Tagen schaffte und Emils Schreiben in Le Havre ohne Verzögerung die Überlandpost erreichte, musste die Familie zwei Wochen auf Neuigkeiten warten. Stellte Mutter Caroline eine briefliche Frage, dauerte es im günstigsten Fall einen Monat, bis Emils Antwort eintraf; in vielen Fällen hatte er in der Zwischenzeit die gewünschte Auskunft unwissentlich bereits gegeben. Insgesamt haben sich rund dreissig Horgner Schreiben aus der

Zeit bis im Frühjahr 1859 erhalten, die meisten von Mutter Caroline stammend. Später dominiert die Geschäftskorrespondenz zwischen Vater und Sohn: Angaben über Lieferungen, Preise, Lagerbestände und Nachfrage. Auch wenn Emils Briefe verloren gingen, gibt das Tagebuch häufig Auskunft über Abgang und Inhalt seiner Korrespondenz nach Hause. Wie sich an Carolines Reaktionen zeigt, übernahm Emil mitunter ganze Passagen aus seinen persönlichen Aufzeichnungen, kopierte sie wörtlich für Eltern und Brüder.

Mutter Caroline hat ausführlich über die Ankunft des lange ersehnten ersten Schreibens aus der Vesey Street berichtet. Ihre Schilderung zeugt nicht nur von der engen Verbundenheit zwischen Eltern und ältestem Sohn, sie widerspiegelt auch die Befürchtungen und Sorgen, die eine Reise in die Neue Welt auslöste: Trotz Dampfantrieb erschien die Überquerung des Atlantiks noch immer als bedrohliche, ja riskante Sache!

«Du kannst denken, dass unsere Ungeduld gross war», berichtet Caroline vom 28. August, an dem gleich zwei Schreiben aufs Mal eintrafen. «Freudig und ängstlich zugleich öffnete ich Deinen Brief. Durfte ich so viel Gutes erwarten? Mit Freudentränen umarmten der liebe Papa und ich einander und dankten Gott für Deine Erhaltung und Dein Wohlergehen. Das Nachtessen stand auf dem Tisch, nun standen wir am Scheideweg, ob wir erst essen und dann lesen wollten oder umgekehrt. Endlich entschlossen wir uns zum Essen, um nachher mit Musse lesen zu können. Geschwind wurde gegessen, nun setzte der liebe Papa begierig seine Brille auf und las mir Deine lieben Zeilen vor. War es uns eine grosse Freude, dass ihr eine so schnelle und glückliche Überfahrt hattet und dass Du von der Seekrankheit verschont geblieben! Wieder ein Beweis, wie man sich unnötig ängstigt! Vertrauen wir lieber dem gütigen Vater, der alles wohl macht. Dich hat er ja so herrlich geführt auf allen Wegen.» Es folgt ein Nachsatz, den Emil mit ebenso viel Spannung verschlang wie die Eltern die Nachricht von seiner Ankunft: «Bei mir geht jetzt alles seinen stillen, ruhigen Gang. Mir geht es immer etwas besser; ich bin jetzt wieder auf dem Punkt wie letzten Winter.»

War es möglich, dass Mama der schleichenden Auszehrung trotzte, wieder zu Kräften kam?

Umgekehrt hat Emil schon am fünften Tag die ersten Zeilen aus der Heimat erhalten und am darauffolgenden Sonntag am Gottesdienst in der freundlichen Methodistenkirche von Hudson City ein stilles Dankgebet verrichtet: «Ich fühlte heute wirklich ein inneres Bedürfnis, in diesem Hause Gottes ihm Dank zu sagen für seinen allgütigen Schutz und Schirm, den er mir sowohl während der Reise als in den ersten Tagen meines Aufenthalts in der Fremde hat angedeihen lassen.» Wenig später trifft eine Kiste mit Gaben aus der Heimat ein, die er voller Rührung und Dankbarkeit öffnet. Es ist eine wahre Heimwehkiste, die seine Zither enthält, dazu einen Horgner Salbeistock und Horgner Wein. «Hastig griff ich nach Stemmeisen und Hammer und hatte schnell den Deckel losgesprengt. Die Zither war gut im Zustand und bloss eine Saite gesprungen. Der Wein gleichfalls unberührt. (…) Nachher wurde dann der Mäuslistock, der jetzt noch feucht war, aus der heimatlichen Schweizer Erde herausgelöst und in amerikanischen Grund und Boden versetzt und dabei so mit Dünger umgeben, dass er grünen und blühen muss, wenn nur noch ein Funken Leben in ihm ist.»

Bedeutete das Einpflanzen des heimischen Gewürzstocks in einem Garten von Bergen Hill auch eine andere Art von Wurzelschlagen? Vom September 1858 an nehmen im Tagebuch die Einträge über die Lieben zu Hause deutlich ab; schon gar nicht ist die Rede von Heimweh oder von Reue über das Unternehmen New York. Nur gelegentlich vergleicht Emil die hier übliche «Steife und vorherrschende Kälte gegenüber Fremden» mit dem gemütlichen Umgangston zu Hause; das bleiben aber auch die einzigen negativen Eindrücke. Offensichtlich gilt das auch für Emils Briefe nach Horgen. Gibt er sich darin sogar allzu enthusiastisch? «Es scheint mir fast, es gefiele der Mama besser, wenn es mir hier missfiele oder ich Heimweh hätte. Nun, da keines von beiden der Fall ist, so findet sie, ich vergesse die liebe Heimat zu schnell.» Schon bald berichten die Eltern von missgünstigen Bekannten zu Hause, die sich abschätzig über Emils erste Erfolge in der Metropole äussern. Ergrimmt notiert er: «Ich weiss wirklich nicht, welchen Weg ich einzuschlagen habe, um bei diesen Leuten wohl angeschrieben zu sein. Wenn ich aber einst glücklich meine soziale Stellung selbst geschaffen habe und ich hoffentlich auch unabhängig bin, so wird der lammfromme Emil auch knurren können und seine Zähne weisen.» Ist es denn Sünde, sich am neuen Wirkungsort wohlzufühlen?

Von Montag bis Samstag steht jetzt der Store im Mittelpunkt: das Vorzeigen, Ausbreiten und Anpreisen der Stoffe für die Einkäufer von Mode- und Warenhäusern. Emil lernt sie schon in den ersten Tagen kennen. Da ist etwa der redselige Mr. Tanning von Lord & Taylor: «Er liebt bei uns Cigarren zu rauchen und uns eine Stunde täglich mit unprofitablem Schwatzen zu langweilen.» Regelmässig taucht auch sein Kollege Lake auf: «Er kehrt fast täglich ein, daneben ist er ein grosser Freund von B&St-Waren und weiss sie zu schätzen. In kurzer Zeit erreichte nun unser Verkehr mit ihm den höchsten Standpunkt des Credits von 30 000 Dollar, den wir sichern können.» Da ist weiter «Mr. Brown aus Boston, ein junger Mann, dem man aber den schlauen, berechnenden Käufer ansieht. Es ist ihm schwer zu verkaufen, ohne dass er bis zum Äussersten marktet am Preise, er greift dann aber tüchtig zu. Ganz das Gegenteil ist Chattadler von Boston, dieser ist ein ungemein kurzer und trockner Mann, der kein Wort zu dem Preise sagt und als guter Kenner der Ware entweder nimmt oder nicht, wie diese ihm selbst gefällt.» Manche Abnehmer wollen nicht begreifen, dass sich die Rabattspanne in engen Grenzen bewegt: «Wir hatten heute einen starrköpfigen Kunden, Breeden von Richmond, der durchaus jeden Preis um 5 Cents billiger wollte als andere Leute und förmlich böse wurde, wenn man ihm dies nicht bewilligte.» Und am darauffolgenden Tag: «Herr Constable war anwesend, wollte aber unsere B&St-Waren nicht *touchiren*, da Nägeli in allen Artikeln ihm schönere und billigere Waren liefere, als wir hier haben.»

Ashman's, wie Emils Prinzipal hier seinen Namen schreibt, hat keineswegs ein New Yorker Monopol auf den Vertrieb von Schweizer Seide.

Das Tagebuch nennt mehrere Agenturen von Landsleuten, etwa jene des Thalwiler Fabrikanten Schwarzenbach oder den Vertrieb des genannten Nägeli. An der Vesey Street selbst beherrschen zwar Baumann & Streuli das Sortiment, aber das Stäfner Seidenhaus Ryffel stellt mindestens ein Viertel des Angebots. Dafür ist Kollege Itschner zuständig, ein unabhängiger Seidenagent, der zumindest teilzeitig an der Vesey Street arbeitet und Emil gegenüber gerne den Chef herauskehrt: «Auch fühlt er sich als Verkäufer sehr wichtig und raunzt einen dabei zuweilen sehr barsch an, was ich ihm mit der Zeit einmal derb weisen werde.»

Im Prinzip dient der Store als Präsentations- und Verkaufsraum, deshalb auch Emils häufige Verweise auf die Lichtverhältnisse durch Tageslicht von aussen oder die Gaslampen: Erst bei ausreichender Beleuchtung kommen die kostbaren Stoffe zur Geltung. Die aus Europa eingetroffene Ware gelangt per Frachtkarren an die Vesey Street, wird mit einem Flaschenzug in die zweite Etage gehievt und in den Wandregalen gestapelt. Natürlich brauchen die Grosskunden ihre Einkäufe nicht eigenhändig wegzutragen. Dafür ist *porter* Karl Klein zuständig, der die Ballen im Handkarren an die Kauf- und Modehäuser ausliefert. Abgerechnet wird nur in Etappen: So wie der qualitätsbewusste Mister Lake verfügen alle Einkäufer über ein Kreditlimit. Auf der Stelle bezahlen bloss die Kleinkunden, die sich die Ware im Laden abmessen lassen.

Der junge Horgner realisiert schon bald, dass diese Branche von Impulsen und persönlichen Beziehungen lebt: «Es ist merkwürdig, wie viel in unserem Handel auf Launen und Neigungen ankommt, ob die Kunden den *run* und das Zutrauen haben oder nicht. So hat nun einmal Lake den *run* zu uns, und viele Südländer und Bandkunden setzen namentlich in Herrn Aschmann ein so gutes Zutrauen, dass sie nicht einmal herumgehen, sondern einen ganzen Teil ihrer Einkäufe bei uns machen. Hogt, unser Hausgenosse, ein kleiner, aber sehr guter *cash jobber*, kann gar nicht begreifen, wie so grosse Leute zu uns den Lauf haben.» So verspürt Emil denn auch ein gewisses Herzklopfen, als am 4. September sieben Kunden fast gleichzeitig den Laden betreten und er zum ersten

Mal als Verkäufer einspringen muss. Zwar glückt das Debüt nicht ganz –
«beide wollten Artikel, die wir nicht hatten» –, aber er entwickelt sich
bald zum gewieften Verkäufer. Eine Kundin lobt kurze Zeit später gar,
«ich hätte Manieren wie ein Pariser und sie fürchte nur, ich verliere dieselben hier».

Zu den genannten Hausgenossen gehört auch das Etablissement von
Dermison & Binsse, eine Treppe höher gelegen: ein klassisches Nischen-
geschäft, wo Emil immer freundlich empfangen wird. «Diese Leute
machen ein ungeheures Geschäft in so kleinen Waren wie Knöpfen, Bän-
deln, Nadeln usw. und verkaufen oft mit 100 Prozent Gewinn ihre Waren,
die sie direkt aus Deutschland, Frankreich und England beziehen. Sowohl
Dermison als Binsse gehören zur *haute-volée* in Brooklyn und New York.»

Ein gewichtiges Kapitel: die Auktionen, Höhepunkte im Arbeitsalltag des
Drygoods-Handels. Versteigert wurden Textilien aus einheimischer Produktion, vor allem aber grosse Posten Importware von europäischen
Häusern, die über keine eigene Agentur verfügten. Schweizer Vertretun-
gen wie Aschmann, Naef & Schäppi oder Nägeli boten hier zuweilen ihre
Restposten an; generell galten Auktionen aber als Gelegenheit, die Pro-
dukte der Konkurrenz nach Preis und Qualität mit den eigenen zu vergleichen und sich Muster von neuen Dessins zu verschaffen. Zum ersten
Mal lernte Emil an einer «grossartigen Auktion von Wollwaren» das
unglaubliche Sprechtempo amerikanischer Ausbieter kennen: «In dem
früheren grossen Store von Loeschick, Wesendonck & Co. waren etwa
16 000 Stück der feinsten Merinos von Sieber in Paris aufgehäuft. Auf
einer Erhöhung stand der Auktionär, der mit erstaunlicher Zungenfertig-
keit die Preise und Angebote herabplapperte, während ein anderer schon
die nächsten Artikel anpries.»

Oft wurden mehrere Auktionen auf den gleichen Tag gelegt, wobei
der Vormittag Gelegenheit gab, das Angebot zu überprüfen: «Van Wyck,
Townsend & Warrens hielten eine Gant über 15 000 Stück Seidenwaren,
wozu auch wir etwa 30 Stück verschiedener Artikel geliefert hatten. Am

Morgen notierte ich mit Herrn Aschmann die Preise der besten Partien, wie wir dachten, dass sie wert seien, und nachmittags wohnte ich dann der Auktion selbst bei. Die Matadoren Tanning, Lake, Morrison und Brown umstanden fortwährend das Pult, machten sich aber nie Konkurrenz im Bieten, sondern wurden meist von kleinen Leuten überboten. Schwarze Artikel, selbst schöne Lyoner Taffetas, brachten nicht den vollen Preis, ebenso wenig die grosse Menge *quadrillés à grands carreaux et écossaisse*, während hingegen unsere Lots [Warenposten, HPT], bestehend aus leichter, farbiger *Lustrinette*, blau- und brauner *Poult-de-soie* von Hotz, und drei schwarze alte Stücke von Ryffel viel mehr brachten, als wir im Einzelverkauf jemals gelöst hätten.»

Auktionen brachten unerwartete Spitzenpreise, rissen umgekehrt aber auch ganze Branchen ins Minus – so wenn der Seidenbandimporteur Payen schon lange vor Saisonende sein ganzes Sortiment versteigerte, «und zwar zu schlechten Preisen. Damit ist der ganze Rubanshandel für diesen Frühling bei Jobbers und Importeurs verdorben. Die Genres und Dessins dieser Bänder waren wirklich die elegantesten und gesuchtesten, und konnte es nur wundernehmen, wie solche so verschleudert werden mussten.» Manche Teilnehmer gerieten darüber «halb in Verzweiflung», beispielsweise der Basler Seidenhändler Stähelin. Das war «einer meiner jungen Schweizerfreunde, den ich auf der Auktion traf», der aber immerhin versuchte, das Beste aus der Situation zu machen. «Er schnitt sich von jeder Schachtel Muster ab, ungeachtet aller Verbote und Aufsicht, und hatte so bei Hunderten in der Tasche, um daraus Nutzen für seine Bandfabrik zu ziehen.»

Emil selbst beteiligte sich durchaus an dieser handfesten Art von Industriespionage, bei der heimlich abgetrennte Stoffmuster mit neuen Dessins oder Techniken den Mutterfirmen zu Hause als Trendbeleg oder geradezu als Kopievorlage zugespielt wurden. «Ich war heute glücklich im Musterschneiden dank meines guten Systems», heisst es nach einer Auktion von *fancy silks* bei Warrens. «Darin ist es jetzt nunmehr schwer, mich auf frischer Tat zu ertappen, indem ein Schnitt der kleinen Schere genügt, den unter dem Katalogsheft verborgenen Zipfel des Stück-Endes abzuschneiden, und so wanderten etwa 20 Müsterchen – sozusagen von allem, das geschmackvolles Dessin hatte – in meine Tasche.»

Ermutigte das besondere Geschäftsklima New Yorks zu solchen Tricks am Rande der Legalität? Schon im Verkehr mit dem Hafenzoll hatte Emil feststellen müssen, dass die Warenschätzung so oder so ausfallen konnte – je nachdem, wie sehr man dem *appraisor* bei einem «zufälligen» Besuch im Laden entgegenkam. Berichtet wird beispielsweise von einem Zollschätzer Vincent, «der sich 4 Yards *Gros de Florence* abschneiden liess und natürlich nichts dafür bezahlte». Bei anderer Gelegenheit gelingt es, einen Beamten von einer angedrohten Zollerhöhung abzuhalten, aber: «Freilich wird er in den Store kommen und sich etwas Schönes auslesen» …

Auch wenn in den Einträgen dieser ersten Wochen die Geschäftswelt der Metropole dominiert, wird doch spürbar, dass Emil abends mit einer gewissen Erleichterung ins neue Zuhause in der Vorortvilla zurückkehrt. Gemessen an heutigen Pendlerverhältnissen ist der Arbeitsweg keineswegs aufwendig: Wenige Gehminuten vom Store entfernt liegen die Anlegestellen der Hudsonfähren. Die Überfahrt nach Hoboken oder Jersey City dauert zehn Minuten, und hier wartet meist Aschmanns Kutscher Patrick, der seinen Patron und den jungen Stagiaire in weiteren zehn Minuten nach Hause fährt. Kehrt Emil auf eigene Faust zurück, so nimmt er die *stage* – einen der pferdegezogenen Omnibusse, die diese bereits ineinandergewachsene Agglomeration zweier Vorstädte durchkreuzen. Selbst wenn hier bei glitschiger Strasse und steilen Anstiegen die männlichen Passagiere des Öfteren neben dem Wagen hergehen müssen, braucht Emil selten mehr als eine Viertelstunde, bis er vor Aschmanns schmuckem Haus steht.

Trotz solch bequemer Distanzen kann er sich keinen grösseren Gegensatz zum Gewühl der Grossstadt denken. Hier drüben in New Jersey ist alles weitläufig und grün, an den heissen Spätsommertagen zudem merklich frischer als in den Häuserschluchten Manhattans. Aschmanns

Haus scheint genau zwischen diesen beiden Welten zu stehen: «Wir stiegen auf die Dachzinne und genossen dort eine Aussicht, wie ich nie eine schönere gesehen habe. Im Westen sank die Sonne nieder und färbte den Himmel und Flur und Feld mit den prachtvollsten Farben. Nach dieser Gegend hin sahen wir in das Land hinein und hatten namentlich Newark, eine ziemlich grössere Stadt als Zürich, in der Abendbeleuchtung vor uns. Mehr gegen uns schlängelten sich zwei Flüsse hin, die wie Silberfäden aus dem schon halbdunklen Land gegen uns leuchteten. Um uns herum hatten wir ein wahres Paradies von Gärten mit schönen Landhäusern und kleinen niedlichen Kirchen. Im Osten lag der Hafen, der von hier aus wie ein See anzuschauen ist, mit kleinen, grünen Inseln geschmückt und von reizenden Ufern eingeschlossen.» Ja, es scheint ihm, er lebe mitten in einem Kurort, in dem bloss die Touristen fehlten: «Ich war wirklich erstaunt über die malerische Schönheit dieser Gegend und bin sicher, wenn sie statt in dem nüchternen Amerika in Europa zu finden wäre, sie von Tausenden wegen ihrer Vorzüge besucht würde. Die wechselnden Aussichten auf Meer, Stadt und Land, die hübschen Landhäuser mit ihren Gärten, Wiesen und Zypressenhainen sind wie für romantische Gemüter geschaffen. Wir kamen auch an dem grossen Wasserreservoir vorbei, das 1,5 Millionen Gallonen Wasser fasst und bei dem die Einrichtung getroffen ist, auf einer ebenen Fläche im Winter Eis gefrieren zu lassen und dasselbe dann aufzubewahren und im Sommer zu verwerten.»

Abends hört man die Pfiffe der Lokomotiven durch das grüne Idyll widerhallen und sieht ihre Rauch- und Dampffahnen in der Luft hängen. Denn der wichtigste Bahnknotenpunkt der Region liegt nicht etwa in Manhattan, sondern gleich neben dem genannten Reservoir von Bergen Hill. Hier verzweigen sich die Linien der New Jersey Railroad und der Strecke entlang des Erie-Kanals; einen Steinwurf vom neuen Heim entfernt mündet zudem das Trassee der North Jersey Railroad ein. Für eine Bahnfahrt ins Landesinnere nehmen die New Yorker erst die Fähre und steigen dann im Bahnhof von Jersey City ein – mit ein Grund, dass sich Aschmann diese Wohngegend ausgesucht hat.

Um Emil mit Land und Leuten vertraut zu machen, nimmt ihn die Gastmutter von Beginn weg auf kleine und grössere Ausfahrten mit. Jawohl, die hochschwangere Martha Aschmann klettert immer noch ohne Hilfe auf den Kutschbock des flinken Rockaway-Zweisitzers, treibt die gemütliche alte Stute Beth zu Höchstleistungen an! Emil staunt über die verschiedenen Belagstechniken, mit denen man sich gegen den allgegenwärtigen Kot wehrt: «Wir hatten als Strasse eine sogenannte *Plank Road*, wo Bretter quer über die Strasse aneinandergelegt sind und so einen Boden bilden», heisst es an einer Stelle; weiter fällt ihm auf «eine eigentümliche Strasse, die mit zerstampften Austernmuscheln bekiest war». Gleich am ersten Sonntag führt die Ausfahrt über die Patterson Plank Road, «auf der wir zuweilen eine hübsche Aussicht in das Land hinein und nach den blauen Hügeln von New Jersey hatten. Der grosse Haushund, der uns freiwillig begleitete, wurde aber bei dem strengen Lauf des Pferdes so müde, dass wir ihn in den Wagen aufnehmen mussten und er sich nur langsam erholte. Auf dem Rückweg kamen wir an einem allerliebsten Landsitz vorbei, der von einem Schweizer erbaut wurde. Das Haus ist burgartig von grauem Stein gebaut, mit einem Schweizer Kreuz aus Stein oberhalb der Haustür.»

Dass sich hier im Hackensack County, im äussersten Osten des Bundesstaats New Jersey, viele Deutschschweizer und Deutsche ansiedelten, war kein Zufall. Seit um die Mitte des 17. Jahrhunderts in Hoboken die erste Brauerei des ganzen Landes die Produktion aufgenommen hatte, liessen sich hier gern deutsche Bierbrauer nieder. Zuzüger aus der deutschen Schweiz folgten nach, sodass sich Emil bei den sonntäglichen Ausflügen zu den Biergärten am Hudsonufer mitunter wie am heimischen Zürichsee fühlte. In Hoboken feierte man regelmässig das «Harmonie-Fest» mit deutschen und schweizerischen Blasmusiken; am Eidgenössischen Schützenfest widerhallten die Schüsse durch ein tiefes, waldiges Tälchen zum Klang von «vortrefflichen heimatlichen Sängen und Klängen». Ein beliebter Treffpunkt war das Gasthaus eines Zither spielenden Wirts namens Schuler. «Dieser ist ein grässlich fetter, kugelrunder Mann, gutmütig, aber bequem und nur durch Trinken zum Spielen zu bringen. Sein Spiel ist aber prachtvoll und voll Kunst, und es ist ein wahrer Genuss, ihn zu hören. In diesem Bierlokale sieht man an solchen Tagen wieder das deutsche Leben und Treiben, wie man es sich von Hause aus gewöhnt ist. Da zechen junge Leute, Familienväter mit Weib und Kind, Müttern und Töchtern so friedlich und lustig zusammen, wie es nur Deutsche unter allen Nationen tun können.»

Aber nicht alle deutschen Einwanderer lebten unter solch behaglichen Verhältnissen. Auch Hoboken kannte seine Armenquartiere, wo die «gemeinste deutsche Klasse» lebte – kaum integrierte Knechte und Hilfsarbeiter, die sich an den Eingängen zu den Biergärten herumtrieben. Führte die Fahrt zu einem geselligen Anlass durch eine solche Gegend, legte Prinzipal Aschmann zur Sicherheit schon mal seinen geladenen Revolver unter den Kutschensitz. Auch Emil fühlte sich im deutschen Quartier von Hudson City unbehaglich: «Es ist merkwürdig, wie dasjenige einen Abstand von andern Quartieren bildet. Die Häuser sind alle einstöckig, und gar manche haben bloss ein ordentliches Zimmer, und so ist eigentlich die ganze Strasse eine Reihe Holzhütten, wo nicht in einer eine mässige Familie anständig Platz hat. Diese Strasse liegt etwas einsam, und ringsum sind noch wenige Ansiedlungen angebaut, sodass dieses Stück Deutschland ganz isoliert ist.»

Martha Aschmann, geborene Amerikanerin und trotz aller Herzlichkeit durchaus auf Etikette bedacht, konnte den Ausflügen zu Biergärten und Zither spielenden Wirten nur wenig abgewinnen. Mehr als einmal fingen Gemahl und junger Gast bei der Rückkehr einen Tadel wegen ihres Bieratems und ihrer allzu heiteren Stimmung ein. Umgekehrt war sie es, die nur wenige Tage vor ihrer Niederkunft zum gemeinsamen Besuch im immer etwas lärmigen Nachbarhaushalt der Tookers drängte und Emil auch an Sonntagen zu einer Darbietung am Klavier ermutigte. Hier musste der junge Gast allerdings statt der Tänze und geselligen Lieder, die am Tag des Herrn verpönt waren, seine nicht sonderlich geliebten Opernauszüge hervorkramen.

Überhaupt gab sich Mrs. Aschmann dem kaum vier Jahre jüngeren Besucher gegenüber von Beginn weg eher als ältere Schwester denn als autoritätsheischende Familienvorsteherin: eine geschwisterliche Beziehung, in die sich hie und da eine Prise Koketterie mischte. Dazu gehörte, dass man abends zusammen die pikanten New Yorker Szenen des Philander Doesticks las – eines jungen Journalisten, der in seinen Feuilletons die *mobocratic snobbery* der vornehmen Gesellschaft auf den Arm nahm: «Nachts las ich mit Frau Aschmann in Doesticks, einer humoristischen Beschreibung des Lebens von New York, von einem ihrer Bekannten geschrieben, der mit unendlicher Satire und treffendem Spott die Auswüchse dieses tollen Treibens aufs Ergötzlichste darstellt.» Umgekehrt brachte der begeisterte Schachspieler Emil der Gastgeberin die Grundzüge des Brettspiels bei, dies nach einem ausgeklügelten System: «Mrs. Aschmann bekam von mir Lektion 2 und hatte nach meiner Bestimmung das erste Spiel zu verlieren und das zweite nach berechneten Zügen zu gewinnen.» Nicht selten setzte man sich gemeinsam ans Piano und übte ein vierhändiges Stück ein – nicht ohne unterdrückte Seufzer vonseiten Emils, der sich anschliessend beim nächtlichen Tagebucheintrag schwor, niemals auf die Stufe eines Musiklehrers zu sinken! «Gott werde mich behüten, jemals diesen Beruf ergreifen zu müssen, und namentlich gegenüber Frauenzimmern.»

Es war, alles in allem, eine unbeschwerte Beziehung, die nach der Geburt des kleinen Freddy Ende September noch an Tiefe gewann. Zum ersten Mal erlebte Emil aus nächster Nähe, was Elternschaft bedeutete. Und zusammen mit den Eltern Aschmann, die in den ersten Ehejahren bereits die Töchterchen Ida und Albertina verloren hatten, bangte er mit: «Wird ihnen dieses Mal dauerhaftes Familienglück beschert sein?»

Abb. 4: Flammeninferno an Bord der *Austria*. Der Segeldampfer sank am
13. September 1858 vor der Küste von Neufundland; mehr als fünfhundert
Passagiere und Besatzungsmitglieder kamen ums Leben.

SCHLAGZEILEN

Naturgemäss unterscheidet die private Chronik eines Tagebuchs nicht nach persönlicher und öffentlicher Bedeutung der Einträge. Wohl zählte für Emil die Geburt des kleinen Freddy Aschmann am 26. September zu den einschneidendsten Ereignissen dieser ersten Wochen. Aber auch ausserhalb des häuslichen Kreises folgte in diesem Spätsommer und Herbst eine aufsehenerregende Meldung auf die andere. Innerhalb weniger Wochen nach seiner Ankunft brannten mit der City Hall und dem Crystal Palace zwei herausragende öffentliche Gebäude New Yorks nieder. Forderten diese Katastrophen keine Todesopfer, so kostete der Untergang des Dampfers *Austria* vor der Küste Neufundlands mehreren hundert Passagieren und Besatzungsmitgliedern das Leben. In eine weitere Katastrophe – wenn auch bloss finanzieller Art – mündete der Versuch, die Kontinente zu verbinden. Das mit viel Publizität angekündigte Unternehmen, ein Telegrafenkabel im Atlantik zu legen, scheiterte.

Emils Tagebuch nennt bereits am Tag seiner Landung den Riesendampfer *Niagara*, der zur gleichen Zeit wie die *Aragon* auf dem Atlantik unterwegs ist. Einer der grössten Steamer seiner Zeit, unternimmt die *Niagara* bereits den zweiten Versuch, Irland und die Küste von Neufundland mit einem auf dem Meeresboden verlegten Telegrafenkabel zu verbinden. 1855 war der New Yorker Millionär und Unternehmer Cyrus W. Field, der das Projekt seit Beginn der 1850er-Jahre vorantrieb, noch an einem Kabelriss gescheitert. Jetzt scheint das Wagnis zu klappen. In den ersten Augusttagen ist die amerikanische Küste erreicht, gehen erste Testtelegramme zwischen den beiden Kontinenten hin und her. Und am 18. August meldet die *New York Times* den geglückten Zusammenschluss mit dem bereits vorher auf Festland verlegten Kabel zwischen Neufundland und der Metropole. Emil bekommt die Erfolgsmeldung auf der abendlichen Rückkehr vom Store mit: «Als ich an den Fluss kam, hörte ich Kanonendonner und das Geläute aller Schiffsglocken. Alle Flaggen waren aufgehisst. Die *Niagara* war nämlich von ihrer Telegrafenexpedition soeben eingelaufen und machte sich von Weitem bemerkbar, indem sie vom Mastenspitz bis aufs Wasser mit Flaggen bedeckt war. Ganze Dampfboote voll Passagiere umschwärmten dabei das berühmte Fahrzeug.»

«*Gloria in Excelsis!*», lauten an diesem Tag die Schlagzeilen der Zeitungen. «*The Old World and the New United!*» Und in der *New York Times* ist das erste Telegramm nachzulesen, das Queen Victoria an Präsident Buchanan richten liess: «Ihre Majestät beglückwünscht den Präsidenten zum erfolgreichen Abschluss dieses bedeutenden internationalen Unternehmens, an dem die Königin den lebhaftesten Anteil genommen hat.» In seiner Antwort lässt der Präsident das nur in zweiter Linie beteiligte Königreich grosszügig am Ruhm des Unternehmens teilhaben: Zu verdanken sei der Erfolg «dem Wissen, dem Können und der unzähmbaren Energie der beiden Nationen. Es ist ein weit ehrenhafterer Triumph, als ihn je ein Eroberer auf dem Schlachtfeld errungen hat, da der Menschheit bei Weitem förderlicher.»

Geschäftstüchtige Juweliere kaufen sofort die übrig gebliebenen Rollen des Originalkabels auf und vertreiben sie stückweise – ein Riesenerfolg, denn Emil ergattert erst beim dritten Anlauf eines der begehrten Souvenirs: «ein Stück Telegrafentau von 4 Zoll Länge für 1 Dollar. Es hat die Dicke eines Fingers, aussen ist eine Drahthülle, dann Guttapercha und zuinnerst der dünne Kupferdraht.» So ausgerüstet begeht er am 1. September zusammen mit der reizenden Miss Davis den «grossen Tag, der seinen Platz in der amerikanischen Geschichte findet». Die erfolgreiche Kabellegung wird feierlich begangen, mit einem Festzug und anschliessendem Gottesdienst in der Trinity Church. Zusammen dürfen die beiden vom vierten Stockwerk eines *Drygoods*-Händlers aus die Parade bestaunen: «Der Broadway, so weit man sehen konnte, war mit Tausenden und Tausenden von Menschen bedeckt.» Unten auf der Strasse haben die Festordner Mühe, dem Umzug aus Festmusiken und Dutzenden von Milizregimentern einen Weg zu bahnen. Ein Wunder, so notiert Emil, dass niemand zu Schaden kommt, «denn ich sah mit Schrecken, wie viele auf den äussersten Dachfirsten sassen, sodass sie beim leisesten Schwindel hinabgestürzt wären. Endlich kam der interessanteste Teil des Zuges, alle bei der Legung behülflichen Männer und Behörden. In einer mit acht Pferden bespannten Kutsche sass Cyrus W. Field, der Unternehmer, dessen Gesicht noch deutliche Spuren der wenige Wochen vorher ausgestandenen Angst und Ungewissheit zeigte. Seine Erscheinung erregte ungeheuren Enthusiasmus. Tausende von Kehlen schrien ‹Hurrah!›, und aus jedem Fenster, selbst von den Dächern herab wehten Tücher, von schöner Hand bewegt.» Und noch bei der abendlichen Rückkehr über den Hudson begleitet Feststimmung die beiden: «Beide Ufer waren so weit man sehen konnte mit Freudenfeuern erleuchtet.»

Aber weder Emil und Frances noch die Millionen von Feiernden ahnen, dass die Freudenhymnen zu früh angestimmt worden sind, dass der Tag seinen Platz in der amerikanischen Geschichte erst noch suchen muss. Gut eine Woche später lässt ein viel zu starker Stromstoss das Atlantikkabel schmelzen, und erst 1866 finden Fields Anstrengungen ihren dauerhaften Erfolg. Dies nachdem sich die amerikanische Öffentlichkeit bereits auf eine Festlandleitung über Moskau, Sibirien und die Beringstrasse eingestellt hat und im Hinblick darauf Verhandlungen mit dem Russischen Reich über eine Abtretung von Alaska aufgenommen worden sind …

Kann die Aufnahme Alaskas in die Vereinigten Staaten als indirekte Folge des Kabelprojekts gelten, so hängen Ursache und Wirkung bei einer weiteren Grosskatastrophe viel enger zusammen: dem Brand des Stadthauses, der viel bestaunten, 1808 erbauten City Hall mit ihrer prächtigen weissen Marmorverkleidung. Die ersten Meldungen darüber erscheinen gleichzeitig mit dem Glückwunschtelegramm der Queen, und am Abend des 18. August steht für die *New York Times* fest: Das Feuerwerk bei den Jubelfeiern zur Kabellegung hat in der Kuppel des imposanten Gebäudes einen Schwelbrand ausgelöst, der schliesslich zum Vollbrand wurde. Bei *Ashman's* ist man da allerdings anderer Meinung:

«Schon auf dem Ferryboat hörten wir mit Erstaunen die Nachricht, dass in der Nacht die City Hall teilweise abgebrannt sei, was durch die Zeitung bestätigt wurde. Ich machte am Morgen dann mit Herrn W. einen Spaziergang dorthin und sah, dass die hohe Kuppel wirklich vom Feuer zerstört worden war und hinabstürzte, während der Glockenturm hintenan und die Feuerglocke, die das Signal bei Bränden gibt, bloss beschädigt wurden, so wie der zweite Stock. Dieser Brand wurde nach allgemeiner Überzeugung gestiftet von Leuten, die eine neue City Hall haben wollen; was hätte wohl der eherne Washington zu solcher Schurkerei gesagt, dessen Bildsäule vor der Hauptfront steht, wenn er hätte sprechen können?»

Über den genauen Hergang können die Reporter der *Times* praktisch vom Ort des Geschehens aus berichten. Ihre Bürofenster führen direkt auf den Stadthauspark – ja sie sind es, die der Wache vor der City Hall am 17. September abends um zehn Uhr melden, es schlügen Flammen aus dem Dach. Da man anfänglich noch glaubt, das Feuer mit ein paar Eimern Wasser löschen zu können, dauert es bis ein Uhr nachts, bis die ersten Feuerwehrwagen eintreffen – «zu welcher Zeit die Flammen bereits aus allen Teilen des Turms loderten». Anschaulich beschreibt der Reporter den dünnen Löschstrahl, der nutzlos im Feuer verzischt, die rotglühenden Zeiger der grossen Turmuhr, die einem verdutzten Feuerwehrmann vor die Füsse fallen, und den erbitterten Kampf um das zweite Stockwerk, wo der ehrwürdige Schreibtisch von George Washington gerade noch gerettet wird. Sogar die von Emil erwähnte Bronzestatue des Gründungsvaters scheint in Flammen zu stehen, «einem Märtyrer gleich, der für seinen Glauben auf dem Holzstoss den Feuertod erleidet». Was den bei *Ashman's* und anderswo geäusserten Verdacht auf eine «Schurkerei» betrifft, bleibt man bei New Yorks Hauptzeitung allerdings skeptisch: Augenzeugen haben mitverfolgt, wie Feuerwerkteile auf die Randverzierungen der Kuppel fielen und dort rotglühend liegenblieben.

Eher nach einer bösen Vorahnung klingt ein weiteres Detail der Berichterstattung: «*Seven birds flew almost within the burning skeleton of the cupola.*» Handelte es sich bei den sieben Vögeln, die um das brennende Kuppelgerüst flatterten, um Unglücksboten?

Das an alte Sagen gemahnende Bild mag auch Emil in den Sinn gekommen sein, als er nur sechs Wochen später erneut eine Feuersbrunst festhalten musste: «Dienstags nachts ist also der Kristallpalast auf spitzbübische Weise niedergebrannt worden. Eine grosse Ausstellung, die sich darin befand, ist total verloren und der Verlust an Kunstsachen, Juwelenwaren, Maschinen enorm. Trotz der ungeheuren Menschenmenge, die sich darin befand, hat man bis jetzt bloss einen einzigen Toten gefunden.»

Auch hier kam der Verdacht auf Brandstiftung auf – wie stand es damit? Tatsächlich galt das dem Londoner Kristallpalast der Weltausstellung 1851 nachempfundene Gebäude aus Stahl und Glas von Beginn weg als Zankapfel. Zwei Jahre nach London für eine internationale Industrieschau in der Nähe des heutigen Bryant Park an der 42. Strasse eröffnet, brachte der Crystal Palace den Betreibern trotz pompöser Auftaktfeier einen riesigen Schuldenberg ein. Klagen von Besuchern wie Ausstellern über undichte Dächer und nass gewordene Waren häuften sich. Vorübergehend geschlossen, öffnete der Glaspalast im Sommer 1858 erneut seine Tore für die jährliche Messe des American Institute. Seine Erbauer hatten ihn als «feuersicher» gepriesen – mit der gleichen Überzeugung wie viele Jahre später die Konstrukteure der «unsinkbaren» *Titanic*. Als am Abend des 5. Oktober 1858 aber in einem Nebenraum des Erdgeschosses Feuer ausbrach, brannte der riesige kreuzförmige Bau in weniger als einer halben Stunde nieder. Erstaunlicherweise gelang es den Feuerbrigaden, alle zweitausend anwesenden Besucher zu retten; selbst bei Emils Meldung eines Todesopfers handelte es sich um ein später dementiertes Gerücht. Nach Augenzeugenberichten machte sich zuerst starker Gasgeruch bemerkbar, worauf sich das Feuer «in unglaublich kurzem Zeitraum ausbreitete. Die mit Papier ausgekleidete Kuppel entzündete sich wie ein Pulverblitz.» Auch wenn das noch am gleichen Tag zusammentretende Untersuchungskomitee eindeutig auf Brandstiftung tippte, konnte kein Schuldiger gefunden werden. New York war verblüfft über das plötzliche Verschwinden eines neuen Wahrzeichens: «Dass es je bestand, scheint plötzlich wie ein Trugbild. Wir fühlen uns an Aladins Palast erinnert.»

So als genügten die sieben durch die brennende Stadthauskuppel flatternden Unglücksvögel nicht, so als brauche es ein noch deutlicheres Warnzeichen, stand seit Mitte September ein riesiger Komet über der Stadt. Emils Tagebuch beschreibt die Himmelserscheinung als prächtig und Furcht einflössend zugleich: «Ich hatte im Heimweg einen sehr schönen Anblick des Kometen, der jetzt schon 14 Tage am Firmamente glänzt, noch nie zuvor aber so kolossal zu sehen gewesen ist wie heute Nacht vor Aufgang des Mondes. Sein Schweif erstreckte sich wohl über die Hälfte des Himmelsbogens und glich förmlich einer ungeheuren, früher so Schrecken einjagenden Himmelsrute.»

So Emils Eintrag zur später als «Donatis Komet» oder «1858/VI» bekannt gewordenen Himmelserscheinung – dem ersten je fotografierten Kometen der Geschichte. Die Notiz fällt auf den 25. September. Zu diesem Zeitpunkt brachten abergläubische New Yorker die Himmelserscheinung bereits in Verbindung mit der Schreckensnachricht über eine der grössten Schiffskatastrophen aller Zeiten. Wie an diesem Tag der Telegraf aus Halifax meldete, war der Dampfer *Austria* vor der Küste Neufundlands in Flammen aufgegangen und gesunken. Nur 85 Passagiere und Besatzungsmitglieder kamen mit dem Leben davon, gegen 500 Todesopfer waren zu beklagen. Wie sich die ersten Gerüchte rund um die *Austria* allmählich zur traurigen Gewissheit verdichteten, lässt sich in Emils Aufzeichnungen Tag für Tag verfolgen.

22. September: «Der Dampfer *Austria* von Hamburg, an dessen Bord wir zwei unversicherte Kisten im Betrag von 5000 Dollar haben, ist bis heute, nachdem er schon 18 Tage von Southampton unterwegs ist, noch nicht angekommen. Ich machte daher mit Herrn Stapfer einen Gang nach Wall Street, um dort womöglich noch eine Versicherung darauf zu nehmen. Wir traten in mehrere Versicherungsbureaux, allein man wies uns an einigen ab, in andern waren keine Leute mehr, da es schon

5 Uhr war, und nur an einem Ort (*Mercantile Ins. & Co.*) machte uns der Direktor eine Offerte von 5 Prozent, was wir aber als zu hoch nicht annahmen – wenigstens für heute.»

23. September: «Wir wurden heute nicht wenig alarmiert, als wir am Morgen in der Zeitung lasen, dass ein Steamer auf offenem Meere in Brand durch ein gestern in Halifax eingefahrenes Segelschiff gesehen worden ist. Die unvollständige Beschreibung passte freilich nur halb auf die noch immer ausbleibende *Austria*. Gleichwohl konnten wir uns nicht länger besinnen, nun trotz der hohen 5 Prozent zu versichern, allein als wir wieder nach Wall Street gingen, waren jetzt sozusagen alle Türen vor uns verschlossen, kein Direktor machte uns eine Offerte.»

24. September: «Auch heute konnte nichts Näheres über den brennenden Steamer erfahren werden, da die zweite Barke, die demselben näher gewesen war, noch nicht in Halifax angekommen ist. Doch drehte sich die allgemeine Meinung eher auf den Vanderbiltsteamer *Ariel* oder die englische *Alps*, die dort in der Nähe sein mussten und der Beschreibung eher entsprachen.»

25. September: «Schon war es heute beinahe zur Gewissheit geworden, dass die *Austria* nicht abgebrannt sei; schon hätte ich zahlreiche Wetten darauf eingehen können, als abends die *Evening Express* die Ankunft der zweiten Barke *Trabian* meldete, deren Capitain eine so genaue Beschreibung vom Steamer gibt, dass damit wie auf einen Donnerschlag alle unsere Hoffnungen zerstört sind und kein Zweifel mehr über unsere unglücklichen Waren mehr walten kann. Wir waren recht entmutigt bei dieser trostlosen Nachricht, können uns aber das Zeugnis geben, unser Bestes dabei getan zu haben. Alle Zufälle und Umstände schienen sich verschworen zu haben, die Vermeidung dieses Unglücks nutzlos und unmöglich zu machen, denn wäre jene erste Barke nicht Donnerstag morgens mit diesem ungenügenden Berichte eingetroffen, so hätten wir unfehlbar zu 5 Prozent oder mehr versichert, wie dies unser fester Entschluss war.»

27. September: «Heute traf die Trauerkunde von Halifax ein, welche die traurige Gewissheit über das Ende der *Austria* brachte. Nur 67 Passa-

giere sind bis jetzt gerettet worden von 600, der Rest hat den Tod in einem der beiden Elemente Wasser oder Feuer gefunden. Die Überlebenden werden schreckliche Details zu erzählen haben.»

Rückblickend mag die einseitige Optik dieser Einträge empören: Sorgte man sich denn in Aschmanns Filiale ausschliesslich über die unversicherte Seidenlieferung auf der *Austria*, wo doch das Leben Hunderter auf dem Spiel stand? Tatsächlich spielte die von Emil beobachtete Häufung unglücklicher Zufälle aber auch bei der Nachrichtenübermittlung mit. Die *Austria* sank am 13. September vor der Küste von Neufundland, nur wenige hundert Meilen von der Telegrafenstation in Halifax entfernt. Obwohl man auf mindestens drei Schiffen Zeuge der Katastrophe wurde und Überlebende aufnahm, dauerte es beinahe zwei Wochen, bis schlüssige Nachrichten in New York eintrafen – Zeit genug, um Spekulationen aller Art zu nähren. Was Emils «schreckliche Details» betrifft, so rügte ein Bericht der *New York Times* vor allem die Disziplinlosigkeit an Bord des Auswandererschiffs: «Es standen genügend Rettungsboote zur Verfügung, um alle Passagiere und Mannschaften zu retten, doch es fehlten die richtigen Massnahmen und Personen, die korrekte Befehle ausgegeben hätten. So fielen Hunderte von Leben dem Unglück zum Opfer, die man hätte retten können.» Wie Überlebende berichteten, gelangte ein einziges Rettungsboot ordnungsgemäss zu Wasser, die andern wurden beim Ansturm der Passagiere aus der Halterung gerissen und beschädigt. Die Ursache für die Feuersbrunst: Beim Desinfizieren der Zwischendecks mit Teerdämpfen geriet der verwendete Teer in Brand, heftige Windstösse verbreiteten die Flammen im Nu über das gesamte Deck.

Am Abend, an dem Emil über den schrecklich-schönen Kometen staunte, traf er beim Nachhausekommen das Haus in Bergen Hill noch hell erleuchtet an. Im Flur stiess er auf Nachbarin Mrs. Tooker und die Hebamme des Ortes: Mrs. Aschmanns Niederkunft hatte begonnen. Am nächsten Morgen weckten ihn die durchs Haus schallenden Rufe: *«It's a boy, a big boy!»*; der kleine Freddy Aschmann hatte das Licht der Welt erblickt. Später, im Store, setzte Emil einen Brief an die Eltern auf; gleichentags notiert das Tagebuch: «So ist es denn nun Fügung des Schicksals, dass dieselben Zeilen, die jetzt dann meinen lieben Leuten in der Heimat ein grosses Missgeschick mitzuteilen haben, nun gleichfalls ein freudiges Ereignis verkünden.»

Abb. 5: Südspitze von Manhatten aus der Vogelschau (um 1856).
In der Bildmitte die Trinity Church. Jenseits des Broadway führt die Wall Street
Richtung East River; hier erheben sich das Börsengebäude, die City Bank und
die Bank of America.

New York, 1858

Schon die ersten New Yorker Wochen führen Tagebuchschreiber und
-leser in die unterschiedlichsten Quartiere der Stadt, vom Bryant Park an
der 42. Strasse bis zu den Versicherungsbüros der Wall Street oder zur
Trinity Church am Broadway, dem mit 250 Fuss oder 80 Metern weitaus
höchsten Gebäude Manhattans. Wie kamen New Yorker damals von
einer Ecke ihrer Stadt in die andere? Wie ordnete New York die «ungeheure Masse von Menschen und Karren», die den Burschen vom Zürichsee am ersten Tag so beeindruckt hatte? Wie muss man sich Strassen,
Gassen und Plätze vorstellen?

Zuerst fällt auf: Zahlreiche Botengänge werden zu Fuss erledigt, oft
quer durch Manhattan, von einem Flussufer zum andern. Einträge wie
«mit Herrn Wegelin zur Wall Street marschiert» sind häufig; manchmal
kombiniert Emil zwei Transportarten: «Ich marschierte eine tüchtige
Strecke dem *Western Broadway* entlang, da ich aber glaubte, diese Strasse
münde nun erst in den eigentlichen Broadway, so sprang ich auf einen der
vorbeifahrenden Pferdeeisenbahnwaggons und war dann sehr erstaunt,
mich schon nach einigen Minuten in Vesey Street zu finden.»

Mit dem flinken Gefährt ist eine Einrichtung gemeint, die zahlreiche Städte der Vereinigten Staaten kennen. Von auswärts kommende
Züge machen an der Peripherie halt und übernehmen die Rolle der Stras-
senbahn: «In einer der äussersten Strassen New Yorks», so heisst es bei
der Rückkehr von einem Ausflug nach Dobbs Ferry, «wurde die Lokomotive abgespannt und dafür vier Pferde an jeden Waggon gespannt, da
keine Lokomotiven im Stadtbereich fahren dürfen.» Das System funkti-
oniert auch in umgekehrter Richtung: «In Chamber Street, wohin wir
etwa drei Minuten zu gehen hatten, ist das Depot, wo man in den Waggons durch Pferde bis in die 31. Strasse gezogen wird, bei der dann das
Dampfross angespannt wird.»

Diese Zwitter aus Bahn und Tramway sollten erst aus dem Stadtbild
verschwinden, als New York in den 1870er-Jahren die Grand Central

Station baute. Von ihnen gilt es das eigentliche Pferdetram zu unterscheiden – leichtere Wagen auf Schienen mit Platz für etwa vierzig Personen, wie sie seit Beginn der 1850er-Jahre in Nord-Süd-Richtung auf der 3., 6. und 9. Avenue verkehren. Kreuz und quer durch die Stadt unterwegs sind dagegen die Omnibusse. Ihre Wagen, meist nur von einem Pferd gezogen, rattern ohne Schienen über das Strassenpflaster. Das Innere ist düster und unreinlich. Eine Schicht von Sägemehl bedeckt den Fussboden, der sich im Verlauf des Tages zusehends schmuddliger ausnimmt: der Kot von ungepflästerten Gehsteigen, der Auswurf Tabak kauender Passagiere. Wie hoch sich der Preis für eine Fahrt beläuft, geht aus der folgenden Szene hervor: Emil besteigt mit drei jungen Frauen einen Omnibus an der Sixth Avenue; man will gemeinsam eine Schau der *Christie's Minstrels* besuchen. «Meine drei Begleiterinnen mussten sich in einen schon angefüllten Omnibus hineinpressen lassen, und dabei hatte ich noch das Ungefell, keine kleine Münze bei mir zu haben, sondern musste ein Zweieinhalb-Dollarstück zum Wechseln geben. Dies gab dem Kutscher viel Arbeit, bis er aus seinen Dreiern und Fünfern beim Schimmer einer Strassenlaterne seine 2 Dollar beisammen hatte. Die übrigen Passagiere schrien ihm schon ungeduldig zu, er solle weiterfahren.»

12,5 Cents oder ein halber Quarter für eine Fahrt – diese Fahrtaxe hat sich erstaunlicherweise seit den 1830er-Jahren gehalten, wird aber noch während Emils New Yorker Aufenthalt auf 20 Cents erhöht. Dies zum Missmut vieler Städter, die seit Jahrzehnten über übel riechende und vollgestopfte öffentliche Transportmittel klagen. Immerhin führt die ungewünschte körperliche Nähe im Omnibus manchmal auch zu heiteren Szenen. Emil über eine Fahrt durch Hoboken: «Ich war so ziemlich der Letzte, der noch ordentlich Platz fand. Nach und nach kamen aber noch mehr Leute, so ein dicker, fester Alter, der – wie er sagte – 165 amerikanische Pfund wog, ungefähr von der Statur Papas. Dieser hätte nun den ganzen Weg mit gekrümmtem Rücken stehen müssen, was nicht wohl anging für ihn. Ich lud ihn ein, auf meine Knie zu sitzen. Er meinte aber, er sei zu schwer, und so stand ich unter allgemeiner Heiterkeit auf und sass dem Dicken auf die Knie. Indessen müssen diesem die meinigen 151 Pfund (heutige Wägung) zuletzt auch stark gezogen haben.»

Und im Winter? Offensichtlich steigt New York schnell und routinemässig auf Pferdeschlitten um, so an einem der ersten Januartage des Jahres 1859: «Über Nacht hatte sich ungeahnt ein tiefer Schnee gelegt, und am Morgen waren Räderfuhrwerke sozusagen nicht mehr zu gebrauchen. Herr Aschmanns Schlitten war noch nicht ganz in Ordnung, und so mussten wir auf den Stageschlitten warten.» Bereits am Folgetag hat sich der Verkehr mehr oder weniger reibungslos umgestellt: «Heute war die Schlittbahn auf ihrem Höhepunkt, selbst überall in der Stadt war der Schlittweg sehr gut, mit Ausnahme des Broadway, wo die Omnibusse, die nicht auf Schlitten liefen, den Schnee in Kot zerkarrten. Bei solcher Gelegenheit wird für einen zweispännigen Schlitten willig 10 Dollar für den halben Tag bezahlt.»

Damit spricht das Tagebuch die Mietgefährte an, die seit 1840 in der Stadt kursieren. Droschken wie – zeitweise im Winter – Schlitten haben ihren Standplatz vor dem Astor House, nur ein paar Schritte von der Vesey Street entfernt. Hier können Selbstfahrer auch ihr eigenes Gefährt mieten, stunden- oder tageweise. Die erwähnten 10 Dollar je Halbtag gelten allerdings nur bei Ausnahmebedingungen. Wie Emil im darauffolgenden Frühjahr ein Break für einen Ausflug nach Flushing Point mietet, bezahlt er noch nicht einmal die Hälfte dieser Taxe. Nach einigem Feilschen kann er «in einem *livery stable* ein sehr nettes Rösschen und Buggy für 4 Dollar per halben Tag engagieren. Wir kamen sehr schnell vorwärts, unser Pferd war ein ausgezeichneter Renner, und man musste ihn zurückhalten, damit er sich nicht zu sehr erhitzte. In einer Stunde hatten wir schon die 8 Meilen von Greenpoint nach Flushing zurückgelegt.» Ja, aus dem Greenhorn, das anfänglich beim Überschreiten des Broadway um sein Leben fürchtet, wird bis im nächsten Sommer ein leidlicher Chauffeur: «Ich leite die Pferde jetzt stets, wenn wir zur Stadt fahren, aber nur wenn beide angespannt sind. Das Kutschieren durch das Wagengedränge in der Stadt ist oftmals ziemlich schwer.»

So weit wie Kollege Stapfer, der ein eigenes Pferd samt Buggy hält, will Emil denn doch nicht gehen. Ganz generell geben die Tausenden von Pferden und die dazugehörigen Ställe, Strohballen, Miststöcke und Kutscherkneipen selbst den vornehmen Quartieren des Unteren Broadway einen unerwartet ländlichen Anstrich. Dazu passt ein weiteres Angebot, das man auf Anhieb eher dem ländlichen Bereich zuordnet: ein Markt für Lebensmittel wie Fleisch, Gemüse und Obst. Er liegt nur wenige Schritte vom Kontor entfernt am Quai der West Side, zwischen Fulton Street und Vesey Street. Aber wie alles in New York weist auch dieser täglich abgehaltene Markt unerwartete Dimensionen auf, vergleichbar den in ebendieser Epoche errichteten Pariser *halles*.

Emil lernt den Washington Market gleich in den ersten Tagen nach seiner Ankunft kennen: «Es ist wirklich dieser Ort sehenswert, indem da alles Fleisch, Gemüse, Bier und Früchte für den unteren Stadtteil verkauft wird. Das Ganze ist in ein enormes Gebäude eingeschlossen und in Buden eingeteilt. Man geht da zwischen wahren Fleischbergen durch, sodass es scheint, als ob der Weg, der hier geht, vorerst durch Fleisch hätte gehauen werden müssen. Auch Geflügel, Fisch, Austern, vor denen man sich aber zu gegenwärtiger Jahreszeit die Nase zuhalten muss, sind in Unzahl vorhanden.»

Das unerwartete und originelle Bild einer durch ungeheure Fleischmassen gehauenen Passage bezeugt es: Der junge Horgner nimmt diese unvertraute Welt mit allen Sinnen auf. Auf der Dampffähre am frühen Morgen erblickt er «eine seltsame Ladung, nämlich einen ganzen Wagen voll toter Hirsche, meistens Vier- bis Sechsender, die nun nach New York als Delikatesse gebracht werden». Sie sind für ausgewählte Hotels und den Washington Market bestimmt, auf dem der junge Gast schon bald selbstständig einkauft: «Heute hatten wir statt Fr. A. den Markt zu besorgen. Wir hatten Fleisch und Früchte zu kaufen, was sich alles in förmlichen Bergen vorfand, und ich transportierte dann den damit gefüllten Handkorb über den Fluss nach Hoboken, um ihn dort dem wartenden Knecht zu übergeben.» Was die bereits genannte Stadtkarte von Dripps zeigt: Auch diese Einkäufe sind mit ein paar Schritten erledigt; die Distanz vom Washington Market bis zur Anlegestelle der Hobokenfähre an Pier 25 beträgt knapp 200 Meter …

Folgen wir in Gedanken dem Knecht der Familie Aschmann mit seinem Korb voller Einkäufe hoch nach Bergen Hill in die schön gelegene Villa und weiter in die Küche, wo schon die Hausfrau und eine Magd warteten! Was kam im gemütlichen Heim der Aschmanns und anderswo auf den Tisch, welche amerikanischen Spezialitäten lernte der Neuankömmling kennen? Dass das Tagebuch eines kräftigen jungen Mannes ausführlich übers Essen berichtet, erstaunt weiter nicht. Kam hinzu, dass die Essgewohnheiten hierzulande allerlei Unerwartetes brachten, beispielsweise ein Frühstück mit Steaks und gebratenen Nierchen: eine Extravaganz für einen jungen Schweizer vom Land, der zu Hause zu dieser Tageszeit allenfalls eine Wurstscheibe auf dem Tisch fand! Unvertraut waren auch süsse warme Brötchen – «sogenannte Buckwheat Cakes, eine Art Mehlkuchen, auf die man dann Honig und Butter strich und die mir wohl mundeten». Ein paar Tage später folgt noch eine genauere Beschreibung: «kleine Kuchen von Buchweizen, deren je einige zusammen frisch aus der Pfanne aufgetragen werden und dann, mit Sirup bestrichen, gerade warm verspeist werden». Ganz generell liebte man bei Aschmanns weiche und mastige Mehlgerichte – und staunte zuweilen über den kräftigen Appetit des jungen Gastes: «Beim Essen waren es ausser den *bricks* (gebackenen Brotklössen mit süsser Sauce) die grossen Mehlkugeln, die mir zusagten. Ich nahm mir daher auch drei von diesen Kanonenkugeln, was meine Tischgefährten zu allerlei Scherzen über mich veranlasste.» Auch Hühnchen kamen mit mastiger Beilage auf den Tisch – mit Erfolg: «Ich namentlich ass, bis ich meinen Magen zentnerschwer fühlte. Das Hauptgericht war *Chickenpotpie*, gekochte Hühner nebst grossen Kugeln von weichem Brotteig, wobei eine gute Sauce noch allem den guten Geschmack gab.»

Meeresfrüchte und -fische lernte Emil erstmals bei einem Ausflug nach Coney Island kennen – schon damals ein ausgedehnter Vergnügungspark mit Karussells und Bahnen: «Wir bestellten unser Dinner im Hotel, das erstens aus gerösteten Muscheln (*clams*) und zweitens aus gebratenen Fischen bestand. Erstere sahen wir im Freien durch einen Neger zubereiten, der unter einem Kreis solcher Muscheln ein Feuer unterhielt. Ich fand freilich nicht so viel Delikatesse daran wie die andern und widmete mich mehr dem Fisch und Kartoffeln.» Der Bericht vom ersten Thanksgiving Dinner mit dem ebenfalls unvertrauten Truthahn lobt dann bereits die «vortrefflichen gebackenen Austern in den Schalen, die mir sehr wohl schmeckten». Weiter geht es hier «mit dem grossen welschen Hahn, Geflügelpasteten, Schinken und verschiedenen Gemüsen, verschiedenen Gelees und den hier sehr beliebten Kürbistorten. Etwas ungemein Süsses bildete den Nachtisch.» Solche Festlichkeiten leitete für gewöhnlich ein Umtrunk mit Punsch ein; auch hier machte sich Emil bald kundig: «Herr Aschmann lieferte dazu den Champagner und Rotwein und ich Ananas, Citronen, Orangen, Erdbeeren und Zucker und lud dann auch die Familie Tooker ein.»

Ein kleiner kulinarischer Wettkampf Schweiz - USA entwickelt sich in diesen ersten Wochen aus einer zufälligen Bemerkung der Gastgeberin über Emils geliebte «Knöpfli» – kleine Teigklösse, während kurzer Zeit im siedenden Salzwasser belassen und dann in geröstetem Paniermehl gedreht. «Beim Abendessen sprach Frau Aschmann mir die Knöpfli als geschmacklos ab. Ich bemerkte, dass die hiesigen Kartoffelgerichte ebenso geschmacklos seien.» Diesen Disput will Emil mit einer kulinarischen Demonstration ein für alle Mal entscheiden, scheitert dabei aber trotz Hilfe der Gegenseite kläglich. Zwar läuft zu Beginn noch alles gut: «Ich konnte mich mit Frau A. und der Magd über die Gerätschaften und Materialien, die ich dazu brauchte, verständlich machen. Die ‹Brösmeli›, die daheim so wenig Arbeit geben, musste ich allerdings zuerst aus geriebenem Brot selbst fabrizieren, was mir viel Zeit wegnahm, bis sie geröstet waren. Ein Ding jedoch, was ich nicht vorhersehen konnte, verdarb mir alles, indem ich nicht daran dachte, dass die Butter, wie immer hier, gesalzen war und ich nicht noch Salz hinzusetzen brauchte.»

Die versalzenen Knöpfli zogen einen Schlussstrich unter Emils Ambitionen, der Gastgeberfamilie eine echte Schweizer Spezialität aufzutischen. Dies umso entschiedener, als sich wenige Tage später auch noch eine aus der Heimat nachgesandte Weinlieferung als Reinfall entpuppte. Bei der ersten entkorkten Flasche fehlte das Etikett, «also wussten wir nicht, wie wir das Getränk zu nennen hatten, konnten bloss aus seinen starksauren Eigenschaften schliessen, dass selbes vom Zürichsee herstammte». Eine für Emil völlig unerwartete Aufnahme fanden hingegen die ebenfalls aus Horgen nachgesandten «Tirggel» – ein brettsteifes und trockenes Gebäck aus einem Mehl- und Honigteig mit aufgeprägter Reliefzeichnung: «So fanden die beigepackten Horgner *Dirgeli* grosse Anerkennung, da sie hier etwas total Neues sind, und die plumpen Zeichnungen darauf wurden sogar noch bewundert. (…) Als wir bei Hause dann dieses klassische Heimatprodukt auch versuchen wollten, legte Frau Aschmann energisch Protest ein und litt nicht, dass wir die netten Dinger brachen.»

Und die auswärtige Verpflegung? Dass Prinzipal Aschmann und sein Gast zum Lunch in der Stadt blieben, verstand sich von selbst. Ebenso selbstverständlich: *Ashman's* durfte über Mittag nicht verwaist bleiben, sodass das Personal schichtweise zum Essen ging. Wo und mit wem Emil den Lunch einnahm, vermerkt das Tagebuch in diesen ersten Wochen ausführlich; noch galt für den Burschen aus dem ländlichen Horgen jede auswärts eingenommene Mahlzeit als besonderes Ereignis. Die Leute von der Vesey Street nahmen diese Mahlzeit ernst, kehrten häufig bei *Buhler's* ein, einem deutschen Restaurateur am Broadway, dessen Speisekarte Rippchen, Sauerkraut, Wurst und Speck führte. Nur wenige Schritte davon entfernt bot *Bierhannes* «wirklich gutes deutsches Bier» an; gegenüber lockte *Gutmann's*, ein weiterer deutscher Wirt, mit «reichlichem Mittagessen: Dasselbe war für den Preis von 3 Shilling wirklich gut und übrig genug. Man erhielt zweierlei Fleisch, zwei Gemüse, Suppe und süsse Platte und dazu noch ein Glas Bier. Alle Deutschen, die sich hier herum befinden, speisen hier, und daher ist gewöhnlich das Lokal ganz voll.» Eindeutig den Kürzeren zogen, jedenfalls nach Emils Meinung, die französisch ausgerichteten Gaststätten: «Ich ging heute mit Herrn Stapfer zu *Cargotte* zum Mittagessen. Dieser ist ein Franzose, und daher waren auch seine Speisen *à la française*, das heisst in kleinen Portionen gereicht. Nachher gab es als Dessert ein noch kleineres Stück Käs, das man hätte wegblasen können.»

Bezeichnenderweise führten aber einheimische Restaurateure die Liste der schicken und prestigiösen Lokale an – das Austernparadies *Delmonico's* oder der *Taylor's Salon*, dieses «Paradies der Eleganz». Hierher durfte Emil nach den Weihnachtseinkäufen seine Gastgeberin ausführen, zwar mit einem unbehaglichen Gefühl in der Magengegend angesichts «der unerhört teuern Zechen, die hier gemacht werden», dann mit einer gewissen Erleichterung, als sich herausstellte, dass Martha Aschmann bloss auf ein Erdbeer- und Vanilleeis aspirierte.

«Alles ist vergoldet und glänzt und schimmert in den zahlreichen hohen Spiegeln. Der obere Saal ist mehr eine Art Galerie, indem in der Mitte der Boden durchbrochen ist, um dem untern Saale Licht zu geben, und rundum stehen runde Sofas, in die man sitzt und wo man dann von weissen Marmortischchen eingeschlossen wird. Die Speisekarte, die präsentiert wird, ist aufs Eleganteste mit Perlmutter eingelegt, und die hunderterlei Getränke und Speisen auf jedem Blatte sind von feinen Vignetten eingefasst. Wohl mögen deren Kosten durch die Geschäftsannoncen, die daneben angebracht sind, gedeckt worden sein.»

Auf eigene Faust traute sich Emil in ein weiteres Trendlokal: Am Abend der Festlichkeiten zur Kabellegung entschloss er sich, «bei dem berühmten Delmonico den Tee zu nehmen. Dieser hatte sein prachtvolles Restaurant bereits mit Gasflammen erleuchtet (…). Der prachtvolle, von Goldverzierungen überzogene Saal war mit Leuten angefüllt, sodass ich nur durch Zufall einen Platz finden konnte. Ich hätte hier indessen stundenlang auf eine Tasse Tee warten können, wenn mir nicht mein Tischnachbar, einer der jungen New Yorker *Dandies*, gezeigt hätte, wie man allein nur durch Schimpfen zu seiner Sache kommen könnte. So gelangte ich denn nach drei viertel Stunden in den Besitz meines Abendessens, das mich freilich bloss 15 Cents kostete, eine Kleinigkeit, (…) und mich gleichwohl sättigte.»

Bezeichnenderweise stellt sich der Begriff «Dandy» ein weiteres Mal ein, wie Robert Schwarzenbach zum Austernessen lädt. Dieser Thalwiler Industriellensohn war als Vertreter des grössten Schweizer Seidenfabrikanten in ähnlicher Mission wie Emil in New York unterwegs, schien dabei freilich vor allem auf vornehme Geselligkeit und tadellose Toilette Wert zu legen und dabei die unerfahrenen Landsleute mit weltmännischem Gehabe beeindrucken zu wollen, beispielsweise beim Austernessen im *Delmonico's*. «Es hat hierzu ein eigenes *Appartement*, gerade neben dem Abtritt», rapportiert das Tagebuch nüchtern, «in welchem zwei Neger die Austernschalen aufbrechen und sie dann präsentieren. Herr Sch. gab mir dann Unterricht im Essen, und war die Hauptsache für mich, sie nicht zu beissen.»

«Ich könnte nicht sagen, dass mein Gaumen nach dem ersten Halbdutzend nach mehr gelechzt hätte», resümiert Emil trocken. Austern, Vanilleis, perlmutterne Speisekarten – gehörte all dies nicht in die Sphäre, die Mutter Caroline gerne als «unnütze Schleckerei» bezeichnete? Weshalb es nicht den New Yorker Geschäftsleuten gleichtun, die ihren Lunch gerne sauber, günstig, vor allem aber schnell hinter sich brachten?

«Das Mittagessen nahm ich heute in einem grossen Restaurant im *Times Building* ein, wo ein grosser Salon ganz voll Leute war wie ein Bienenstock und das Geräusch all dieser Essoperationen ordentlich betäubend war. Schwarze Aufwärter bedienten mit ungemeiner Behendigkeit und schossen gleich Geistern blitzesschnell umher. Das Essen war gut und ganz delikat gekocht und auch der Preis mässig.»

Einen kleinen Nachtrag in dieser kulinarischen Rundschau verdienen die häufig genannten Süssigkeiten: die Kuchen, die in Bergen Hill jeweils das Nachtessen beschliessen, die mit Schlagrahm und Zucker servierten Erdbeeren samt Fruchttorten an den sonntäglichen Empfängen nach dem

Kirchgang. An heissen Tagen erfrischen sich die Verkäufer von *Ashman's* eben mal schnell im Drugstore über die Strasse mit einem kalten Shake aus Schlagrahm, Zucker und Sodawasser; am Abend auf der Veranda wird *French coffee* serviert: «ein Gemisch von Rot- und Weisswein, Orangen und Zucker».

Sehr viel seltener findet sich ein Hinweis auf Gemüse oder frisches Obst, kaum je ist von Salat die Rede. Aus heutiger Sicht also eine eher einseitige Ernährung, stark zucker-, stärke- und eiweisslastig; entsprechend wächst der einst drahtige Bursche in die Breite, werden aus den früher genannten 150 bald 160 amerikanische Pfund oder heutige 75 Kilo: eher Übergewicht für einen knapp 1,70 Meter grossen Mann! Dies sieht auch die Gastgeberin so, die nach dem ersten Winter tadelnd anmerkt, «wie schrecklich ich in die Breite wachse und neben Herrn Aschmann wie ein Berg erscheine. Wohl mag dies von dem weiten Rock herkommen, den ich gegenwärtig trage, jedenfalls ist mir mit einem solchen Kompliment nicht gedient.»

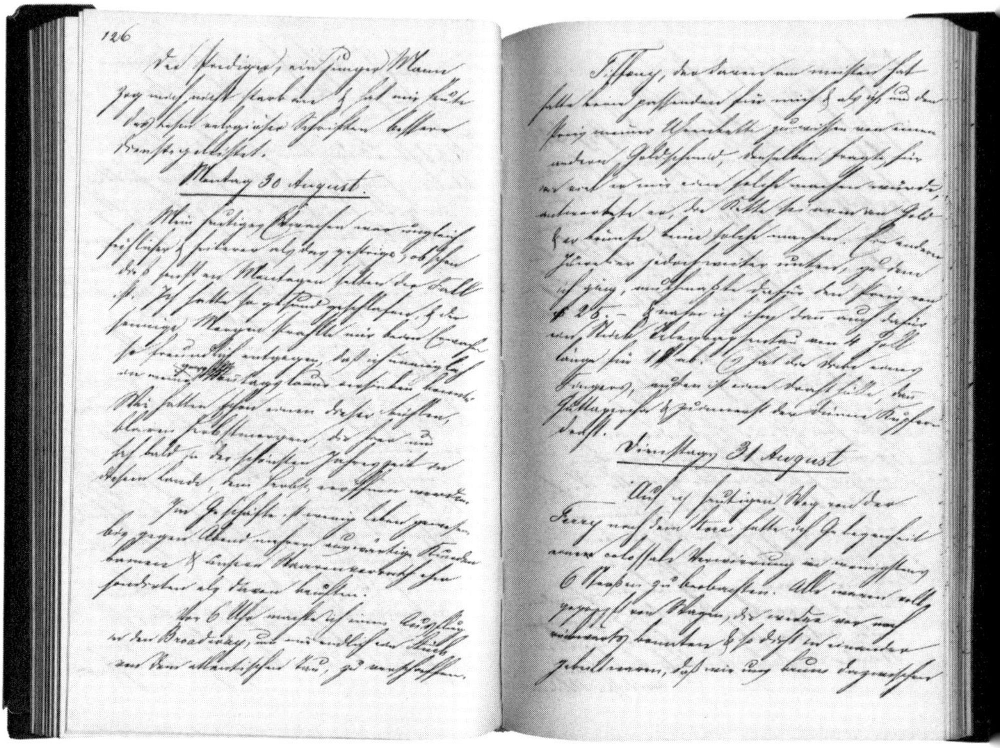

Montag 30 August

Dienstag 31 August

Abb. 6: Die Einträge für den 30. und 31. August 1858 in Band I von
Emil Streulis Tagebuch schildern den Kauf eines Stücks Telegrafenkabel und
ein Verkehrschaos zwischen Quaianlagen und Vesey Street.

PRIVATGESCHICHTE, WELTGESCHICHTE

Bereits Mitte Dezember hatte Emil Streuli die seit August entstandenen Aufzeichnungen binden lassen und sie auf der *Persia* Richtung Europa verfrachtet: als Neujahrsgeschenk für Eltern und Brüder. Was hatten ihm die ersten fünf Monate in der neuen Heimat an äusseren Ereignissen gebracht? Und wie lässt sich dieses Jahr 1858 ganz generell in der Geschichte situieren, inwiefern prägte die Weltlage die ersten Monate Emils Erfahrungen? Die beiden vorhergehenden Kapitel haben Alltagserfahrungen und erste Eindrücke aus der gesamten Anfangszeit des Aufenthalts zusammengetragen – Grund genug, auch die chronologische Abfolge der Ereignisse nachzuführen.

In Emils Fall ist das bald erledigt. Ganz offensichtlich bemühte sich Gastgeber Aschmann, den jungen Landsmann nicht mit einer Fülle von Eindrücken zu überfüttern: Emil sollte sich behutsam in die neue Umgebung eingliedern! August und September 1858 brachten je einen zweitägigen Wochenendausflug nach dem eineinhalb Dampferstunden entfernten Landsitz der Familie Dörler in Dobbs Ferry am Hudson. Ansonsten herrschte der Geschäftsalltag vor, auch setzte die Geburt des kleinen Freddy Aschmann am 23. September den Aktivitäten auf Bergen Hill engere Grenzen als bisher. Bemerkenswert ist einzig noch ein dreitägiger Ausflug nach Philadelphia von Mitte November; hier besuchte Emil unter Führung des älteren Kontorkollegen Stapfer einige Seidenhändler und liess sich bei zwei Fabrikantenfamilien als Kontaktmann für Horgner Seide einführen. Den Dezember prägten vor allem gesellige Zusammenkünfte. Am 4. Dezember stieg die grosse Adventsfeier des New Yorker Schweizervereins im *Delmonico's*, wo sich Emil einmal mehr als Sänger und Klavierspieler auszeichnete; am 16. Dezember luden Aschmanns zum Schlachttag ein – jawohl, der Pferdestall hinter der Villa auf Bergen Hill schloss auch einen Schweinestall mit ein, dessen Bewohner jährlich vor Weihnachten dem Störmetzger überantwortet wurden! Gesellschaftlicher Höhepunkt des Jahres war am 21. Dezember der Ball der *Highwood*

Guards, der Bürgerwehr von Hoboken. Hier führte Emil die schöne Frances aus. Es war der Beginn einer kleinen Herzensgeschichte. Das Weihnachtsfest begingen Aschmanns im grossen Familienkreis; hier staunte Emil über den Mangel an Feierlichkeit und christlicher Einkehr, die ihm vom heimatlichen Horgen her vertraut waren. Das Jahresende brachte einen weiteren Ball – auch dies ein Höhepunkt, den es noch ausführlicher zu betrachten gilt.

Was im New York der zweiten Jahreshälfte Schlagzeilen machte, wurde hier bereits gestreift: am 18. August die verfrühten Feiern zur Legung des Atlantikkabels und der Brand der City Hall, die Katastrophe der *Austria* am 13. September und, vier Wochen darauf, der Brand des für unzerstörbar geltenden Crystal Palace. Während all dieser Wochen leuchtete am Himmel über der Stadt der genannte Komet «Donati» – gleichsam ein Symbol für die vorherrschende Stimmung sich verdichtender Bedrohung und Gefährdung. Denn in den Vereinigten Staaten spitzte sich in diesen Monaten die Auseinandersetzung um die Sklavenhaltung zu. Es drohte der Abfall von sieben Südstaaten, dem Präsident Buchanan in Washington durch nachgiebige Haltung im *Kansas struggle* zuvorzukommen suchte: Die neu geschaffenen Territorien Kansas und Nebraska sollten selbstständig über Einführung oder Verbot der Sklavenhaltung entscheiden können. In New York hingegen fasste in diesem Sommer der führende Republikaner William H. Seward die Krise in klare Worte: die Sklavereifrage bringe einen «unüberbrückbaren Konflikt» zwischen Nord und Süd.

Die wenigen Tagesneuigkeiten, die Emil brieflich aus Horgen gemeldet erhielt, zeugen von Kriegsängsten auch in Europa, von Spannungen zwischen dem Königreich Sardinien-Piemont und Österreich. Wien hielt an seinem ausgedehnten Territorium in Norditalien fest, während Italiens Politiker auf die Einigung ihrer Nation drängten. Im August 1858 hatte der französische Kaiser Napoleon III. in einem Geheimvertrag Militärhilfe für den Kampf gegen Wien zugesagt, dies allerdings nicht uneigennützig: Als Gegenleistung sollte das Herzogtum Savoyen an Frankreich gehen.

Und die Schweiz? Hier betrachtete man mit bangen Vorahnungen
die Möglichkeit, das benachbarte Norditalien könnte sich in ein Schlachtfeld verwandeln. Ein französisch gewordenes Savoyen würde zudem
Genf, ja die gesamte Westschweiz in eine strategisch unhaltbare Lage
versetzen: auf zwei Seiten eingeschlossen von einer europäischen Grossmacht, die für die Alpenrepublik keineswegs nur freundnachbarliche
Gefühle hegte!

Aber trotz solcher Befürchtungen herrschte im noch jungen Bundes-
staat eine Atmosphäre des Aufschwungs und der Dynamik vor. Im Sommer 1858 war in Bern, rechtzeitig zum zehnjährigen Bestehen des liberalen Staates, das Bundeshaus eingeweiht worden: der prächtige neue Sitz
von Regierung und Parlament. Das lange vernachlässigte Bahnnetz
wuchs unheimlich schnell: 1858 brachte die Einweihung der Stammstre-
cke von Basel nach Olten und damit ein erweitertes Mittellandnetz; weiter gründete in Zürich der allmächtige Bahnunternehmer Alfred Escher
seine Eidgenössische Rentenanstalt, nachdem er kurz zuvor mit der
«Creditanstalt» die erste Grossbank des Landes ins Leben gerufen hatte.

Hier wurden die Ereignisse eines Jahres in wenigen Zeilen zusammengefasst. Emil Streulis tägliche Aufzeichnungen legen ein völlig anderes
Chronistentempo vor, gleichsam eine historische Zeitlupe, eine Zoom-
linse mit ganz unterschiedlicher Optik. Rund fünfhundert handgeschrie-
bene Seiten, versammelt in zwei Bänden, benötigt allein die Zeitspanne
vom 27. Juli bis 13. Dezember 1858. Diese pedantisch scheinende Ter-
minklammer ist schnell erklärt: Emil übergab die von seiner Einschiffung
an bis Mitte Dezember entstandenen Aufzeichnungen der Dampferpost
nach Europa. Eltern und Brüder sollten rechtzeitig auf Neujahr seine
täglichen Eindrücke zur Lektüre erhalten; an sie sind die abschliessenden
Sätze gerichtet.

«‹Bis hierher und nicht weiter› heisst es jetzt in diesem Buche. Morgen wird es, wenn schon noch nicht fertig, verpackt und mit seinem älteren Bruder den lieben Eltern als Neujahrsgeschenk geschickt. Wollte es

dem Schicksal belieben, es sicher in die Hände dieser Letzteren gelangen zu lassen! Ich würde nicht gerne dieses halbjährliche Werk in meistenteils später Nachtarbeit umsonst geschrieben haben.

Ich fahre in der Führung eines Tagebuchs weiter fort, denn ich sehe je länger, je mehr ein, wie hilfreich ein solches dem Gedächtnis im Zurückdenken auf verflossene Zeiten ist.

Also Adieu auf einstweilen; Band 3 soll bald im Druck erscheinen!»

Der abschliessende Verweis auf eine Drucklegung war als kleiner Spass gemeint, hatte wohl zu tun mit der sorgfältigen Aufmachung der beiden übersandten Bände. Emil hatte kurz vorher die losen Bögen in zwei handliche Bücher im Oktavformat binden lassen – in Halbleder und mit vergoldeter Rückenprägung, mit seidenem Bändel zur Seitenmarkierung. Dies beim Buchbinder Walker & Sons an der Fulton Street, gleich um die Ecke vom Kontor. «Letzterer arbeitet mit einer Dampfmaschine und beschäftigt eine grosse Anzahl Leute beiderlei Geschlechts», heisst es über den sympathischen Betrieb, dem Emil indes noch nicht vollständig trauen mag: «Abends ging ich nochmals hin, um meine Tagebücher wieder zu haben, auf die ich Zahlen hatte drucken lassen und die ich über den Sonntag nicht in fremden Händen lassen wollte.»

Es sollte – um dies vorwegzunehmen – zu zahlreichen weiteren Besuchen bei Walker & Sons kommen. Bis zu Emils Rückreise in die Schweiz im Februar 1861 füllten sich acht weitere Bände, auch sie von gleichem Format und in gleicher Art gebunden und auf dem Buchrücken mit fortlaufenden Zahlen in Goldprägung nummeriert. Entstanden ist so ein einzigartiges kulturgeschichtliches Dokument von insgesamt über zweitausend dicht beschriebenen Seiten. Es gibt Einblick in die persönliche Entwicklung eines jungen Mannes und liefert darüber hinaus zahlreiche Informationen zum gesellschaftlichen Leben New Yorks, über die wirtschaftliche Entwicklung der Stadt und ihren Mikroalltag; es nimmt uns mit auf einen Besuch beim Friseur und beim Zahnarzt, es berichtet über Revuen und Opernaufführungen auf den zahlreichen Bühnen der Stadt, über Flirts und Enttäuschungen in der Liebe. Es dokumentiert weiter

Emils enge Verbundenheit mit der nur noch im Briefwechsel greifbaren Familie und gleichzeitig den Abnabelungsprozess eines heranwachsenden Mannes. Kurz: ein zugleich anrührendes und informatives Zeugnis privater wie öffentlicher Entwicklungen, das auch in der reichhaltigen Primärliteratur der Schweizer Emigrationsgeschichte einzigartig dasteht!

Nicht zu unterschätzen: die Rolle, die das Journal für die transatlantische Kommunikation spielt, für die über alle Distanzen hinweg aufrechterhaltene Verbindung mit dem Elternhaus. Auch wenn diese Funktion für den Schreiber selbst mitunter vergessen ging: Die täglichen Einträge stellten eine Art erweiterter Korrespondenz dar, liessen die Familie auf unmittelbare Weise am Alltag des Sohnes und Bruders teilhaben, die sich in Briefform kaum erzielen liess. Emil sah der Reaktion auf die übersandten Bände denn auch gespannt entgegen. «Die Tagebücher namentlich hatten den lieben Eltern die grösste Freude gemacht», heisst es im Februar 1859, nachdem die ersten Rückmeldungen auf die Bände I und II eingetroffen waren, «und ihnen eine spannende und interessante Lektüre bereitet. Dies belohnt mich völlig für alle meine Mühe, die mir dieses Werk verursacht, und ich werde mich um so freudiger mit dessen Fortsetzung beschäftigen.»

Dass das elterliche Echo wiederum in die täglichen Aufzeichnungen einging, ergibt eine reizvolle Spiegelung. Emil hielt seine eigene Reaktion auf die Rückmeldung bewusst ausführlich fest: auch sie war ja für die spätere Lektüre in Horgen gedacht! «Von Papa drei Seiten, von Mama vier», heisst es weiter, «mir war ordentlich so zumute wie einem Schulerbuben nach korrigiertem Aufsatz. Ich hatte eigentlich meinen Eltern durch diese Tagebücher bloss eine Einsicht in mein sämtliches Tun und Treiben geben wollen und mich so unabhängig geglaubt, keine Korrekturen darin erlauben zu müssen. Allein diese sind mir, wie ich jetzt sehe, doch von Nutzen und alle diese Ratschläge anerkennens- und beherzigenswert. An einigen Stellen über hiesiges häusliches Leben passen diese Meinungen und Urteile freilich nicht zu den hiesigen Verhältnissen, aber sonst hat das scharfe und erfahrene Elternauge manchen Nagel auf den Kopf getroffen und mich auf manches aufmerksam gemacht und Belehrung gegeben. Namentlich sind meine lächerlichen Liebesgeschichten sehr rücksichtsvoll auf meine noch törichte Jugend beurteilt worden, und hält sogar der liebe Papa dieses Nasenanrennen bei Frauenzimmern für unschädlich, während die liebe Mama mich vielleicht nicht zu Unrecht einen Weiberknecht nennt. Ich verzeichne daher die Frau Mama nicht als sauertöpfisch, sondern gebe ihren frei ausgesprochenen Meinungen allen Kredit.»

Erscheint so das Hin und Her von Tagebuchlieferungen und Briefen als eine Art fortgesetzter Erziehung auf Distanz, so wechselt die Tonart nach dem Tod von Mutter Caroline (von ihm wird noch die Rede sein) auf frappante Art und Weise. Hans Caspar Streuli, seinerseits aus einer behaglichen Lebensbahn geworfen, begnügt sich fortan mit wenigen mahnenden Worten, so im Juni 1859: «Papa macht mir nach meinem Tagebuch No. 3 und 4 sehr hülfsame Bemerkungen über Zumutungen zu Familiendiensten, Liebschaften und Vernachlässigung der Gesundheit. Auch rät er mir an, mich mehr an die Gesellschaft von jungen Schweizern anzuschliessen.»

Es ist der letzte derartige Eintrag. Spätere Rückmeldungen aus Horgen beziehen sich vor allem auf Geschäftliches und – immer bedrohlicher – auf die schwankende Gesundheit des Vaters.

Abb. 7: Frances Davis in modischer Krinoline. Die jüngste von vier
in New York wohnhaften Schwestern stiftete einige Herzensverwirrung beim
Gast aus der Schweiz.

LIEBESHÄNDEL

Was hat es mit den «lächerlichen Liebesgeschichten» Emils auf sich, die von den Eltern Streuli so nachsichtig beurteilt werden? Und was mit dem «Nasenanrennen», mit dem offensichtlich die Abfuhr durch eine angehimmelte junge Frau gemeint ist? In der Tat verweist das Tagebuch schon in den ersten Wochen häufig auf Frances Davis, die jüngere Schwester der Gastgeberin, die diese Sommermonate in der Villa auf Bergen Hill verbringt. Etwas unklar bleibt der Vorname der blonden 16-jährigen Schönheit. Emil nennt sie bald Frances, dann wieder bei ihrem zweiten Vornamen Constance, am häufigsten aber «Miss Davis». Offenbar reden sich die beiden jungen Leute trotz der familiären Umstände ganz formell an, wird Emil seinerseits mit «Mr. Streuli» tituliert. Dass die junge Frau bei einem nächtlichen Zwischenfall den Zimmernachbarn halblaut bei seinem Vornamen ruft, hält das Tagebuch jedenfalls explizit fest: eine unvertraute Intimität!

Zu Beginn fällt Frances' Name meist in musikalischem Zusammenhang. Die beiden musizieren vierhändig auf dem Klavier, auch bringt das Mädchen dem Gast die in den Staaten gebräuchlichen Tanzschritte bei. Beim ersten gemeinsamen Polkatanzen blamiert sich Emil allerdings gründlich: «Ich konnte unglücklicherweise den rechten Schritt nicht bekommen, sodass ich schmählich aufhören musste.» Umgekehrt darf Emil beim Klavierspiel die Führungsrolle übernehmen, wobei sich Frances «als angenehme und gelehrige Schülerin» entpuppt. Gemeinsam besucht man eine Musikalienhandlung und bestellt mehrere Musikhefte mit vierhändigen Stücken – ein erster Höhepunkt!

Die Flurnachbarin auf dem ersten Stockwerk der Aschmann'schen Villa weckt aber schon bald Gefühle, die über den pädagogischen Eros hinausgehen. Wie sie Emil nach einer kühlen Überfahrt über den Hudson einen Schal leiht, ist dies eine genaue Beschreibung wert: «Miss Davis war heute an der Ferry im Wagen nach unserer Zurückkunft. Da ich kalt hatte, gab sie mir ihren Schleier als Halsbinde, dessen Weichheit mir sehr konvenierte und dies mich überhaupt sehr erfreute als ein Zeichen von etwelcher Huld eines jungen Frauenzimmers mir gegenüber.» Etwa zur gleichen Zeit stellt sich aber auch heraus, dass das familiäre Zusammensein schon bald zu Ende gehen wird: «Ich erfuhr nun, dass sie den ganzen Winter mit Dörlers in der Stadt leben werde. Dies überraschte mich unangenehm, ich hatte ihre Gesellschaft bei Hause ungemein lieb gewonnen und war nun dessen so plötzlich beraubt. Freilich hätte ich mir bei längerem Andauern derselben noch die Flügel in allem Ernste verbrennen können und musste ich trotz allem Trennungsschmerz mir selbst sagen, dass es doch notwendig für mein eigenes Bestes gewesen sei, und hat sich mein jugendliches Herz, das noch so beweglich ist, hiedurch und durch die Krise vom letzten Sonntag eine neue, heilsame Lehre geben lassen.»

Die erwähnte «Krise» ist leider ein deutliches Anzeichen dafür, dass die Reize von Aschmanns Schwägerin auch bei den jungen Herren im Store Beachtung finden. Offensichtlich will sich Frances keineswegs auf den Gast aus der Schweiz festlegen, zieht im Augenblick eindeutig den um einige Jahre älteren Adolf Stapfer vor – den flotten Seidenhändler, der sich ein eigenes Pferd samt Buggy leistet. Am genannten Sonntag, bei einem Ausflug nach Dobbs Ferry, empfindet Emil erstmals im Leben die Qualen der Eifersucht: «Es war dies nämlich die sonderbare Zärtlichkeit, die Herr Stapfer und Miss Davis sich heute gegenseitig erzeigten, während Letztere, wie mir heute auffiel, sich seltsam befremdend benahm und nicht ein einziges Wort zu mir sprach, bevor ich nicht selbst ein Gespräch mit ihr anknüpfte. Ich wusste nicht, warum und woher dies alles, und glaubte, mich bisher Miss D. gegenüber mit möglichster Artigkeit und Zuvorkommenheit benommen zu haben, und betrachtete daher diese Kühle als unverdient, indem ich sie anfangs einer Intrige zuschrieb. Ich war töricht genug, mich auch mit diesen unruhigen Gedanken noch zu Bett zu begeben, und wurde die Nacht dadurch halb schlaflos für mich.»

Ein Trost bleibt Emil immerhin: *Er* ist es, der Frances zum grossen vorweihnächtlichen Ball der *Highwood Guards* ausführen wird, dem gesellschaftlichen Höhepunkt des Jahres für die gutgestellten Kreise von Hoboken. «Miss Davis, die ich eingeladen hatte, trug ganz Blau, was ihr als Blondine sehr wohl anstand», hält der Tagebucheintrag vom Folgetag fest. «Ich konnte mich brüsten, die schönste Tänzerin ausgeführt zu haben. Miss Davis nahm sich als wahre Königin aus, und ihr hübsches Gesichtchen glänzte in wahrhafter Schönheit bei diesem schimmernden Feste.» Leider geht auch dieser Anlass nicht ohne den unseligen Adolf Stapfer über die Bühne. Zwar versucht es Emil bei seiner Herzdame mit für ihn ungewohnten Galanterien und Komplimenten, «konnte aber trotzdem Herrn Stapfer, der sich solche Mühe nicht sonderlich gab, bei einem gewissen Fräulein nicht nahe kommen». Das abschliessende Fazit: Gegenüber dem älteren Kollegen bleibt er vorderhand noch «der unerfahrene, noch ungeschliffene Flaumbart von 19 Sommern. Es wird wohl noch die Zeit kommen, so Gott will, dass man *mich* sucht.»

Rührenderweise fragt Emil trotz allem beim Rivalen um Rat nach, als man gemeinsam die jungen Damen um vier Uhr früh ins Logis bei einer befreundeten Familie führt: Er hat erfahren, dass der Kavalier bei solcher Gelegenheit einen Abschiedskuss seiner Dame zugute hat. Stapfer rät zu forschem Vorgehen, nur dass Emil im passenden Augenblick zögert: «Dazu habe ich den Mut nicht und bleibe lieber ungeküsst.» Anschliessend begeben sich Grünschnabel und junger Weltmann in Stapfers Pension, teilen sich hier sogar in Stapfers enges Bett, da sich kein freies Zimmer findet – auch dies eine anrührende Szene. Hat der ältere Kollege zu verstehen gegeben, er habe mit der blonden Haustochter nichts im Sinn? Wird Emil auf die Dauer obenauf schwingen?

Vorerst sieht es ganz so aus. Beim Pfänderspiel am zweiten Weihnachtstag fordert Frances den Flurnachbarn mit bedeutsamer Miene auf, sich eine Herzensdame unter den anwesenden jungen Frauen auszusuchen und sich bei ihr einen Kuss zu holen. Allerdings treffen im dümmsten Augenblick ältere Gäste ein, was das Spiel unterbricht. Tut nichts, notiert Emils Tagebuch, «mir pressiert es mit dem Küssen einstweilen noch nicht». Seine Zuversicht wird belohnt: Am Neujahrstag besuchen die Herren von Bergen Hill die Dörlers im New Yorker Stadthaus an der 15. Strasse. Frances, die nun hier logiert, begrüsst den jungen Verehrer unter der Türe mit einem etwas unbeholfenen Kuss. Emil jubiliert: «Ich hatte zwar nicht ganz die rechte Stelle getroffen, aber eines fühlte ich leise: Mein Kuss wurde durch einen freundlichen Gegenkuss erwidert. Der erste keusche, noch halb schamhafte Kuss des Jünglings hatte sich auf schöne jungfräuliche Lippen gedrückt.»

Verfrühter Jubel? Die ersten Wochen des neuen Jahres zeigen, dass der flotte Stapfer noch keineswegs aus dem Rennen gestiegen ist. Jedenfalls hat er Frances zum nächsten gesellschaftlichen Grossereignis eingeladen, dem fasnächtlichen Maskenball in Hoboken. Das zieht mehrere Besuche von Miss D. an der Vesey Street nach sich, bei denen sich die beiden über Prospekte mit möglichen Kostümen beugen, sich schliesslich auf eine Maskerade als Ritter und Ritterfräulein einigen. «Das Coquettieren von Miss D. gegenüber Herrn Stapfer trat heute bei ihrem Besuch im Store so grell auf», notiert Emil bekümmert, dass nun auch die Kollegen «das grosse Fräulein» eindeutig mit dem Älteren liiert glauben. Schliesslich, Anfang Februar, gibt Emil alle Hoffnung auf, erbittert und gedemütigt: «Da ist wieder eine, die ich mit süssen Augen und schmachtendem Herzen angesehen habe, die einem andern nachläuft. Mögen sie doch zu allen Teufeln gehen, diese Mädchen, und meine abermals gefehlten Anstrengungen sollen mich nun für ein paar Jährchen kurieren, bis ich dann meine eigene Rache nehmen kann!»

So wie jeder verschmähte Liebhaber, der seine Hoffnungen vereitelt sieht, sucht er den Schlag innerlich abzufedern, entdeckt er bei der Angebeteten nun plötzlich allerlei stossende Kleinigkeiten. Im Tagebuch macht er seinem Ärger Luft: Frances übertreibt mit ihrem Krinolinenrock, der so umfangreich ist, dass er «das ganze Bureau versperrt», rückt bei einer abendlichen Gesellligkeit in Bergen Hill mit einem schamlosen Dekolleté an, und bei einer Schneeschlacht bringt sie nicht einmal einen ordentlichen Schneeball zustande: «Das Frauenzimmer konnte aber den harten Schnee nicht wohl drücken und musste daher die Ballen auffangen, die ich ihr zuwarf.» Schenkt sie ihm aber einen neckischen Blick, ein freundliches Wort, ist alles wieder vergessen: «Mein Rachegefühl gegen bewusstes Fräulein schmolz zusammen», heisst es schon zwei Tage nach den Racheschwüren vom 5. Februar. «Ich glaube, eine Änderung in ihrem Benehmen zu entdecken. Es herrscht ein mehr traulicher, freundschaftlicher und wohl zuweilen neckischer Ton in ihrem Umgang mit mir. Das ist gerade, was ich will. Ich verlange ja keine zärtlichen und gar liebevollen Zeichen ihrer Zuneigung, was mir bald unlieb werden könnte.»

Das tönt gelassen; kaum erklingt aber das Stichwort Maskenball, kocht die Eifersucht erneut hoch. Dermassen widerstrebt Emil die Teilnahme des Pärchens Stapfer-Davis, dass er ungeniert die Erkrankung des kleinen Albert Dörler in seine Rechnung mit einbezieht: Je schlechter es dem armen Knaben geht, desto grösser die Wahrscheinlichkeit, dass die zwei ihre Teilnahme aus Pietät absagen. «Herr Stapfer gab alles auf und bestellte das Kostüm vorläufig ab», heisst es hoffnungsvoll am 9. März. «Meine Aktien stiegen auf 99 und behaupteten sich auf diesem Kurs den ganzen Tag.»

Wie beschämend diese Rechnerei war, zeigte sich in den folgenden Tagen, in denen sich der Zustand Alberts zusehends verschlimmerte. Emil hatte den vierjährigen Buben des mit den Aschmanns verschwägerten Seidenimporteurs Dörler als «rohen, fetten Burschen» kennengelernt, der sich oft mit seiner blassen Stiefschwester zankte. Es war eben dieses adoptierte Waisenmädchen namens Babette, das sich in der Schule mit Scharlach angesteckt und zu Hause die Krankheit an den Jüngeren weitergegeben hatte. Während sich Babette in den ersten Märztagen langsam erholte, machte Albert grässliche Fieberschübe durch, lag bald still und apathisch in seinem Bettchen und erfüllte Stunden später das ganze Haus mit durchdringendem Geheul. So heftig wüteten diese Krämpfe, dass sich der Kleine durch Zunge und Wangenfleisch biss und so stark mit den Zähnen knirschte, dass zwei Vorderzähne ausbrachen; das Essen, das man ihm einlöffelte, konnte er nur kurze Zeit bei sich behalten.

Was Alberts Erkrankung ebenfalls zeigte: In Miss Davis steckte mehr als ein verwöhntes Bürgertöchterchen. Anstelle der beiden an Grippe erkrankten Eltern übernahm sie einen grossen Teil der Pflege. Sie war es auch, die, völlig übernächtigt, am 16. März den Tod des Kleinen an der Vesey Street meldete und um Unterstützung bat, dann zusammen mit Emil in die 15. Strasse zurückkehrte, um den kleinen Leichnam zu besorgen. Zusammen, auf Zehenspitzen, betraten sie die Vorkammer, wo der Knabe aufgebahrt lag.

«Das fette Gesicht war eingefallen», beginnt Emils bemerkenswerter Bericht, «ebenso die Gliedmassen ganz fleischlos. Der Mund war ganz von Haut entblösst und zeigte vernarbtes Fleisch, indem der Knabe in dem grässlichen Schmerz, den er empfunden haben muss, sich die Lippen aufbiss und mit den Nägeln aufriss und sogar die Zähne dabei ausbrach. Ich war Miss Davis behilflich, einen Branntweinaufschlag auf das Gesicht zu machen sowie das Leichentuch mit Salzauflösung zu bespritzen zur Verhütung üblen Geruchs. Als wir beide uns zum Weggehen anschicken, tönt auf einmal hinter uns ein donnerndes Krachen von dem Leichentisch her. Wir erschrecken beide aufs Heftigste. Miss Davis fällt vor Schreck in einen Lachkrampf, verhüllt das Gesicht und schluchzt und ächzt. Ich stürze hinzu und glaube wegen der herabhängenden Tücher nichts anderes, als dass die unglückselige Leiche vom Tisch gefallen sei. Doch als ich das Tuch hochhebe, sehe ich, dass bloss die Bibel und zwei Glätteisen hinabfielen, die zum Gestreckthalten der Knie darauf beschwert und von uns wahrscheinlich vorhin etwas zur Seite gerutscht worden waren. Die Leiche war unbewegt geblieben, und alles war schnell wieder – unter Anordnung meiner Gefährtin – in Ordnung gebracht. Bei dieser Gelegenheit bemerkte ich, wie die Füsse noch halbwarm waren, was, wie man mir sagte, von dem innerlich fortdauernden Fieber herkam.»

Die zwei Halbwüchsigen in der Leichenkammer, die sich mit nervösem Kichern und voll innerlichen Grauens über den leblosen Körper des bedauernswerten Knaben beugten, später den Eltern so gut wie möglich beistanden und einen Teil der Leichenwache übernahmen – war es dieses gemeinsame Erlebnis, das in der Folge auf das Verhältnis zwischen Frances und Emil einwirkte? Auch wenn Emils Tagebuch die Maskenballfrage noch nicht ganz abhakt, finden sich kaum noch kritische Einträge zu Miss Davis. Die beiden sollten sich in den folgenden Monaten und Jahren weiterhin treffen, ja diese und jene Veranstaltung gemeinsam besuchen, schliesslich zu jenem gelassenen und freundschaftlichen Verhältnis finden, das Emil nach der Krise rund um die Stapfer'sche Einladung skizziert hatte.

Oder hatte die Normalisierung der Beziehung damit zu tun, dass auch Nebenbuhler Stapfer von der Bildfläche verschwand – oder eher: sich einer vielversprechenden Partie aus den Kreisen der Schweizerkolonie zuwandte? Was Emil einige Monate später realisierte: Frances' Familie war sich durchaus bewusst, welches Kapital das adrette Aussehen der jungen Schwester/Schwägerin auf dem New Yorker Heiratsmarkt darstellte und dass es dieses Kapital zu nutzen galt: «Die ganze Familie hat Stolz auf deren Schönheit», lautet ein späterer Eintrag, «und Frau Aschmann sagte, sie hätte keine Bewunderer zu suchen, sie hätte deren Hunderte. Um so besser, dass ich also nicht der Hundertundeinte bin, oder, um mich romantisch auszudrücken, rechtzeitig den Liebesdorn aus dem blutenden Herzen zog.»

Der Tod des kleinen Dörler brachte Emil mehrere Erfahrungen, die diese New Yorker Frühlingstage zwar düster grundierten, ihn aber auch in Lebensbereiche führten, die über die nüchterne Geschäftswelt hinauswiesen. Schon die Abdankung brachte einige bestürzende Einsichten. War es möglich, dass jemand bei aller Trauer um den Tod seines Kindes gleichzeitig Wut und Abneigung empfand? Anschliessend an Emils Nachtwache an der 15. Strasse kam es jedenfalls zu einer beunruhigenden Unterhaltung mit dem Vater des kleinen Albert. «Herr Dörler lud mich ein, in seinem Zimmer Toilette zu machen, was ich auch tat. Vor dem

Morgenessen hatten wir noch ein Gespräch über Religion und den Todesfall. Herr Dörler lässt sich die unglückliche Idee schlechterdings nicht ausreden, die arme Babette sei an allem schuld und er werde sie daher sein Leben lang nicht mehr gerne sehen.» Noch unbegreiflicher schien Emil, was Dörlers trockenes Verhalten während der Abdankung verriet: «Der Vater ist wohl nicht so betrübt; dieser Knabe war ihm eigentlich seines wilden und knabenhaft rohen Wesens nie lieb, und er hatte ihn oft mit Härte behandelt, ja sogar bei seiner Geburt war er nicht nach Wunsch gewesen, indem er kein Mädchen war.»

Emil selbst hatte, aus Pietät und aus Anhänglichkeit zur immer freundlichen Mary Dörler, in der Nacht zuvor die Totenwache übernommen, dies zusammen mit Adolf Stapfer, der bei allen Lebemannallüren durchaus auch Gemüt zeigen konnte. Nebenbei erfuhr Emil, dass dieser Brauch bei aller Pietät seine rein praktischen Gründe hatte: Das New York der Jahrhundertmitte kannte einen gruseligen Schwarzmarkt, auf dem Leichen für Unterrichtszwecke Höchstpreise erzielten: «Nebenbei gebietet es auch die Vorsicht, solche Wachen zu halten, denn es ist hier das Rauben von Leichen (*body snatching*) zu einer wahren Profession geworden, sodass man auf der Hut sein muss.» Dörlers geräumige Stadtwohnung war auf drei Etagen verteilt. Die beiden jungen Männer liessen sich im hinteren Parlour des Obergeschosses nieder; im Salon daneben stand aufgebahrt der braune Mahagonisarg mit der auf eine Silberplatte eingravierten Inschrift: *Henry Albert Dörler, geboren 4. Februar 1855, gestorben 16. März 1859.* Gelegentlich machten sie einen Abstecher in die Küche, wo kaltes Fleisch und Kaffee bereitstanden. Ein kleiner Ausflug Emils in den Vorhof des Hauses brachte sogar «etwas Stoff zum Lachen»: Er hatte sich aus Versehen ausgeschlossen, wurde aber vom älteren Kollegen, der sein leises Klopfen hörte, wieder eingelassen.

Im Ganzen eine friedliche Nacht, wie die Schilderung im Tagebuch zeigt. Zwar hatte Emil Schachfiguren mitgebracht und im Store «auf Chemisenpapier» eine Spielfläche gezeichnet, beschäftigte sich aber vorerst mit den Tageseinträgen im Journal und fand zu seinem Erstaunen plötzlich, dass die Wache beinahe ausgestanden war: «Fünf Uhr. Ich bin alleine auf der Wache. Herr Stapfer ist unten in der Küche und schüttet Kaffee auf zur Wiederbelebung, denn die Stunde von vier bis fünf hat die sonst kaum fühlbare Schläfrigkeit sehr gefördert. Ich stehe beim Sarge. Von einem kleinen Gasflämmchen strömt etwas düsteres Licht in das Totenzimmer, trotzdem schaudre ich nicht im Geringsten bei all meiner Einsamkeit. Es beginnen sich bereits Zeichen des Lebens aus dem Still-sein der Nacht heraushören zu lassen. Schon ist eine Stunde vergangen, seit der erste Hahn krähte (…); zuweilen rollt ein Fuhrwerk vorüber.»

Die Beisetzung am Nachmittag dieses 18. März 1859 muss Emil, der aus Horgen nichts anderes als die Begräbnisfeierlichkeiten in der Dorfkirche kannte, fremd erschienen sein: eine kurze Abdankung in der vornehmen Stadtwohnung, zu der sich nur wenige Verwandte einstellten, «weil für die Frauenzimmer zu schlecht Wetter war» und viele Männer ihre Büros und Ladenlokale nicht verlassen mochten. Selbst Alberts Taufpatin fehlte; auch hier siegte die Angst davor, den Scharlacherreger auf die eigenen Kinder zu übertragen. «Der Pfarrer Burchard (…) nahm als Text den Tod des Sohnes von David und dessen Schickung in die Fügung Gottes und legte dieses ziemlich weitläufig aus. Er machte Anwendung auf den hiesi-gen Todesfall und sprach bei einer Gelegenheit der Mutter sehr ergrei-fend zu. (…) Nach dem Gebete war allgemeiner Aufbruch.»

Für die Fahrt zum Friedhof schmolz die Trauergemeinde noch ein-mal zusammen, sodass alle Beteiligten schliesslich in drei Kutschen Platz fanden. Vom grossen Privatfriedhof der Stadt, dem jenseits des East River im Stadtteil Brooklyn gelegenen Greenwood Cemetery, hatte Emil zwar bereits Schilderungen gehört und gelesen. Trotzdem staunte er jetzt über die riesigen Distanzen, welche die New Yorker zwischen sich und ihre Toten legten: erst die Überfahrt mit der South Ferry, um einiges länger als die Fahrt mit der Hudsonfähre, anschliessend eine halbstündige Fahrt in der Kutsche. Hier nickte Emil, erschöpft von seiner Nachtwache und dem anschliessenden Morgen im Store, mehrmals ein, wurde jeweils sanft geweckt vom Banknachbarn, einem Mr. Danforth. «Dieser Herr ist ein ungeheuer frommer Mann, jedoch kein Frömmler, wie es scheint, und gibt sich alle Mühe, Herrn Dörler von seinem Unglauben zu bekehren.» Während Emil Komplimente über sein geläufiges Englisch entgegennahm und über seine Umstände Auskunft gab, wandelte sich die Umgebung immer mehr zum menschenleeren Niemandsland.

«Oft kamen wir an ganz aufgebauten und nach dem gefälligen und eleganten Häusersystem von New York aufgeführten Häuserreihen vorbei, die aber noch unbewohnt waren und entweder Vermietungs- oder Verkaufsaffichen trugen. Mehr und mehr kamen wir ins Land hinaus, und auf der Strasse fuhren wir an etlichen Leichenzügen vorbei, die sich entweder in dieselbe Richtung wie wir oder von dem Bestimmungsort her sich zurückbewegten, so auch passierten wir das Grabgeleit eines Marineoffiziers, voraus zwei Kompanien Seesoldaten, deren Uniform viel Ähnlichkeit mit der russischen hat, dann die Musik, und in den Kutschen die Geistlichkeit, Verwandte und die Capitains in Uniform.» Die Fahrt zog sich weiter in die Länge, sodass Emil erneut einnickte und erneut «durch Berühren mit dem Ellbogen» geweckt werden musste. «Endlich langten wir bei *Greenwood Cemetery* an, dieser ungeheuren Stadt der Toten, die einer Privatgesellschaft zugehört. Es soll einen Tag Zeit nehmen, um diesen ungeheuren Kirchhof in allen Richtungen zu durchfahren, und eine Stunde Trottens brauchen, um von einem Ende zum andern zu gelangen. Dabei ist das ganze Terrain hügelig und enthält eine Masse anmutiger Schluchten und Tälchen. Es wird von Strassen und Avenuen wie eine regelmässige Stadt durchschnitten, und jede davon hat den Namen von der Art Bäume, die daran gepflanzt werden, zum Beispiel Maulbeeravenue, Tannen-, Trauerweiden- und Silberzypressenavenue. Eine ungemein praktische Idee, mittels der man in diesem leicht verirrbaren Labyrinth wieder herausfinden kann.»

Der New Yorker Baedeker und andere Reiseführer der Zeit beschreiben den Greenwood Cemetery ausführlich, ganz in der Art des Friedhofs

Père Lachaise in Paris, der etwa zur gleichen Zeit als Sehenswürdigkeit zu gelten beginnt. Gerühmt wird die wunderschöne Lage am East River, die Aussicht auf den Hafen und das gegenüberliegende Manhattan, ebenso die sanft gewellte liebliche Anlage mit zahlreichen kleinen Tälern, idyllischen Hainen und Beeten voller Blumen und blühender Sträucher. Das New Yorker Porträt eines Junius Browne aus den 1860er-Jahren, gehalten im Plauderton des von Emil und Martha Aschmann so geschätzten Satirikers Doesticks, rühmt die Totenstätte als beliebten Treffpunkt für die Liebespaare der Stadt: «Selten statte ich hier einen Besuch ab, ohne dass ich dabei Liebende und Geliebte antreffe, die nachdenklich und mitfühlend auf den lieblichen Wegen gehen oder, magnetisch zueinander hingezogen, sich auf eine Bank setzen.» Mit amerikanischem Pragmatismus hält Browne auch fest, die um 1830 eröffnete Privatanlage von 500 *acres* oder 200 Hektaren Umfang rentiere offensichtlich: Seit der Gründung habe sie es bereits auf 140 000 Gräber gebracht und verschaffe zahlreichen Künstlern Arbeit: «Einige der schönsten Kunstwerke, die das Land aufzuweisen hat, erheben sich hier zum Gedenken an die Verstorbenen. Eitelkeit, diese stärkste aller menschlichen Leidenschaften, überlebt nicht nur das Grab, sondern erhebt sich auch darüber, in fantastische Marmorformen gekleidet. Viele dieser Denkmäler haben zwischen 10 000 und 100 000 Dollars gekostet; sowohl der Marmor wie die Wahrheit wurden dabei misshandelt, um die Laster der Lebenden in die Tugenden der Toten zu verwandeln.» Worauf Browne versöhnlicher fortfährt: «Ein Spaziergang oder eine Kutschenfahrt durch Greenwood ist eine entzückende Angelegenheit, vor allem im Frühling, wenn die Erde ihren ersten grünen Mantel überwirft und die Blumen ihre ersten Blüten treiben.»

Erstaunlicherweise findet Emils Tagebuch fast die gleichen Worte: «In schönem Wetter und bei blühender Vegetation ist dieser stille Ort wohl der schönste Spaziergang, den es auf Gottes Erdboden geben kann, und die Aussicht auf den Hafen und die umliegenden Städte wunderschön.»

Und die Beisetzung des kleinen Albert? Nachdem der Trauerzug vor dem Wärterhaus angekommen war, «das mitten in diesen hohen Tannen wie ein urwäldliches Blockhaus aussah», führten ein Beamter und zwei Totengräber die Trauergäste – immer noch in der Kutsche – zum vorbereiteten Grab; es lag neben dem Ruheplatz eines vor Jahresfrist ebenfalls an Scharlach verstorbenen Brüderchens von Albert. Da auf weitere Abschiedsworte verzichtet wurde, verweilte die Trauergesellschaft nur kurze Zeit: «Die Angestellten nahmen mit ungemeiner Fertigkeit und Präzision den Sarg zuhanden und versenkten ihn in Zeit einer Minute.»

Hatte Emil die zwiespältige Haltung Dörlers schon in der Stadtwohnung zu denken gegeben, so erwies sich auch jetzt, dass bei diesem Begräbnis für rechte Andacht kein Platz war. Nichts als abfällige Bemerkungen Dörlers über die mangelnde Ordnung auf dem Friedhof! Der trauernde Vater zeigte sich in übler Laune, war «sehr ungehalten, dass ein Maler, der das Geländer angestrichen hatte, die Bosheit verübte, das Schäfchen auf dem Grabsteine seines Söhnchens schwarz anzuschmieren. Gleichfalls war die schöne gelbe Rose gestohlen worden, die Herr Aschmann einst aus Europa gebracht und Herrn Dörler gegeben hatte, weil es eben hier eine Rarität war.» Als geniere sich Aschmann für die unwürdige Haltung seines langjährigen Geschäftspartners, nahm er Emil diskret zur Seite. Auch er und Martha hatten auf Greenwood Cemetery zweimal von einem Töchterchen Abschied nehmen müssen: «Herr Aschmann führte mich einige Schritte weg um den Hügel herum und zeigte mir die Grabstätte seiner beiden armen Kinder.»

Es ist anzunehmen, dass Emil die Rückfahrt nach Manhattan mit einiger Erleichterung antrat. Noch war der lange Tag nicht zu Ende; zusammen mit dem Prinzipal wurde noch der Store an der Vesey Street zugesperrt. «Im Geschäft war es ungemein still zugegangen», schliesst Emils Tageseintrag. «Es war ein einziges Stück Marcelline verkauft worden.»

Man war zurück im Alltag.

Emil sollte den Greenwood Cemetery schon wenige Wochen später wieder aufsuchen, diesmal in Begleitung von Martha Aschmann und Frau Dörler. Die unglückliche Mutter hatte, stark erkältet, dem Begräbnis ihres Söhnchens nur in Gedanken beigewohnt. Jetzt bestand sie darauf, obwohl immer noch leidend, Alberts letzte Ruhestätte zu besuchen.

«Wir fuhren heute etwas länger als letztes Mal und kamen dabei an höchst anmutigen Szenen vorbei: Teiche, von hohen Bäumen umgeben, aus denen hohe Springbrunnen emporschossen, dann wieder Grotten, mit architektonischen Portalen versehen, zwischen aufgrünenden Wiesen die weissen Marmorsteine, mit denen der Blütenschnee einiger Bäume, zum Beispiel Dogwood, wetteiferte. Alles hatte mitten in diesem Frühlingshauche einen so natürlichen, friedlichen Anstrich, dass es einem wieder recht wohl wurde in diesem schönen Fleck Erde, den kunstreiche Menschenhand der eigenen Gottesnatur so schön angepasst hatte. Wir kamen an dem Teile des Friedhofs vorbei, in dem für 10 Dollar jeder ein Grab findet, freilich dann aber ohne Unterschied nebeneinander in Reihen gelegt wird wie bei uns. Auf einzelnen Gräbern sah man jemanden mit liebreicher Hand die Blumen der Verstorbenen pflegen; zahlreiche Mäher machten schon Heu aus dem noch kurzen Grase, das hier nicht lang werden darf.

Auf unseren respektiven Gräbern angekommen, begannen die beiden Frauen ruhig, zum Teil mit blossen Händen, die überwucherten Gräber vom Unkraut zu reinigen und neue Pflanzen einzusetzen. Ich half auch etwas jäten und machte dann noch eine Skizze von der Stelle.»

Abb. 8: Dampfer und Vergnügungsboote beleben den Hudson nördlich von
New York an einem sonnigen Wochenende. Beliebtes Ausflugziel für Emil Streuli
und seine Gastgeberfamilie war das am oberen Bildrand gelegene Dobbs Ferry.

Ausflüge

Irgendwo, so sagte sich Emil in den ersten Wochen nach seiner Ankunft, musste auch dieses ungeheure Häusermeer ein Ende finden. Aber gab es überhaupt eine definitive Grenze, oder ging der Norden der Landzunge zwischen Hudson und East River unmerklich in Wälder und Felder über? Einen ersten Augenschein nahm Emil am 21. August auf einer Dampferfahrt entlang des Hudson. Schwager Dörler hatte die Aschmanns über das Wochenende auf seinen Landsitz bei Dobbs Ferry geladen, gut 20 Meilen flussaufwärts gelegen, wenn man von Manhattans Südspitze aus mass. Es war die erste einer Anzahl kürzerer und längerer Reisen, die dem 19-jährigen Emil Streuli vor Augen führten: New York war eine faszinierende, anziehende und zugleich abstossende Welt, aber dahinter lagen die unendlichen Weiten eines Kontinents, von dem er erst den kleinsten Zipfel zu fassen gekriegt hatte. Wie sah New Yorks Umgebung aus, wie ging es weiter ins Landesinnere?

«Punkt vier Uhr fuhren wir ab und steuerten den Fluss hinauf. Es dauerte lange Zeit, bis wir an all den Massen verschiedenartigster Schiffe vorbei waren und zugleich gegen das nördliche Ende der Stadt kamen. In diesem Quartier verschwand nunmehr der grossstädtische Anblick der andern Stadtteile. Die Häuser wurden kleiner und die Strassen öder. Hingegen scheint hier mehr der Sitz der Fabrikwelt zu sein; so ragte namentlich die Gasfabrik hervor, die die eine Hälfte von New York mit Gas versorgt. Grosse Kohlenschiffe lagen davor und luden wahre Hügel von Kohle aus, sodass die Menschen, die daran arbeiteten, mausklein dagegen erschienen. Die äusserste Spitze der Stadt bilden die Manhattan-Eisenwerke, die auf einer Landzunge liegen und daher noch weit oben im Fluss sichtbar sind. Eine halbe Stunde weiter oben kommt man zu einem schmalen, aber tiefen Fluss, der sich hier zwischen ziemlich hohen Hügeln Bahn bricht und dadurch New York zu einer 12 Meilen langen Insel macht, welche die Holländer seinerzeit von den Indianern zu 5 Talern ankauften. Man befindet sich hier schon inmitten der Landschaft, namentlich gibt es sehr ausgedehnte Waldungen. (…) Ein Zeichen echt amerikanischer Windmacherei hatten wir ebenfalls zu sehen: Ein Haarölfabrikant preist nämlich sein Produkt an, indem er seine Adresse auf zwei Felsen an der Strasse in ellenlangen Buchstaben malt.»

Spuyten Duyvil Creek, zusammen mit dem Harlem River die nördliche Grenze der Insel Manhattan, liegt heute mitten im Häusermeer. Erst mehrere Meilen weiter flussaufwärts, nördlich von Harlem und Yonkers, führt heute ein erster Grüngürtel vom Hudson zum East River: das Ende der Millionenstadt. Hier, in Hastings-on-Hudson, war es, wo an diesem Augustwochenende der Dampfer mit Emil und den Aschmanns anlegte und die meisten seiner Fahrgäste entliess. Man war angekommen am Fuss der Greenburg Hills, im Ferien- und Wochenendparadies der New Yorker. «Herr Dörler gab sich alle Mühe, mir alle die Merkwürdigkeiten zu zeigen, deren wir auf unserer Fahrt eine Menge antrafen.» Denn dies hier war ein historisch geheiligter Fleck: 1783 hatte, verstärkt vom Widerhall der gegenüberliegenden steil abfallenden Kreidefelsen der Palisades, erstmals ein britisches Kanonenboot 17 Salutschüsse zu Ehren der Rebellen abgefeuert und damit die Vereinigten Staaten anerkannt! «Bei der ersten Anhaltstation lichteten sich die Reihen unserer Passagiere bedeutend, indem hier einige hundert Landsitze nahe beieinander liegen», notiert das Tagebuch weiter, «auf welchen die meisten Besitzer, die während der Woche in der Stadt Handel treiben, den Sonntag zubringen.»

Heute bilden Hastings, Dobbs Ferry, Irvington und Ardsley sogenannte *residential suburbs* mit schicken Appartmenthäusern, denkmalgeschützten Villen und Pärken, die an botanische Gärten erinnern. Was Gastgeber Dörler vor 150 Jahren seinen Gästen auf der anschliessenden Kutschenfahrt zu seinem Schweizer Chalet hoch über dem Hudson River mit Stolz präsentierte, war ein grünes Paradies. Eine Dampferstunde vom Store entfernt, begann endlich – so Emil – die «eigentliche amerikanische Landschaft»!

«Nach dem Tee stiegen wir auf den Balkon und genossen da bei Sonnenuntergang einen wirklich prachtvollen Ausblick. Der breite Strom, der weiter oben ganz die gleiche Form und Breite des Zürichsees besitzt, war glatt wie ein Spiegel und von einer grossen Anzahl von Segelbooten bedeckt. Am andern Ufer sind unterhalb die sogenannten Palisaden, eine schroff geschnittene Felswand von etwa 400 Fuss Höhe. Der Mond stieg am Himmel auf und machte die Szene noch schöner durch sein magisches Licht und die Ruhe, die sich nun in der ganzen Natur offenbarte und nur zeitweilen durch das Plätschern eines der riesigen Flusssteamers unterbrochen wurde.»

Das gut beobachtete Detail einer mitten in die Naturlandschaft gestellten Haarölreklame deutet es an: New Yorks Geschäftswelt hatte diese nur eine Dampferstunde von der Metropole entfernte Idylle vor wenigen Jahren entdeckt und mit Landsitzen «im sonderbaren Stil der alten Ritterburgen» möbliert. Gross angelegte Parks voller künstlicher Teiche und Inseln machten daraus ein historisches Phantasieland, in dem sich Dörlers Schweizer Chalet wohl seltsam genug ausnahm. Das zeigte sich Emil auch bei der Ausfahrt vom nächsten Tag. Sie führte vorbei an phantastischen Villen, oft nur wenige Jahre alt, aber erbaut im Stil normannischer Schlösser oder italienischer Renaissancesitze – so wie das vieltürmige Anwesen des Textilhändlers François Cottenet, erbaut aus französischem Sandstein, den der Millionär aus dem Steinbruch von Caen hatte verschiffen lassen: «Auch Cottenet von C & A hat seinen Sitz hier und nennt ihn *Nuits* nach seinem französischen Geburtsort. Endlich gelangten wir zu grossartigen Gartenanlagen von ungeheurem Umfange, indem hier mehrere reiche Grundbesitzer ihre Gärten zu einem gemeinschaftlichen verschmolzen haben.» Das Landgut eines Mr. Pine, eines mehrfachen Millionärs und alten Bekannten von Dörler, wartete mit weitläufigen Treibhäusern auf, in denen die Gäste exquisite Trauben kosteten. Das von Pine erbaute Abercrombie House war in *carpenter gothic* gehalten: «Das Haus ist eigentlich nur von Holz, hat aber eine täuschende Nachahmung von Stein im Anstrich. Das Innere ist ungemein elegant ausgestattet, und finden sich namentlich viele schöne Gemälde und wertvolle Marmorstatuen in den

Zimmern.» Ein Abstecher ans Flussufer führte die Gäste weiter in einen Biergarten mit gemütlichem Klirren von Humpen und fröhlichem Treiben – allzu fröhlich für die kleine Gesellschaft: «Ein Deutscher hat nämlich hier in einer Art Schlucht schattige Spaziergänge eingerichtet. Eine Quelle, die den Felsen entspringt, speist einen ziemlich breiten Bach mit Wasser, das die Mahlwerke treibt. Zwei tiefe Felsenkeller sind von diesem Manne, der in wenigen Jahren reich geworden ist, gehauen worden und dienen der Aufbewahrung des Biers. Die liederliche Gesellschaft, die sich hier gerade vorfand, trieb uns aber bald weg.»

Kernpunkt dieser inszenierten Idylle am unteren Hudsonlauf aber war Sunnyside, der Landsitz des berühmten Autors Washington Irving. Emil lernte das vielgieblige Haus auf der anschliessenden Kutschenfahrt nach Irvington kennen – eine Gemeinde, die sich kurzerhand den Namen des berühmten Dichters von *Rip van Winkle* und andern Idyllen aus dem Hudsontal angeeignet hatte. «Ein kleines Tälchen durchschritten, befindet man sich plötzlich auf dem Gut von Washington Irving, des grossen amerikanischen Dichters, der jetzt im kräftigsten Mannesalter steht. Hier ist die Bank mit der Aussicht auf den ruhigen Flussspiegel, worauf er seine Werke unter Gottes blauem Himmel schreibt, dort ist das Haus im altenglischen Baustile mit einem alten, efeuumrankten Turm an seiner Seite.»

Den Abschluss des ereignisreichen Tages bildete der Besuch bei Dörlers Nachbarn, den Gebrüdern Cochrane – auch dies ein Millionärsanwesen mit phantastischer Aussicht: «Auf der Zinne des Hauses bot sich uns ein wahrhafter Genuss dar. Soeben entfaltete die Sonne im Untergehen ihre letzte, aber grösste Farbenschönheit und färbte die bereits dunklen Berge und Täler des Westens mit glühendem Purpur. Wir hatten nun den Fluss Hudson in seiner ganzen Länge von New York an bis wenigstens 45 englische Meilen oder 20 Stunden weit hinauf zu unseren Füssen, und hier war er vollends dem Zürichsee ähnlich. Ich vermeinte, in einer Halbinsel, die in den Fluss hinausragte, die Au zu erkennen. Davor war ein ziemlich bedeutendes, weiss schimmerndes Dorf, das Horgen gar nicht unähnlich war.»

Es wurde hier ausführlich aus den beschreibenden Passagen des Tagebuchs zitiert. Was aber brachte die Einladung nach Dobbs Ferry ausser ausgedehntem Sightseeing? Bezeichnenderweise hielt die kleine Gesellschaft auch beim Wochenendausflug am Kirchgang fest; sonntags früh begleitete Emil das Ehepaar Dörler in die kleine presbyterianische Kirche des einstigen Fischerdorfs. «Der Prediger, ein noch junger Mann, konnte aber die allgemeine Aufmerksamkeit nur wenig fesseln durch seinen Vortrag, und ich blieb ohne Erbauung. Auch war ich durch die umfangreichen Röcke von Frau D. genötigt, in einer unbequemen Lage zu sitzen.»

Es wird hier noch eingehend von der Krinolinenmode und ihren Auswüchsen zu berichten sein, ebenso von der Herrenkleidung und den modischen Ticks der New Yorker Dandys. Bemerkenswerterweise kamen Aschmann, Dörler und Emil trotz der flauen Predigt auf Glaubensfragen zurück – abends, nachdem sich die Herren ins Rauchzimmer zurückgezogen hatten: «Unser Gespräch hatte die Religion zum Gegenstand und stellte sich heraus, dass wir alle drei uns den christlichen Glauben nicht recht erklären können und ihn also auch nicht besitzen in dem Masse, wie ihn die Heilige Schrift verlangt.» Auch wenige Wochen später, bei einer zweiten Einladung nach Dobbs Ferry, stand ein Besuch der Methodistenkirche auf dem Programm. Diesmal fanden sich unter den Gästen auch Kontorkollege Stapfer und Miss Davis. «Es wurde eine sogenannte Freiversammlung gehalten, wo jeder Anwesende von religiösen Dingen zu der Versammlung sprechen konnte. Zwei Geistliche munterten dazu auf, und es liessen sich denn auch während einer Stunde mehrere im Sprechen oder Singen hören. Ich leistete aber alledem nur oberflächliche Aufmerksamkeit.»

Wir kennen den Grund für Emils Zerstreutheit: Es war bei diesem Anlass, dass Frances den Nebenbuhler Stapfer so auffällig bevorzugte, während er selbst nur schnippische oder abweisende Bemerkungen einsteckte. Allen Liebeswirren zum Trotz brachte aber die zweite Fahrt nach Dobbs Ferry – diesmal per Eisenbahn – nochmals einen längeren Blick auf die unordentliche Vorortzone im Norden von Manhattan:

«Das Stadtquartier, das wir während mehr als einer halben Stunde durchfuhren, ist eher ärmlich zu nennen, und als Grund dieser Armut präsentiert sich die zahllose Menge von Branntweinschenken, deren es fast an jeder Ecke hat. Auf den Strassen und in den Häusern sehen Bewohner und Gegenstände gleich schmutzig aus. Einen traurigen Anblick boten auch zwei grosse Meersteamer, die beide nur noch als elende Wracks beieinander lagen. Der eine ist vor zwei Jahren am gleichen Tage, an dem er abfahren sollte, abgebrannt, der andere ist als untauglich jetzt dem Verfall gewidmet.»

Der Dichter Washington Irving, dessen Anwesen Emil so respektvoll schildert, hatte dieses Niemandsland einst den «schmutzigen Rocksaum Manhattans» genannt. Um so grösser waren Emils Erwartungen bei seiner ersten grösseren Reise ins Landesinnere: Zusammen mit Kontorkollege Stapfer sollte er in Philadelphia einige von Aschmanns Kunden besuchen und sich ein Bild der Absatzmöglichkeiten im Nachbarstaat Pennsylvania machen; erstmals würde er ein grösseres Stück Amerika kennenlernen! Am 10. November nachmittags um vier dampfte der Zug aus dem Bahnhof von Jersey City – gleich von Beginn weg in einem Höllentempo, «wie es anderswo nicht erlaubt wäre. Dann kamen wir durch die in Felsen eingeschnittene Kluft nahe bei unserem Hause, und aus derselben hinausfahrend, hatte ich Bergen, meine hiesige Heimat, zum ersten Male hinter mir und sauste nun der eigentlichen amerikanischen Landschaft entgegen. Der Zug rollte über den breiten Hackensack River und durchschnitt dann ein weites, ödes Binsenmoor.»
    Damit hat es aber auch schon ein Ende mit dem erhofften Gefühl von Weite und Ungebundenheit. Dieser Teil Neuenglands ist schon seit Langem «zivilisiert», wie das Tagebuch mit einem Unterton von Enttäuschung festhält. Der Zug rollt im Kutschentempo mitten durch eine Industrielandschaft voller Kanäle, Fabriken und Arbeiterhütten, durch Elizabethtown und Newark, die Hauptstadt von New Jersey. Und auch in den Städten selbst: Fabriken, Kanäle, Flusshäfen, dazwischen wieder

«einförmige Moore, mit Buschwerk bedeckt». Mit einiger Erleichterung steigen die beiden fürs letzte Teilstück auf den Delaware-Dampfer nach Philadelphia um. Abenteuer, romantische Wildnis, soviel ist klar, wird diese Reise nicht bringen. Im Gegenteil: Der Dampfer übertrifft an Komfort alles, was Emil auf dem Hudson angetroffen hat – mit Damensalon, Erfrischungsraum und einem vornehmen Salon, der «Hauptkajüte»: «Die weiss lackierten Wände waren an allen Ecken und Enden mit reicher Vergoldung geziert. Ein prachtvoller Teppich bedeckte den ganzen Boden. Dabei war sie sehr geräumig, fast wie ein Tanzsaal. Zur besonderen Vorsicht hängen oben an der Decke einige hundert Schwimmgürtel, was man nur hier in Pennsylvania als von Gesetz angeordnet findet.»

Nach der Ankunft beziehen die Partner ihre Zimmer im *Girard*, besuchen trotz der vorgerückten Stunde die städtische Oper für die zweite Hälfte einer vorzüglichen Vorstellung des *Trovatore*, nehmen einen abschliessenden Trunk und erleben auf dem Heimweg ins Hotel dann doch noch ein Abenteuer, wenn auch nicht von der erwarteten Art. «Auf unserem Rückweg trafen wir noch zwei jener Unglücklichen an, die der Mantel der Nacht in ihrem schändlichen Gewerbe bedeckt. Die eine von ihnen pfiff zur Anlockung. Ich liess aber solche Vögel pfeifen, ohne in Versuchung zu geraten, und Herr Stapfer rief ihnen ein *Go home!* zu.»

Eines der ganz grossen Daten der amerikanischen Eisenbahngeschichte ist der 10. Mai 1869. Bloss zehn Jahre nach Emils erster längerer Bahnfahrt sollten sich in Promontory Point in der Nähe von Salt Lake City die Gleise der Union Pacific und der Central Pacific zum transkontinentalen Trassee zusammenschliessen: Ost- und Westküste waren über den Schienenweg miteinander verbunden! Mit welch rasantem Tempo das amerikanische Bahnnetz gewachsen war, zeigen aber auch Streckenkarten aus der Zeit von Emils Aufenthalt. Vor allem über Neuengland und bis hinauf zum Gebiet der Grossen Seen legte sich bereits ein dichtes Netz von Schienenwegen. Bei der Hast, mit der die sich konkurrenzierenden Bahngesellschaften ihre Linien durchs Land gelegt hatten, war ein Prob-

lem vorderhand ungelöst geblieben: Wie führte man das Trassee der
Überlandstrecke weiter ins Stadtinnere? Und wie verband man es mit
den Schienenwegen, die aus andern Himmelsrichtungen eintrafen? Die
Notlösung mit einzelnen pferdegezogenen Bahnwaggons auf Stadtgebiet
hatte Emil bereits in New York kennengelernt; hier in Philadelphia traf
er am nächsten Tag auf eine abgeänderte Variante.

«Wir machten uns dann zusammen noch an einen Spaziergang vor
dem Mittagessen. Die Broad Street dient als Verbindungsmittel zwischen
den verschiedenen Eisenbahnen an den Enden der Stadt, und da Lokomotiven nicht innert der Stadt fahren dürfen, so wurden vor zwei Güter-
wagen je ein Dutzend Maultiere eines hinter dem andern gespannt, und
so gehen solche Karawanen unaufhörlich auf und ab. Die Tiere sind sehr
verständig. Der Leiter kann sie natürlich nicht am Zügel führen, sondern
sie gehorchen ihm auf sein Wort und seine Stimme.»

Auf der Rückfahrt, nach zwei hektischen Tagen voller Geschäftsbe-
suche und privater Visiten, kommt ein weiterer Zubringer zum Einsatz:
die Variante auf dem Wasserweg. So wie in New York liegt auch in Philadelphia der zentrale Kopfbahnhof jenseits eines Flusses, in diesem Falle
des Delaware; für die Fahrt nach dem Norden besteigt man im Hafen
erst einen Steamer. «Unser Boot durchschnitt nun den Fluss in ganz
direkter Linie, indem es noch durch einen Kanal fuhr, der eine in der
Mitte des Flusses gelegene Insel entzweischneidet. Auf der andern Seite
des Delaware wartete unser der *train*, und Passagiere und Baggage wurden schnell eingeladen. Wir fuhren auf einer ganz andern Bahnlinie –
diesmal nämlich entlang des Flusses bis nach Trenton durch eine ganz
sumpfige Gegend, die eine enorme Summe für Brückenbau und Däm-
mungen gekostet haben muss. Es bot sich uns oft ein recht malerischer
Anblick der im Mondlichte silbern scheinenden Flussläufe, auf denen
Dampfer mit farbigen Lichtern und lodernden Kaminen beständig auf
und ab glitten. Gleichfalls erhellte die Glut zahlreicher Hochöfen das
Dunkel der Nacht. Wir waren während eines grossen Teils der Zeit auf
der Wanderung in unseren Waggons begriffen, was bei dem Rütteln der-

selben ein eher wackliges Geschäft war. Um den Rauchsalon zu finden, hatten wir durch sieben Wagen nach vorne zu reisen.»

Auch die Fahrt nach Philadelphia, so muss sich Emil bei der Ankunft in Jersey City eingestehen, hat noch keine Begegnung mit dem «eigentlichen» Amerika gebracht: statt der erhofften Wälder und Prärien nichts als Sümpfe, Kanäle, Fabrikareale und die Kamine der Eisenwerke! Zu vermelden bleibt bloss ein letztes kümmerliches Abenteuer beim Besteigen des wartenden Omnibusses: «Der Kutscher war gänzlich betrunken, und kostete es einige Mühe, ihn fortzubringen. Hierauf fuhr er aber wie ein wahrer Spitzbube durch die Stadt den Bergen zu.»

Wenn Emil schliesslich doch ein ländliches Stück Amerika näher kennenlernt, so in seiner Eigenschaft als Kaufmann und Jungunternehmer. Der Gasunternehmer Burton, ein umtriebiger Geschäftsfreund Aschmanns, besitzt in College Point nördlich der Stadt ein ausgedehntes Grundstück samt kleinem Landhaus – unweit des heutigen Flushing Meadows, des Tennis-Mekkas des jährlichen *American-Open*-Turniers. Ein in der Nähe liegendes Terrain, so stellt sich heraus, gehört den Streulis. Über das Wie und Wann dieses Landerwerbs lässt uns das sonst sehr detaillierte Tagebuch im Stich – möglich, dass Aschmann selbst den Kauf schon vor Emils Ankunft getätigt hat, im Auftrag von Vater Streuli. Wie Emil in der ersten Septemberwoche zu einer Besichtigung des Terrains aufbricht, kann er jedenfalls bereits als Grundherr auftreten. Oder als zukünftiger Bauherr?

«Es sind hier bereits von Deutschen einige Landsitze mit grossem Luxus errichtet worden, wovon einer bei 25 000 Dollar kostet. Das unsrige (Terrain) liegt an einem sehr günstigen Platz, mit der ausgedehntesten Aussicht auf den Sound, der es durch zwei Einschnitte zu einer Art Halbinsel macht. Das Flussufer ist steil und felsig, und der Platz misst von dort an bis zur Strasse etwa 100 Schritte und in der Breite das Doppelte. Die Vegetation ist freilich schlecht bestellt. Den Boden bedeckt mageres, mehr unkrautartiges Gras; die Bäume, die darauf stehen, sind schon lange nicht geschnitten worden und sehen verwildert aus. Wir trafen gerade eine Anzahl älterer Frauen und Kinder an, die beschäftigt waren, die Äpfel zu ernten, und ganze Säcke in unberechtigter Weise füllten. Herr Burton jagte sie mit Drohungen so in Schrecken, dass sie insgesamt zu weinen anfingen und mich, als den Herrn, demütigst baten, sie ziehen zu lassen, was ich dann auch nach drohender Abmahnung des Wiederkommens tat.»

Der 19-jährige Emil Streuli als Liegenschaftenspekulant? Tatsächlich stellt sich heraus, dass Burton sein Grundstück im Hinblick auf eine spätere Erschliessung als Ausflugszentrum mit Hotel und Freizeitanlagen erworben hat. Vorläufig betreibt er seinen weitläufigen Obstgarten mit rund zweihundert Apfel- und Birnbäumen als Hobbybauer. Obstbäume, wie gesehen, stehen auch auf Emils verwildertem Grundstück, das er im nächsten Frühjahr endlich genauer ins Auge fasst, allerdings leicht schockiert: «Dort fand ich alles noch im alten Zustand mit dem Unterschied, dass daraus seit letztem Herbst der Schinderplatz geworden war, denn mitten drin lag ein totes, fast ganz verwestes Pferd, von dem fast nur noch das Gerippe vorhanden war, während Kopf, Schwanz und Bein auf der Seite lagen. Ringsum war eine Lache von Blut, das nun natürlich Düngerstoff lieferte. Es blieb mir noch einige Zeit, die längst vorgehabte Messung vorzunehmen. Ich zog meine Messschnur aus der Tasche, die ich bei Hause zu 50 Schweizer Fuss vorbereitet hatte, zog sie dem Boden nach aus und steckte die beiden Enden an Hölzchen ein. Mein Gefährte musste abwechselnd mit mir springen und das eine Ende weiter tragen; so fanden wir etwas mehr als 7 Schnurlängen in die Tiefe gegen den Fluss zu und etwas mehr als 9 der Länge nach dem Fluss entlang.»

Gut 140 Meter Flussanstoss auf eine Grundstückstiefe von 100 Metern – das ergibt rund 4 Juchart nach damaligem Flächenmass oder etwa 140 Aren: Nicht der Rede wert, wenn man mit amerikanischen Massstäben mass! Dass Emil in diesem Frühling 1859 trotz Pferdekadaver und Obstfrevlern mehrmals zurückkehrte, hat wohl auch mit dem Stolz eines jungen Mannes zu tun, der einen Fleck Erde sein eigen nennen kann; dazu brachten die Ausflüge eine willkommene Auszeit von der

Grossstadthektik: «Ich zählte 90–100 Apfelbäume, die also auch nächsten Herbst eine ordentliche Masse Früchte abgeben sollten. Noch nie hatte mir die schöne Lage des Landes so gut eingeleuchtet wie heute bei diesem sonnigen Wetter. Überall schien es von dem blauen Stromesspiegel in mancherlei Einbuchtungen und Inseln umgeben zu sein, auf dem kleinere und grössere Fahrzeuge mit weissen Segeln schwebten. Sogar hinter meinem Rücken erblickte ich heute zum ersten Male einen Wasserstreifen, der eine vollständige Insel um uns zu bilden schien.»

Es lohnt sich, den Weg vom Seidengeschäft an der Vesey Street bis zu dieser Apfelinsel gemeinsam mit Emil unter die Füsse zu nehmen: nicht nur ein spannender Anschauungsunterricht in Sachen öffentlicher Verkehr, sondern auch die Bekanntschaft mit einem unordentlichen Stück Agglomeration! Die Fahrt, an einem warmen und sonnigen Vorfrühlingstag angetreten, beginnt per Flussdampfer an der Südspitze Manhattans und bringt unter anderm eine Wiederbegegnung mit dem Steamer, der Emil von Le Havre in die Neue Welt brachte.

«Die Fahrt längs des Hafens war sehr interessant. Ich bemerkte besonders den *Arago* auf dem Dry Dock, wo er repariert wird; auf dem Trocknen zeigt sich der Koloss erst recht in seiner Grösse. Nach und nach kamen wir ausserhalb der Stadt. Das Gedränge der Schiffe längs der Quais und im Strome wurde immer lichter, und nach einer Halbstunde langten wir bei dem sogenannten Hunter's Point an, wo die Eisenbahn anfängt. Unsere Gesellschaft, meist aus Frauenzimmern bestehend, worunter einige recht angenehme junge, stieg aus, und wir begaben uns in die bereitstehenden drei Waggons. Die Maschine fuhr schon ziemlich schnell, als wieder Halt signalisiert wurde und wir zurückfahren mussten, was wegen einiger Passagiere geschah, wie denn auch auf diesem kleinen Bähnchen für jedermann, wenn er ein Zeichen gibt, gestoppt wird, gleich wie bei einem Omnibus. Auf den verschiedenen Stationen wurden noch je zwei bis drei Personen aufgenommen und dann wieder drauflosgefahren. Das Geleise ist miserabel und schüttelt den ganzen Zug. Ebenso mochte ich den zeitweisen Dämmen und Brücken über Flüsse und Morast nicht stark trauen; gleichwohl fuhr der Maschinist nach Yankee-Art ungesäumt und voller Eile darüber weg. In Flushing war keine Stage nach College Point vorhanden, und so musste ich mich mit einer solchen nach Whitestone begnügen. Ich machte dabei einige pikante Betrachtungen. Ich hatte nämlich als Vis-à-Vis ein junges, kaum 16-jähriges Mädchen, in dessen hübschem Gesichtchen noch etwas mädchenhafter Trotz lag. Auf impertinente Weise behielt ich sie durch Seitenblicke im Auge und sah, dass sie dies ebenfalls bemerkte. Der trotzige Ausdruck wich zwar nicht von ihren Lippen, aber doch bemerkte ich, dass ich mich hinwiederum ihrer Aufmerksamkeit erfreute, wenn ich meinen Kopf abwandte. Dieses harmlose Abenteuer wurde aber zu Ende gebracht, indem ich halbwegs aussteigen musste, um nach College Point zu gehen. Der Weg zu Fuss kam mir schrecklich lang vor, und in College Point traf ich gerade vor den schönen Landsitzen einen grässlichen Kot an, in dem kaum fortzukommen war.»

Es ist bei diesem Besuch, dass Emil den Pferdekadaver mitten in seinem kleinen Paradies antrifft und dann mithilfe von Burtons Pächter das Grundstück ausmisst. Wie er sich vor Antritt der Rückfahrt in einem Bierhaus mit Schinken und Ei stärkt, bemerkt er zu seinem Erstaunen, dass es sich beim nördlichen East River Sound um eine kleine deutsche Kolonie handelt: «Überall kann man hier zu jeder Person deutsch sprechen, und dabei ist es ein ehrlicher und durch seine Gefälligkeit von den Yankees vorteilhaft unterschiedener Schlag Leute.»

Die Rückfahrt, per East-River-Dampfer direkt von College Point nach Manhattan, verdient aus zweierlei Gründen Erwähnung. Erstmals erzählt das Tagebuch von der Begegnung mit einem schwarzen US-Bürger, weiter schildert Emil den Anblick von Blackwell's Island. Auf dieser Flussinsel haben die New Yorker, reichlich pietätlos, nicht nur das städtische Zuchthaus untergebracht, sondern auch städtisches Waisenhaus und Irrenhaus: eine Insel der Unglückseligen!

«Als ich auf dem Boot ans Verdeck stieg, waren wir bereits in dem Strudel der Hell's Gate. Ich kam dann in Gesellschaft mit einem alten ehrlichen Neger, Maurer von Profession, der wie alle Leute dieser Rasse gerne offen und ungeniert plaudert. Er erzählte mir von Blackwell's Island, dem gewaltigen Verbrecherdepot New Yorks, an dem wir vorbeifuhren: Er habe gegenüber gewohnt, als es noch der Witwe Blackwell gehörte, deren Farmhaus er mir zeigte. Jetzt ist die Insel ganz mit Gebäuden überdeckt, und werden fortwährend solche gebaut zum Aufenthalt für Sträflinge, die selbst die Steine auf der Insel sprengen und daraus diese massiven Häuser bauen.»

Wenn die Unternehmungen dieses Vorfrühlingstages ausführlicher als sonst zusammengefasst wurden, so auch, weil das Datum einen tragischen Einschnitt in Emils Leben bedeutete. An diesem 5. März 1859 starb zu Hause in Horgen Caroline Streuli-Maurer. Die Nachricht erreichte den Sohn erst zu Ende des Monats. Der Ausflug zur sonnigen Insel erhielt so eine tiefschwarze Grundierung; Emil sollte ihn später, über sein Tagebuch gebeugt, in jedem seiner Schritte nochmals nachvollziehen.

Abb. 9: Die Mutter: Caroline Streuli-Maurer im Alter von 30 Jahren. Die Briefe
der an Tuberkulose erkrankten Frau an den in New York weilenden Sohn rühren
an durch den vertraulich-liebevollen Ton und die Schicksalsergebenheit
der Kaufmannsgattin und Mutter von vier Söhnen. Sie starb, 44-jährig, im März
1859. Konrad Hitz (1798–1866), der Schöpfer des Gemäldes, war ein
in Deutschland und der Schweiz erfolgreicher Porträtist (Bildnisse u. a. von
Königin Theresa, Gemahlin von Ludwig I. von Bayern, Gottfried Keller).

Ein Abschied auf Entfernung

Schon Wochen zuvor, in einer kalten Februarnacht, war Emil in seinem Gastzimmer auf Bergen Hill brüsk aufgeschreckt, hatte sich mit nassen Wangen im stockdunklen Zimmer gefunden: «Es war ein grässlicher Traum, aus dem ich heute Morgen erwachte! Ich war im fernen Vaterhause in der alten Heimat und erlebte trauervolle Szenen. Mama, die zwei Brüder Ferdinand und Alfred starben. Ich begleitete sie zu Grabe. Die liebe Mama folgte ihnen nach. Verschiedene Personen waren damit verknüpft. Mein Leid war unendlich, ich weinte und schluchzte unaufhörlich. Endlich setzte das zurückkehrende Bewusstsein dieser Trübsal ein Ende. Ich erwachte und fand mich ganz in Tränen gebadet. Es war noch dunkler Morgen, aber dennoch kehrte dieser unheilvolle Schlaf nicht mehr zurück.» Was mochte der Traum bedeuten? Die Mitbewohner beruhigten den Gast, als er bleich zum Frühstück erschien: Träume kehrten die Wirklichkeit in ihr Gegenteil um, das war bekannt. Also kein Grund zur Sorge!

Die Nachrichten von und über Mutter Caroline, die seit Emils Abreise eingetroffen waren, lauteten denn auch widersprüchlich. Im Spätherbst, zur Zeit des Wümmet, hatte einer von Carolines Briefen erstmals ganz konkret ihr mögliches baldiges Ableben gestreift – als Erklärung dafür, dass sie, die Frau des Hauses, die Aufsicht über die Weinlese der Stubenmagd Lisbeth anvertraut hatte: «Man müsste es ja auch machen, wenn ich gestorben wäre.» Vor Mattigkeit, so hiess es ein anderes Mal, konnte sie bei den Mahlzeiten «kaum den Löffel halten und wurde vom Essen müde zum Einschlafen». Manchmal schien ihr, die Familie gebe sich über ihren wahren Zustand kaum Rechenschaft: «Mein Kopf ist oft so angegriffen», schrieb sie, «dass es mir nicht möglich ist, einen Gedanken festzuhalten oder auszudenken. Aber es meint alles, wenn man so dasitzt, so könne man alles ertragen, und sie wissen nicht, wie jedes Wort und jede Bewegung einem wehtut und beschwerlich fällt.» Dann wiederum trafen aufmunternde Neuigkeiten auf Bergen

Hill ein. Caroline übernahm jetzt wieder leichtere Hausarbeiten, ärgerte sich aber über ihre immer noch eingeschränkte Lage, fasste gleichzeitig die Sinnlosigkeit dieses Ärgers in Worte: «Nicht wahr, ich bin unzufrieden? Vor sechs Wochen hätte ich mir für mein Lebtag nicht mehr gewünscht, als wie es mir jetzt geht. Nun würde ich schon lieber wieder über alle Berge springen.»

Was Emil ebenfalls als gutes Zeichen wertete: Mama hielt eisern an ihren selbst auferlegten Briefpflichten fest, versäumte praktisch keine Dampferpost, sodass ihr Ältester fast jede Woche mit einem ausführlichen Brief von vier oder sechs, ja acht eng beschriebenen Seiten rechnen konnte. Von Ende Juli bis Jahresende gingen so nicht weniger als 21 Briefe aus Horgen ab: ausführliche und farbige Schilderungen des Horgner Alltags, mitunter ausgesprochen amüsant, dann wieder bissig – vor allem, wenn der Sohn mit seinen Antworten in Rückstand geriet: «Wenn Du einmal nicht erstickst in Zerstreuung und Nettigkeit, so bitte ich, meine Briefe in Kurzem zu beantworten.» Denn Caroline hielt ein scharfes Auge auf Emils vermeintlichen Hang zu geselliger Oberflächlichkeit, las vor allem sämtliche Berichte über den Umgang mit «Amerikaner-Jungfern» mit unbarmherzig prüfendem Blick. Zu New Yorks jungen Frauen fiel ihr unweigerlich das Attribut «hübsche Lärvchen» ein: Wenn das Söhnchen deren Augenklimpern für bare Münze nahm, würde er unweigerlich als «vollständiger Weiberknecht» enden, so viel stand für Caroline fest.

Wie das Tagebuch zeigt, nahm Emil der Mutter diese Art von Einmischung keineswegs krumm, begrüsste sie vielmehr als günstiges Zeichen für ihre Robustheit: Hätte denn eine schwer kranke Frau ihr bisschen Kraft an tadelnde oder bissige Bemerkungen gewendet? Auf Jahresende 1858 hatten die Eltern die zwei zurückgesandten Bände mit Aufzeichnungen erhalten. Dass Mama auf vier Briefseiten ihre Eindrücke bei der Lektüre schilderte und mit ihrer Meinung über die Liebeshändel des Sohnes keineswegs zurückhielt, schien Emil ebenfalls ein gutes Omen.

Dieses Schreiben traf Mitte Februar in New York ein; bereits der nächste Brief enthielt aber einen ominösen Nachsatz von Vater Streuli:

«Seit mehreren Tagen hatten wir starken Nebel, was der lieben Mama gar übel bekam und starken Husten mit viel Auswurf verursachte.»

Das letzte eigenhändige Schreiben Carolines ging Ende Januar aus Horgen ab. Mama war neugierig auf Miss Davis, von der sie nun schon einiges gehört hatte, vor allem über das gemeinsame vierhändige Klavierspiel – war Frances «alt oder jung, schön oder wüst»? Über ihr eigenes Befinden kein Wort, umso deutlicher dafür der Nachtrag vonseiten Papas: «Sie kann wirklich kaum eine halbe Stunde nacheinander schlafen, dann weckt sie wieder der leidige Husten. Es ist meine Pflicht, Dir ihre Lage und die unsrige deutlicher zu bezeichnen.»

«Beängstigende Berichte», notiert das Tagebuch. «Sehr beunruhigend ein Postskript des lieben Papa über den verschlimmerten Zustand der lieben Mama, während ihre eigenen Zeilen deren vermehrte Leiden nicht im Mindesten zu erraten geben.» Stand es denn wirklich so schlimm, hatte der Traum am Ende doch die Wahrheit gesagt? «Es ist so weit gekommen, dass die liebe Kranke meint, es sei besser, ihr ein ruhiges Ende zu wünschen als gute Besserung. Sollte es mir denn nicht mehr vergönnt sein, sie hienieden wiederzusehen, sollte ich ihr ein letztes Lebewohl gesagt haben bei jenem tränenreichen Abschied, als ich die Heimat verliess?»

Mitte März, zur Zeit der Nachtwache am Sarg des kleinen Albert Dörler und der misstönigen Beerdigung auf Greenwood Cemetery, brachte ein weiteres Schreiben Papas eine gewisse Erleichterung. Die Schilderungen über Carolines Zustand «lauten gottlob etwas weniger beunruhigend, wenn auch noch nicht günstig», hält Emil fest. «Es scheint doch einigermassen Ruhe und Linderung eingekehrt zu sein, und tröstet man sich bei Hause wieder mit guter Hoffnung auf den Frühling.» Auffallend häufig gehen die Tageseinträge nun auf das Wetter ein. New York erlebt einen strahlenden, knisternden Frühling unter blauem Himmel, einen Lenz voller knospender Zweige und zwitschernder Vögel. War es möglich, dass zu Hause in Horgen die gleichen lauen Winde wehten und der Kranken Erleichterung brachten? «Leider kann ich aus der Ferne nicht helfen, als dass ich mein Gebet nur umso flehender zu dem grossen Helfer in der Trübsal richte und Ihn um Hülfe und Linderung anrufe, wie er denn auch unser Schicksal gnädig leiten möge.»

Die Todesnachricht traf am 30. März ein, mit ungewohnter Verspätung des Steamers *Niagara* – so als habe das Schicksal den Schlag so lange wie möglich hinausgezögert. Emil trat am Morgen gleichzeitig mit dem Briefträger in den Store an der Vesey Street, erhielt das Dossier mit der Horgner Post ausgehändigt und zog als Erstes einen Brief mit schwarzem Trauerrand heraus.

«Bei dessen Entfaltung stachen mir die Worte *Susanna Karolina* ins Auge. Ich wusste des Schrecklichen genug. Ich sank auf ein Fenstergesims nieder und liess meinen Tränen freien Lauf. Nach einer Weile gab mir Herr Aschmann mit einigen Worten des Trostes meinen Brief. Die Gewissheit wurde mir nur zu bald, dass ich nun eine mutterlose Waise war, und jede Linie des unheilvollen Briefs gab mir solche Schmerzen und füllte meine Augen dermassen mit Tränen, dass ich wieder mit Lesen aufhören musste.»

Tatsächlich rührt die Schilderung, die Vater Streuli vom Sterben seiner Gattin gab, den Leser auch heute noch an. In manchen Passagen ist der älteste Sohn unsichtbar gegenwärtig – kein Wunder, dass Emil, von Trauer und Rührung überwältigt, bei jeder Zeile innehalten musste. Aschmann und Kollege Stapfer setzten sich sogleich hin, um Beileidsbriefe an die Hinterbliebenen abzufassen; diese sollten womöglich noch die *Asia* erreichen, die in zwei Stunden abging. Emil suchte es ihnen gleichzutun, zerriss aber seinen Briefbogen nach wenigen Zeilen. Sollte nun auch er «die grosse Zahl dieser törichten, alltäglichen Briefe noch vermehren», die jetzt im Heilibach eingingen?

Was den Brief von Vater Streuli betrifft, so kopierte Emil das Schreiben Wort für Wort in den Band mit seinen täglichen Aufzeichnungen, ebenso wie die gedruckte Todesanzeige, die Briefe der Brüder Alfred und Ferdinand sowie das Beileidsschreiben von Vaters Geschäftspartner Hans

Caspar Baumann und Papas Bericht über das Begräbnis, der noch am gleichen Tag mit der *Persia* eintraf – die bedeutungsschwersten Dokumente seines bisherigen Lebens!

«Sie konnte sanft zur ewigen Ruhe eingehen, los von der Erde Tand und Mühen», hebt Vater Streulis Bericht hervor. Als sich am Morgen des Todestags abzeichnete – so der Quartiermeister –, dass seine Gattin nicht mehr lange zu leben habe, habe er als Erstes nach den Buben geschickt; so wie immer waren sie zum Schulunterricht nach Zürich aufgebrochen. «Um zehn Uhr kamen Ferdinand und Alfred und gleich nachher auch die liebe Grossmutter unverhofft an, und so waren alle ihre Lieben bis an einen an ihrem Sterbebett versammelt. Trotz Deiner leiblichen Abwesenheit warst Du doch durch Dein Porträt vertreten, und unser aller Geist unterhielt sich mit Dir in diesen schweren Stunden. Sie setzte sich um halb elf im Bett auf, dankte allen, ermahnte die Kinder, ihren Lehren und Räten und den Weisungen zu folgen, im Leben treu zusammenzuhalten, küsste Dein Porträt lange und innig, gab Dir ihren Segen und erflehte den Segen des Himmels auch für Dich. Als ich sie um Verzeihung bat, sagte sie, sie habe mir nichts zu verzeihen und scheide überhaupt ohne Groll gegen niemanden aus dieser Welt. Dann legte sie sich nieder und schlummerte. Sie hatte wahrscheinlich noch mit Dir zu tun, denn sie sagte noch so hell und laut:

‹Weit weg, recht weit.›

Nach und nach wurde der Atem immer beschwerlicher, bis sie um Viertel vor zwölf Uhr den letzten Atemzug in meinen Armen tat.»

Ob dieses *wiit wäg, rächt wiit* dem abwesenden Sohn gegolten hatte oder dem Weg, den Mutter Caroline nun antrat – dass Emil «das allerteuerste aller Wesen» in der Sterbestunde nicht begleitet, die Mutter gleichsam im Stich gelassen hatte, setzte ihm jetzt beinahe noch stärker zu als die eigentliche Todesnachricht. Er, Emil, hatte hier alle die Monate hindurch sein eigenes Leben geführt, scheinbar teilnahmslos und gleichgültig, während zu Hause die Mutter starb, die Familie litt …

Natürlich gab Aschmann seinem Stagiaire den Rest des Tages frei, liess Emil aber unverständlicherweise ohne Begleitung ziehen, als dieser sich aufmachte, um eine schwarze Trauerweste «und etwas religiöse Bücher zur Konsolation» zu kaufen. Emil trieb denn auch ziellos durch die Strassen, nahm die Hudsonfähre und landete schliesslich in einem abgelegenen Park in Hoboken.

«Nach einer Weile hielt ich mich für einsam und abgeschlossen genug, um meinem Schmerzensausbruch abermals freien Lauf zu lassen. Ich setzte mich auf einen Felsen, und nun quollen die Tränen wieder ungehindert in wahren Strömen. Zuweilen las ich Bruchstücke aus den Briefen, dann musste ich mein Gesicht wieder verhüllen und schluchzen. So sass ich für mehr als eine Stunde auf diesem kalten Steine am Ufer des Hudson.»

Deutet die ausdrückliche Erwähnung des Flusses gar auf Selbstmordgedanken hin? So gesehen rettete Emil ein finsterer Verdacht, der ihn endlich fort aus dem Park und zurück zur Villa in Bergen Hill trieb. Nur dort, in seinem Tagebuch, war endgültiger Aufschluss zu finden: Was hatte er selbst am Todestag der Mutter und am Tag ihres Begräbnisses getrieben?

«Den ganzen Tag über hatte mich ein grässlicher Gedanke gequält. War ich nicht am Abend des 5. oder 10. März an einem Vergnügungsort beim Tanz gewesen? Konnte Gott so grausam sein und mir nun auch noch zu allem Leide die schreckliche Last auf das Gewissen laden, am Todestage meiner seligen Mama getanzt zu haben und dadurch meine Lebensfreude auf immerdar zu verbittern? Bei meiner Nachhausekunft war mein Erstes, dieses Tagebuch hervorzuziehen und meine Zweifel zu lösen. Ich fand unter dem 5. März meinen Ausflug nach College Point. Es war dies ein beruhigender Anblick, wenn ich auch gleich unter der Beschreibung jenes Tages das Abenteuer mit dem Mädchen, obwohl unschuldiger Natur, gerne ausgemerzt hätte. Am 10. März fand ich leider mein unwürdiges Benehmen in Sachen des Maskenballes, aber wie dankbar musste ich sein, dass mir der Allgütige dazumal schon das Gefühl einflösste, ich würde unehrenhaft meiner kranken Mutter gegenüber handeln, wenn ich selbst an dem Maskenball teilnähme. Welch wohltätige Fügung des Schicksals! Ich würde jetzt rasend vor Verzweiflung über die Gewissheit, an dem Tage, wo man die treue Mutter mir ins Grab senkte, mich in die wilden Freuden eines solchen Balles gestürzt zu haben und, während tiefe Trauer über dem fernen Vaterhaus schwebte, ich gejauchzt und gejubelt hätte.»

Was die Nachricht vom Trauerfall Emil ebenfalls beschert, ist ein bestürzender Einblick in die amerikanische Mentalität, in den Umgang der Hiesigen mit dem Tod: kaum Bezeugungen des Mitgefühls, vielmehr verlegenes Abwenden, peinliches Sichdrücken. «Ausser Mrs. Tooker kondolierte mir heute niemand. Jules Bourry, den Herr Aschmann und ich auf der Strasse antrafen, sagte von mir abgewandt zu Ersterem, Frau Streuli sei – scheint's – gestorben, und wusste für mich kein Wort der Teilnahme.» Selbst zu Hause auf Bergen Hill lässt man sich offensichtlich nur ungern aus dem Alltagstrott bringen. Zwar zeigt Martha Aschmann dem tränenüberströmt aus dem Park zurückkehrenden jungen Gast spontane Anteilnahme: «Frau Aschmann trat in mein Zimmer und sprach mir mit herzlichen Worten ihr Beileid aus. Sie erkundigte sich näher nach der Krankheit der lieben Toten und erbot sich dann, mir gleichsam die Mutterstelle zu vertreten.»

Aber schon zwei Tage später wird der 1. April als *Fool's Day* mit einer kleinen Einladung zum Tee begangen, als sei nichts geschehen. Frau Aschmann hat einen Jux-Kuchen präpariert, der äusserlich appetitlich aussieht, im Innern aber aus Baumwollkugeln besteht; unter viel Gelächter wird hineingebissen. Auch Emil soll mittun, hält sich aber abseits. «Ich war überhaupt nicht in der Stimmung, jetzt den Narren zu spielen. Überhaupt passte ich gar nicht zu dem heiteren Ton, der bei diesem Tee herrschte. Es schien mir gar keine Rücksicht auf mich und meinen Zustand genommen zu werden.»

Und Frances, die blonde Haustochter, die am Sterbelager des kleinen Albert Dörler so viel Haltung bewiesen hat? Gerade sie enttäuscht

Emil zutiefst: «So ärgerte mich namentlich die Teilnahmslosigkeit von Miss Davis und deren Nonchalance, die mir nicht einmal kondolierte, und ich zog mich nach einer Weile mit verletztem Gefühl in mein Zimmer zurück und begann dort zu schreiben.» Am Folgetag macht die junge Frau ihr Versäumnis wett, nachdem man den Kollegen Stapfer zum Hafen begleitet hat, wo er die *Aragon* für einen Besuch in der Heimat besteigt. Aber das Ergebnis ist zwiespältig. «Auf dem Rückweg kondolierte mir Miss Davis mit der Entschuldigung, sie habe das mit mir allein tun wollen. Es kam aber doch zu spät, um auf mich Eindruck zu machen, und erregte nur einigen Argwohn.»

Es bleibt der unheilvolle Traum vom Dreifachbegräbnis. Am Abend des 30. März beugt sich Emil ein weiteres Mal über das Tagebuch: Was war die Botschaft, die sich hier verbarg? «Ich verbrachte die Stunde bis elf Uhr im Nachsuchen nach dem Traume, den ich so deutlich vom Tod der lieben Mama gehabt hatte, und fand denselben unter dem 3. Februar. Hätte ich dessen Auslegung verstanden und wäre schnell abgereist, so wäre ich noch in Zeiten an das Totenbett der Seligen gekommen und hätte wenigstens das Glück gehabt, ihr mein irdisches Lebewohl zu sagen und meinen heissen Kuss auf die sterbenden erkaltenden Lippen zu drücken.»

Abb. 10: Eine der in New York entstandenen Aufnahmen zeigt Emil Streuli als fesch gekleideten 20-Jährigen. Nach amerikanischer Sitte trägt er die Taschenuhr nicht in der unteren, sondern in der oberen Gilettasche.

Porträt eines jungen Mannes

Ein junger Mann, der einen Schicksalsschlag zu meistern hat, gibt mehr über sich selbst preis, als er dies unter alltäglichen Umständen täte. Auch wenn das Tagebuch an vielen Stellen Emils Trauer über den Tod Caroline Streulis nur in Klischees zu fassen weiss – mit Ausdrücken wie «wahre Tränenfluten», «unermessliches Leid, das sich über mein Haupt ergiesst» –, tritt das Bild eines zutiefst betroffenen jungen Menschen zutage. Spürbar werden echte Zuneigung und Liebe zu einer Mutter, die ihrerseits in ihren Briefen sehr viel Wärme und Anteilnahme zeigt. Das Trauma ihres Hinschieds und die Selbstvorwürfe, mit seiner Abreise allenfalls ihren Tod beschleunigt zu haben, sollten Emils weiteren New Yorker Aufenthalt prägen. Das Tagebuch, das er mit einem Willensakt kurz nach Erhalt der Todesnachricht regelmässig weiterführt, zeugt davon. Bis weit in den Sommer 1859 hinein lassen die Einträge aber die bisherige Leichtigkeit und Spontaneität vermissen. Erst dann stellt sich wieder das eine oder andere Spässchen ein, weiss Emil über dieses und jenes Erlebnis zu schmunzeln.

Half Emil der Glaube dabei, den Schmerz zu überwinden? Die vereinzelten Einträge über Kirchenbesuch oder Gespräche religiösen Inhalts lassen daran zweifeln. Bezeichnend erscheint die bereits zusammengefasste Diskussion der drei Herren anlässlich des Wochenendes in Dobbs Ferry, die achselzuckende Feststellung, man besässe den christlichen Glauben wohl nicht «in dem Masse, wie ihn die Heilige Schrift verlangt». Formfragen stehen vielfach im Vordergrund: «Herr Itschner, Herr Aschmann und ich stritten dann noch eine Weile über die Religiosität der Völker. Ich bekämpfte der beiden anderen Meinung, dass die Amerikaner frömmer und sittenreiner seien und dass gerade die Sonntagsheiligung die Engländer und Amerikaner zu grossen Nationen gemacht habe.» Berichtet Emil vom sonntäglichen Gottesdienst, steht statt der dort behandelten Bibelstelle und ihrer Anwendung auf den Alltag meist die Leistung des Predigers im Vordergrund: «Heute Abend bin ich in dem

Abendgottesdienst nach sieben Uhr gewesen. Es ist recht heimelig, bei Lampenlicht in dieser Kirche zu sein und die Andacht zu verrichten. Der Prediger, ein junger Mann, zog mich nicht stark an, und hat mir heute das Lesen religiöser Schriften bessere Dienste geleistet.»

Bemerkenswerterweise besucht Emil, der Junge aus dem erzprotestantischen Zürichseedorf, durchaus auch ein katholisches Gotteshaus – beispielsweise am Tag der Geburt von Freddy Aschmann, als ihn niemand aus der Familie begleitet. «Den Rest des Morgens verbrachte ich in der katholischen Kirche, die unserem Haus sehr nahe ist. Die versammelte Gemeinde, aus Deutschen und Irländern bestehend, war aber sehr armselig und ungebildet. Der Prediger, ein Deutscher, der zugleich alle Priesterfunktionen verrichtete, sprach ein furchtbares, kaum verständliches Englisch; allein die Musik, obgleich bloss durch ein altes Harmonium und zwei Sänger ausgeführt, war angenehm zu hören.»

Wie sich noch zeigen wird, spielte die Musik bei Emils kirchlichem Engagement die Hauptrolle. Gelegentlich übernahm er bei den Baptisten von Hudson City die Orgelbegleitung des Kirchenchors oder sang selbst im Chor mit. Aber auch hier stand weniger die christliche Botschaft im Mittelpunkt als die Möglichkeit zum Treff mit andern jungen Leuten, ja sogar zum Amüsement auf Kosten des geistlichen Betriebs: «Abends hatten wir hier in Hudson City ein Orgelkonzert zur Einweihung der neuen Orgel in unserer Kirche. Es herrschte aber unter uns jungen Leuten ein so mutwilliger Geist, dass wir der Musik nur flüchtige Aufmerksamkeit schenkten und in einem fort plauderten und Scherz trieben. Die Zuhörerschaft vergass sich so weit, dass sie trotz des heiligen Ortes in die Hände klatschte und stampfte und einzelne sogar pfiffen.»

All dies sollte nicht den Eindruck eines oberflächlichen Jungkaufmanns erwecken, der auf «Zerstreuung und Nettigkeit» aus ist, um Mutter Carolines Ausdruck zu verwenden. Im Gegenteil zeugen viele Einträge mit Urteilen Emils über Menschen oder Sitten von erstaunlicher Ein-

fühlung und von Scharfsinn – vor allem für einen 19-Jährigen ohne
grosse Welterfahrung!

So darf denn ein Porträt der Hauptperson durchaus mit Äusserlich-
keiten beginnen: Emil selbst versteht es, zwischen Sein und Schein zu
unterscheiden, macht sich gerne auch über sich selbst lustig, wenn er dem
Druck zur Konformität nachgibt. «Wir kamen noch an Astor House vorbei», berichtet er schmunzelnd über eine Einkaufstour der ersten Wochen,
«einem grossartigen Hotel, das an der Ecke von Vesey Street liegt, und
kaufte ich mir dann einen Strohhut für 3 Dollar, der mich sehr befriedigte.» Am gleichen heissen Sommertag ersteht er einen cremefarbenen
Anzug und präsentiert anschliessend im Kontor «die weissen Kleider, die
mich völlig in einen Amerikaner verwandelten». Und dies mit umso mehr
Stolz, als er sich auch frisurmässig den einheimischen Herren anpasst:
«Im Laufe des Nachmittags liess ich mir das Haar schneiden und das
Gesicht rasieren bei einem Barbier am Broadway, der mir für das Parfü-
mieren und Einsalben des Haares nicht weniger als 30 Cents verlangte.»

Dass er bei allem Willen zur Anpassung seine ländliche Herkunft
nicht verleugnen kann, wird ihm selbst immer wieder bewusst. Beispielsweise trifft er bei einer Einladung im Pfarrhaus von Bergen Hill auf
«wenigstens vierzig junge Frauenzimmer, von denen namentlich eine
meine roten Backen, die hier zu Lande eine Seltenheit sind, in unver-
schämter Weise fixierte». Ein andermal zeigt er im Store voller Begeisterung ein Paar von zu Hause nachgesandte bestickte Hosenträger herum,
«deren Broderie durch ihre Schönheit und Ausgesuchtheit gefiel», muss
aber später feststellen, dass über die Alpenrosen- und Edelweissmotive
heimlich geschmunzelt wird.

Wie sieht Emil aus? Über seine Körpergrösse von knapp 1,70 Meter
wurde hier bereits berichtet. Im heimatlichen Horgen gehört er damit
zum Durchschnitt, unter den grösser gewachsenen amerikanischen Männern eher zum Typ «gedrungen», da er – wie ebenfalls erwähnt – zu
Übergewicht neigt. Eine junge Frau, der er mit seinen Fertigkeiten als
Klavierspieler imponiert, vergleicht ihn vom Aussehen her mit dem Prin-

zen von Wales, was ihm sehr schmeichelt. Der älteste Sohn von Königin Victoria (er wird noch während Emils Aufenthalt den Vereinigten Staaten einen offiziellen Besuch abstatten) ist eine einnehmende Erscheinung mit sympathischer Ausstrahlung; offenbar hinterlässt Emil durch seine entgegenkommende und freundliche Art einen ähnlichen Eindruck.

Wie schon die ersten Wochen zeigen, legen die New Yorker viel Wert auf die äussere Erscheinung. Um auch in dieser Hinsicht «ganz oben» zu beginnen: Als eine der ersten Anschaffungen muss ein Zylinder her. Anfang September heisst es: «Ich hatte genug freie Zeit, mir einen schönen Zylinder für 4 Dollar und einen baumwollenen Schirm, wie ihn die Geschäftswelt hier überall braucht, zu kaufen.» Die umständlich-feierliche Kopfbedeckung, die zu Hause in Horgen höchstens an Beerdigungen zum Einsatz kommt, gehört hier zum Alltag, muss selbst auf eine Ausfahrt nach College Point mit, bei der «ein beissender Nordwind» herrscht. «Der unbequemste Umstand war mein Zylinder, den ich Windes halber fast immer festhalten musste.» Auch wenn Emil und sein Gastgeber im ländlichen Vorort Bergen Hill die beiden Pferde Beth und Dandy zum abendlichen Ausritt satteln, muss die ärgerliche steife Röhre mit: «Wir nahmen abends einen Ritt zusammen, ich hatte Beth. Mein grauer Zylinder, der nicht fest genug am Kopf sass, war aber ein schreckliches Hindernis.»

Ebenso müssen Haarschnitt und -tracht zur Amerikanisierung beitragen. Mit Staunen realisiert Emil, dass man hier für einen Besuch beim Friseur ohne Weiteres so viel ausgibt, wie zu Hause einer der Spinner oder Weber von Papas Manufaktur im Tag verdient: «Die Haarkunst ist hier wirklich in vollem Sinne des Wortes auf das Äusserste getrieben, sowohl an Komfort als Eleganz. Ich liess mir auch das Haar waschen, da dies nur wenig Zeit nimmt. Es ist aber gräulich, wie einem dabei der Kopf misshandelt wird. Zuerst wird er unter eine Wasserröhre gehalten und so abgewässert, dass einem Hören und Sehen vergeht und man dem Ersaufen nahe zu sein glaubt. Nachher wird er fürchterlich gerieben, bis alles wieder trocken ist, und endlich noch einbalsamiert mit wenigstens viererlei Haarölen. Die Geschichte kostet freilich teuer (50 Cents oder 2,50 Franken). Um grosse Quantitäten solchen Haaröls zu verkaufen, gibt dieser Barbier Flaschen davon für 1 Dollar, die man dort lässt und die dann für den eigenen Gebrauch benutzt werden, sooft man kommt, indem dabei das Zuwegerichten des Haares nichts kostet.»

Diese Steppvisite beim Friseur zum «Zuwegerichten» geht jedem grösseren Besuch vor, den man angesehenen Leuten abstattet. Ja, er eröffnet zuweilen den Tag vor dem Arbeitsbeginn im Store: «Ich liess mir als Erstes das Haar frisieren beim Barbier im Erdgeschoss, der es mir aber gar zu stark *à la mode* aufpuffte.» Ein Dandy wie Jungkaufmann Schwarzenbach, den Emil während zweier Tage durch Philadelphia begleitet, verschwindet immer wieder zwischendurch in einem Friseur-salon, um sich kurz «das Haar richten zu lassen»; dabei sieht das Ergeb-nis je nach Vorlieben des Haarkünstlers unterschiedlich aus. Das muss auch Emil feststellen, wie er vor Arbeitsantritt an der Vesey Street einem Figaro freie Hand lässt und den Mitarbeitern wie umgewandelt erscheint: «Ganz ungewohnt kam diesen Leuten meine Haarcoiffure vor. Ich hatte mich nämlich beim Barbier frisieren lassen, und wurde daher mein Haar ganz *à la yankee* arrangiert, was allerdings ganz fremd an mir erschien. Doch hielt dies Tanning für eine Verschönerung meiner Person, und ich gab mir daher alle Mühe, es so zu behalten. Es kamen mir dabei die zwei gegenüberstehenden Spiegel in meinem Zimmer sehr zugute, um den hinteren Scheitel zu machen.»

Emil in seinem Gastzimmer auf Bergen Hill, sich zwischen zwei Spiegeln verrenkend, mit deren Hilfe er den bis zum Hinterkopf durchgezogenen Mittelscheitel bewerkstelligt – gehört dieses Bild tatsächlich mit zu Emils Integrationsprozess? Und fällt diesem Prozess womöglich die zu Hause anerzogene Einfachheit der Sitten zum Opfer? Oder handelt es sich um die ganz alltägliche Eitelkeit eines flotten Burschen, der bei den jungen Mädchen der Umgebung Eindruck machen will?

Tatsächlich bestand für Emil keine grosse Gefahr, sich vom amerikanischen Streben nach Glamour mitreissen zu lassen. Allzu häufig sind dafür im Tagebuch die ironischen Bemerkungen über New Yorks Dandys oder über aufgedonnerte alte Jungfern. Auch mit dem genannten Schwarzenbach hat er so seine Mühe: «Ich schaute nachher Herrn Schwarzenbach zu, wie er seine Sachen einpackte. So ein Dandy schleppt doch viel Zeugs mit! Nicht weniger als sechs Röcke hingen an der Wand, worunter ein feiner, schwarzer für 30 Dollar, der aber meinem für 24 Dollar nicht vorzuziehen war. Einen davon, der nicht mehr einzupacken war, nahm ich dann als Überrock für mich selbst.» Das Tagebuch meldet zudem immer getreulich den Kauf modischer Accessoires – gelbe Handschuhe für einen Ball, eine rote Karo-Weste, einen schwarzen Filzhut und einen Biberfellmantel, «der mir sehr gut steht» –, und dies bis zum Ende des Aufenthalts. Was wohl kaum der Fall wäre, hätten solche Anschaffungen routinemässig stattgefunden …

Ein in New York aufgenommenes Porträt zeigt einen glatt rasierten Emil: Wie stand es damit? Die entsprechenden Einträge verwirren etwas. «Im Rückweg ging ich zum Coiffeur», heisst es kurz vor Weihnachten 1858, «wo ich den Bart verschwinden und das Haar frisieren liess auf den morgigen Ball in Hoboken. Der Barbier riet mir an, mich selbst jeden Sonntag zu rasieren. Ich behelfe mich aber, solang ich kann, noch mit der Schere, bis es einmal dickeren Wuchs gibt.» Haben wir es hier tatsächlich mit dem Flaumbart eines 19-Jährigen zu tun, dessen Härchen noch mit der Schere beizukommen ist? Auch der nachfolgende Eintrag bringt keine Klarheit: Martha Aschmann schenkt ihm zu eben diesem Weihnachtsfest einen «Rasierapparat». Um den «Sicherheitsapparat» mit auswechselbarer Klinge kann es sich hier mit Bestimmtheit nicht handeln – Gillettes Erfindung kam erst 1903 auf den Markt –, erst recht nicht um ein elektrisch betriebenes Gerät. Am ehesten enthielt Mrs. Aschmanns Päckchen also wohl ein Set mit herkömmlichem Rasiermesser sowie Pinsel, Seife und andern Kosmetika. Darauf weist auch Emils Nachtrag hin: «Dieses enthält alles Mögliche für Herrentoilette.»

Das erwähnte Fotoporträt – genauer eine Daguerrotypie – hat sich bis heute erhalten (siehe Abb. 35). Bei dieser Vorläufertechnik der heutigen Fotografie gelangte Licht durch eine Linse auf eine mit Silber beschichtete Kupferplatte. Das fertige Bild wurde in manchen Fällen mit dem Pinsel von Hand koloriert, hinterher fixiert und in einem schmucken Rahmen präsentiert: also ein Unikat, wie es am 6. Oktober 1858 innert weniger als einer Viertelstunde entstand: «Heute liess ich mich daguerrotypieren, um mein Bildnis heimzuschicken. Ich ging zu Bogardus, der nahe bei unserem Store ist. Die Geschwindigkeit, mit der man hier abgebildet wird, ist enorm. In weniger als fünf Minuten hatte man mich gesetzt, den Apparat auf mich gerichtet, die Platte vorbereitet und mir das Bild in schönem Futteral präsentiert. Ich war nicht zufrieden mit dem ersten, ich hatte meinen Kopf zu hoch gehalten, und so war zu viel Schatten in mein Gesicht gekommen. Die zwei andern Versuche, die man auf meinen Willen trotz allen Sträubens der Operateure machen musste, kamen nicht so scharf heraus, und so musste ich auf Ersteres zurückkommen. Allen Leuten, denen ich es hier zeigte, gefiel es nach längerem Anschauen.»

Ein weiterer Besuch im Fotoatelier, nur kurz später, bringt die Bekanntschaft mit einer unordentlichen Künstlerbude – und mit einem andern fotografischen Verfahren. Die eben erst aufgekommene Ambrotypie ist billiger als Louis Daguerres Verfahren: Hier wird ein kurz belichtetes Glasnegativ fixiert und mit schwarzem Samt hinterlegt, wodurch es als Positiv erscheint: «Es war heute ein recht heller Morgen. Ich suchte daher in Hoboken einen Fotografen auf, um das Porträt für Adolf machen zu lassen. Nach nutzlosem Nachspüren und Fragen fand ich endlich den Mann. Er wohnte im vierten Stock, und sein Appartement liess Zweifel obwalten, ob es wegen Ärmlichkeit oder deutscher Unordentlichkeit so schmutzig und verfallen aussah. Der Mann, ein Deutscher, setzte sich ans Werk und machte drei oder vier Kopien, die aber alle wegen eines schwarzen Fleckchens auf der Stirne unbrauchbar waren. Endlich gelang eine davon.» So wie bei der Daguerrotypie wird auch hier mit dem Pinsel nachgebessert, ebenso erhält auch dieses Porträt eine schmucke Fassung: «Der Künstler musste mir noch mehrere Male am Schatten herumpinseln, bis es mir gefiel. Ich bemerkte dann aber erst nachher, dass in den Verzierungen des Futterals ein Pfau dargestellt war, was draussen leicht zu mir nicht konvenierenden Vergleichen führen würde.»

«Draussen» – damit ist das heimatliche Horgen gemeint, wo das Anfang Oktober entstandene Bild schon zum Monatsende eingetroffen ist. «Natürlich wurde zuerst das Daguerrotyp ausgepackt», berichtet Mutter Caroline in ihrem Brief vom 30. Oktober. «Wir fanden es alle auch sehr gut und meinten, Du seist fetter geworden im Gesicht. Wir freuen uns Deiner blühenden Gesundheit und bitten Dich, derselben Sorge zu tragen.»

Wie selbstverständlich sich das Tagebuch zum Atelierbesuch, zu Daguerro- und Ambrotypen und zu den von zu Hause nachgesandten Porträts äussert, muss auf den ersten Blick erstaunen. Das Medium Fotografie ist in seiner kommerziellen Form damals noch keine zwei Jahrzehnte alt. 1840 geht in New York das erste professionelle Fotoatelier eines gewissen John Johnson und seines Partners Alexander Woollcott auf; etwa zur gleichen Zeit experimentieren in der Schweiz die ersten Fotopioniere. Sich der Kamera eines Atelier- oder Wanderfotografen zu stellen, gilt als ausgefallene, etwas verdächtige Sache; wer sich für die Nachwelt verewigen lassen will, beauftragt einen Porträtmaler, lässt sich in Öl auf Leinwand festhalten! Aber bereits Emils Eltern haben den Besuch im Atelier nicht gescheut; es existiert ein Doppelporträt, das sie im mittleren Lebensalter zeigt. Wenige Jahre später, kurz nach 1850, gaben sie auch ein Gruppenbild ihrer Söhne in Auftrag; es zeigt den rund 14-jährigen Emil im Kreis seiner jüngeren Brüder. Rechnet man eine weitere Atelierfotografie hinzu, die Emil etwa zum Zeitpunkt seiner Abreise nach Amerika zeigt, ergibt sich ein erstaunliches Resultat: Emil gehört wohl zu den meistfotografierten jungen Schweizern dieser Frühzeit der Fotografie, deren Porträts sich bis heute erhalten haben. Ganz bestimmt war er einer der Ersten seiner Generation, der sich in der Metropole New York einer Kamera stellte: ein fotohistorischer Glücksfall!

Gesundheit – um auf den Brief von Mutter Caroline zurückzukommen – ist ein Thema, zu dem sich das Tagebuch häufig äussert. Das Gespenst der Tuberkulose, das während der Überfahrt durch die Seiten spukte, taucht zwar kaum mehr auf. Trotzdem vermeldet Emil gelegentlich Beschwerden, die ihn verunsichern. So wie alle Reisenden fühlt er sich im fremden Land den Ärzten ausgeliefert: Es fehlt die aus der Heimat vertraute Medizin mit ihren handfesten Arzneien und Pflastern. In Amerika, so stellt er fest, geht ein Riss durch die Ärzteschaft: «In Homöo- und Allopathen scheiden sich hierzulande alle Mediziner und so auch ihre Patienten, die nun in der einen oder andern Richtung ihr Heil suchen.» So konsultiert er im Sommer 1859 wegen Ohren- und Zahnschmerzen den Arzt im Erdgeschoss unter dem Store an der Vesey Street, erhält aber nur einige wenig vertrauenerweckende blasse Tropfen: «Es ist merkwürdig, wie hierzulande die Homöopathen kleine Dosen geben, statt Flaschen voll dunklen, bitteren Mixturen wie bei uns. Man kriegt Medikamente für alles in solcher Verdünnung, dass man kaum die Medizin schmeckt, doch soll die eigentliche Substanz sehr stark sein, und zwar meistens giftig.»

Die erwähnten roten Backen deuten darauf hin: Emil ist ein robuster Bursche und liebt die Bewegung, so wie viele junge Männer aus ländlichen Verhältnissen. Mit Aschmann macht er, wie gesehen, gerne einen Abendritt, bei Ausflügen ans Meer zeichnet er sich als tüchtiger Schwimmer aus. Auch in der Stadt oder im Vorort legt er grosse Strecken zu Fuss zurück, und auf Besuch in Dörlers *Swiss Chalet* am Hudson klettert er durchaus in den Kirschbäumen des grossen Obstgartens herum. Zum Schrecken seiner Begleiter lässt er sich auch nicht gross beirren, wenn auf dem Heimweg nach Geschäftsschluss die Fähre nach Hoboken bereits abgelegt hat, so wie am 10. November 1858: «Soviel ich in der Eile jugieren konnte, war die Distanz noch nicht zu gross, und ohne im Laufe zu halten, nahm ich einen wahrhaften Salto mortale auf das Schiff, das ich glücklich erreichte, während die andern Leute dahinten blieben.» So wie alle Mütter zeigt sich Caroline entsetzt über dergleichen Abenteuer, als sie zu Hause in Horgen die Tagebücher liest; im Falle der Fähre muss Emil brieflich versprechen, solche Eskapaden in Zukunft zu unterlassen.

Aus heutiger Sicht hätte sich Caroline wohl eher über Emils Anfälligkeit für Entzündungen von Zahnwurzeln und Zahnfleisch Sorgen machen müssen. Mehrere Einträge deuten auf ernsthafte Vereiterungen im Kiefer- und Ohrenbereich hin. Auf sie sind jedenfalls die wenigen Zwischenfälle zurückzuführen, bei denen Emil zu Hause das Bett hütet und der Arbeit fernbleibt.

«Abends endlich hatte ich noch eine Fahrt zu machen, die ich nur mit schwerem Herzen antrat», heisst es schon Ende September, nur wenige Wochen nach Emils Ankunft. «Ich musste nämlich zu einem Zahnarzt, Mr. Dodge, an der 17. Strasse, um da noch eine alte Wurzel herausziehen zu lassen. Ich fand das Haus nach einigem Suchen und trat hinein, obwohl es schon über die angeschriebene Zeit hinaus war. Ein ältlicher Herr empfing mich und führte mich durch schöne Zimmer in ein Kabinett. Er operierte mit vieler Geschicklichkeit, und nachdem er während fünf Minuten den Zahn mit gar mancherlei kleinen Instrumenten angegriffen hatte, befreite er mich endlich unter grossen Schmerzen davon. Er verlangte dann bloss 50 Cents.»

Es sollten noch mehrere Treffen mit dem «ältlichen Herrn» folgen, bisweilen auch mit dessen Sohn, einem ebenso tüchtigen Stellvertreter. Der Besuch vom folgenden Februar: «Die Eintrittshalle ist oben und unten mit weissem Marmor belegt, und an der Türe verdecken reich gestickte Vorhänge das Innere. So sass ich denn wieder im schon bekannten Sorgenstuhl und dachte mit Grausen und Beben an die bevorstehenden Gräueltaten. Ich hatte mich wohl allseitig erkundigt, ob dieses Plombieren sehr schmerzhaft sei. Mr. Burton hatte mir angeraten, Elektrizität anwenden zu lassen. Davon aber wusste der junge Zahnarzt nichts.» Vielmehr ermahnt Dodge Junior seinen Patienten, sich nicht so anzustellen, schabt «mit vielerlei Instrumenten» den schmerzenden Zahn aus, «und nun machte ich mich auf den Hauptschlag, das Töten des Nervs, gefasst. Der Arzt machte aus Silber eine Kugel und bettete sie in Baumwolle auf den Zahn. Nach gehöriger Festmachung erklärte er dann die Operation für beendigt und empfahl mir, für zwei Tage nicht auf dieser Seite zu beissen, damit die Füllung sich verhärte. Ich zahlte den ordentlichen Preis von 3 Dollar und verliess mit erleichterten Gefühlen das Haus.»

Diese Gefühle halten allerdings nur wenige Wochen vor; erneut setzen unerträgliche Schmerzen ein. «Um das furchtbare Weh loszuwerden, fuhr ich zu meinem alten Bekannten Dodge Smith, der mir mit gewandter Hand einen Zahn ausriss und den andern Zahn dienstags plombieren wird. Es sind nämlich beide angesteckt, und hat der Ausgerissene eine ganz ordentliche Länge, obwohl dass er im Oberkiefer sass.» Der besagte Dienstag bringt erneut eine längere Sitzung, bei der am kranken Zahn längere Zeit gefeilt wird, «was weitaus das Unangenehmste war. Dann füllte er die Löcher mit Goldplättchen, die er dann feststiess. Nach dieser stündigen Tortur musste ich erst noch über 8 Dollar schwitzen, was indessen nicht zu viel chargiert ist und ich gerne etwas mehr zahle, um von einem solchen Mann behandelt zu werden.»

Um diesen historischen Check-up im Kiefer- und Nasenbereich fortzusetzen: Bemerkenswert häufig berichtet das Tagebuch von Nasenbluten. Mitunter, vor allem nach Gewittern, wird es so heftig, dass Emil die Begleiter weiterziehen lässt und am erstbesten Ort Zuflucht sucht. «In Jersey City überfiel mich auf dem Boote auf einmal heftiges Nasenbluten, und ich musste mich im Abteil des Ferryhauses für wenigstens zehn Minuten hinlegen und vergoss Blut in erschreckender Weise.» Ein anderes Mal wird er im Schlaf überrascht, und dies ausgerechnet während des Wochenendbesuchs bei einem Geschäftspartner, für dessen Gattin er sich ein stattliches Blumenbouquet besorgt hat: «Ich wurde aber im Schlafe durch Nasenbluten unterbrochen und verderbte hiebei meine Blumen, da ich sie nicht schnell genug aus dem Waschbecken, wo ich sie nass hielt, entfernen konnte.»

Hat es mit diesen gefürchteten Anfällen zu tun, dass Emil «kein Blut sehen» kann? Oder spielt hier die Krankheit seiner Mutter mit, die «Auszehrung» oder Tuberkulose und die damit verbundenen Blutstürze? An einem festlichen Anlass in Bergen Hill versetzt er jedenfalls die Gastgeber und Gäste in einige Aufregung, wie er sich beim Entkorken einer Champagnerflasche in den Handballen schneidet. «Der Schnitt ging sehr tief. Der Anblick des vielen Blutes oder wahrscheinlich die Verletzung eines Nervs machte mich unwohl. In der Küche schwanden mir auf einmal die Sinne; ich fiel bewusstlos für einen Augenblick zu Boden, was alle Teller und Gläser klirren machte.»

So wie bei robusten jungen Männern üblich tut Emil den Zwischenfall mit einem Achselzucken ab, rappelt sich unter den Augen der zur Hilfestellung herbeigeeilten Gäste so schnell wie möglich hoch. Noch mehr: Obwohl er den Tabakrauch eigentlich nur schlecht verträgt, raucht er in Herrengesellschaft gerne mit, meist mit üblen Folgen. So steckt er bei einer Kartenpartie Ende Januar 1859, die in Erbrechen und Durchfall endet, eine Zigarre an: «Es wurde mir aber bei der Hälfte derselben so übel, dass ich Bauchweh bekam.» Der Kontext ist bezeichnend: Es wird an diesem Abend «gejasst» – das helvetische Kartenspiel, das Aschmann gerne mit einem heimischen Stumpen feiert. Bezeichnenderweise heisst es auch über einen gemütlichen Abend auf Bergen Hill, an dem Emil alleine das Haus hütet: «Ich las Schweizer Zeitungen und rauchte auch eine der gerade erhaltenen Schweizer Zigarren, die mir aber nicht sehr wohl bekam.»

Ein letzter Eintrag in diesem rückblickend erstellten medizinischen Dossier betrifft die Sehkraft. «Seit mehreren Tagen flimmern meine Augen» – so oder ähnlich lauten mehrere Einträge. «Es gehen mir beim Schreiben immer weisse Punkte vor den Augen vorbei, und dabei sind sie sehr abgemattet.» Wahrscheinlich zu Recht führt das Tagebuch dergleichen Störungen auf die Gewohnheit zurück, bis spät nachts im Gastzimmer Briefe zu schreiben oder das Tagebuch nachzuführen, und dies bei tief gestellter Gasflamme: Die Gasrechnung der Aschmanns soll so wenig wie möglich belastet werden. Trotzdem macht sich Martha Aschmann Sorgen und schickt ihren Schützling schliesslich zum Augenarzt. Immerhin: «Über meine Augen beruhigte mich der Arzt, nachdem er sie mit der Lupe untersucht hatte. Es sei keine Krankheit darin und kein Blindwerden zu befürchten. Doch hätte ich das Unglück, kurzsichtig zu sein. Ein Ausdruck, der mich erheiterte, denn an dieses ‹Unglück› bin ich gewöhnt, und demselben ist zu helfen.»

Ob Emil der Kurzsichtigkeit durch eine Brille oder den damals üblichen Zwicker abhalf, bleibt etwas unklar. Zwar erwähnt das Tagebuch gelegentlich ein Lorgnon; spätere Fotos zeigen den Firmenleiter oder Gemeindepräsidenten Emil Streuli durchwegs ohne Brille: Offenbar hatte Emil Glück, wurde eine kleine Sehschwäche durch das Wachstum ausgeglichen.

Zahn- und Ohrenschmerzen, Nasenbluten, Sehstörungen – der kleine medizinische Steckbrief, der hier erstellt wurde, ergibt naturgemäss nur ein unvollständiges Porträt. Kamen der Verwandten- und Bekanntenkreis von Aschmann oder die kleine Schweizerkolonie auf den Ankömmling aus Horgen zu sprechen, so bestimmt meist in musikalischem Zusammenhang. Emil war ein sicherer Sänger, das wurde hier bereits erwähnt, ebenso ein begabter Pianist, machte sich in New York vor allem durch diese Fähigkeiten beliebt.

«Nach dem Mittagessen veranstalteten wir eine Art Opernmatinee. Ich spielte Potpourris aus *Martha* und *Robert le diable* und hatte dann alle die Frauenzimmer und Herren als Zuhörer, die sich als wie im Theater befindlich gebärdeten und so vielen Spass trieben.» Der Eintrag aus den ersten in Bergen Hill verbrachten Weihnachtstagen zeigt auch: Eine zeitgenössische Gesellschaft muss selber für ihre Unterhaltung sorgen, und wer dazu beiträgt, erhält einen Sympathiebonus. Das erfährt Emil eindrücklich bei den drei hübschen Damen in Kollege Itschners Gastgeberfamilie, «denen ich bald durch mein Pianospiel zu gefallen wusste, wobei ich namentlich durch meine Polka wieder brillanten Effekt machte. Diese Fräuleins sind eben auch nur Stückchenspielerinnen, deshalb ist es leicht, ihnen mit studierter Musik zu imponieren.»

Aus zahlreichen Episoden geht hervor: Der junge Gast integriert sich dank seinen Klavierkünsten erstaunlich schnell in den Zirkel rund um Aschmann, wird auch schneller als andere in den recht exklusiven Zirkel der jungen New Yorker Schweizer aufgenommen. «Ich setzte mich ans Klavier und fing an, Schweizer Lieder zu singen», heisst es über eine Fete des Schweizerklubs. «Dies feuerte die jungen Leute an, bald ging es ans Singen – trotz Sonntagsgesetz, Polizei, und obwohl die Leute in der Strasse stillstanden. Eben hatte ich eine Marseillaise auf dem Klavier heruntergehämmert, als die Sänger aufstanden und dem Sänger ein donnerndes Hurrah! brachten.» Dieses «Hurrah!» ermutigt Emil – als den Jüngsten der Runde –, in einer kleinen Ansprache den andern das «Du» anzutragen. «Dieser kurzen Rede folgte lebhafte Akklamation, und mit einem Schluck Bier und Händedruck wurde die Sache besiegelt.»

Namentlich bei den jungen New Yorkerinnen, den von Caroline so beargwöhnten «hübschen Lärvchen», hat Emil ungeahnte Chancen – etwa wenn er zwei Sängerinnen auf dem Klavier unterstützt und dafür auf dem Heimweg begleiten darf: «Das Glück wollte mir gut, Miss Sip und Miss van Winkle nahmen meine Eskorte an, die leider nur bis zum Hause der Letzteren ging. Diese Frauenzimmer zeigten sich heute schon zutraulicher als noch gestern, und ich fühlte mich halb verliebt nachher.»

«Die Gesellschaft wäre sehr steif geblieben», heisst es selbstbewusst nach einem ähnlichen Anlass, «wenn ich nicht durch Musik auf dem Piano Leben in die Leute gebracht hätte, namentlich als ich einen leichten Walzer anschlug. Man kam bald ins Tanzen hinein, ich wurde zuweilen auch abgelöst durch Fräulein Davis, fand aber nicht viel Vergnügen am Tanzen, weil ich mich zu sehr erhitzte. Schwarz liess seinen Mumm-Champagner reichlich fliessen, den ich mir mehr als anderes zu Herzen nahm, zum Beispiel mehr als die Frauenzimmer, bei denen ich aber sehr in Gunst bin wegen meines Klavierspielens.»

Zur Kehrseite dieser Popularität gehört, dass Emil seine Fähigkeiten bei jeder Art von Geselligkeit einbringen muss. Ja, bei Aschmanns scheint man stillschweigend zu erwarten, dass er auf den leisesten Wink hin für Hintergrundmusik sorgt, beispielsweise den kleinen Freddy, den er durchs Zimmer trägt, abgibt und sich ans Klavier setzt. «Dieses Tragen machte mich müde, und als ich nachher Klavier spielte, war mein Arm ordentlich schwer. Überhaupt war ich heute Abend auch des Klavierspiels müde und hätte mich lieber mit den Damen unterhalten, als zwei bis drei Stunden zu spielen.»

Noch mehr: Selbst in den Trauerwochen nach Erhalt der Todesnachricht aus Horgen lässt er sich von der Gesellschaft zum Spielen bewegen und gerät unversehens von der ernsten in die leichte Muse: «Nachts spielte ich den anwesenden jungen Leuten einige Stücke zum Tanzen. Überhaupt war ich etwas fröhlicher und munterer wie in den alten Tagen des heiteren Glücks. Wie reimt sich dies aber mit meiner Trauer? Zeigte ich dadurch gehörige Selbstachtung und Charakter und die gebührende Achtung gegenüber der toten Mutter, die ich betraure? Ich muss als Antwort meine Sucht verfluchen, Leuten zu gefallen, um die ich mich am Ende nicht viel bekümmere. Wenn die Leute nicht genug Rücksicht auf mich haben wollen, so muss ich eben meine eigene Willenskraft und Energie aufraffen und meinen unabhängigen Weg einschlagen. Wie unwürdig ist es, der Sklave fremder Wünsche zu sein und vor denselben die eigenen Pflichten zu vergessen!»

Was bei solchen und ähnlichen Einträgen erstaunt: Praktisch in allen bürgerlichen Haushalten der Stadt, ebenso in den Gaststätten, steht ein Piano oder Flügel, darunter prunkvoll ausgestattete Instrumente. Erwähnt wird ein Klavier mit massiv silbernen Beschlägen und Kerzenhaltern; bei Itschner entdeckt er «zum ersten Mal Tasten mit Perlmutter belegt». Die grossen europäischen Klavierbauer unterhalten am Broad-

way ihre schick ausgestatteten Filialen – beispielsweise das berühmte
Pariser Haus Erard. Hier tritt Emil gelegentlich ein, «nach den Preisen
der verschiedenen ausgestellten Pianos fragend und dieselben probie-
rend. Auf diese Weise konnte ich eine beliebige Weile auf diesen noblen
Instrumenten herumhämmern, die wirklich einen sehr weichen und doch
vollen, namentlich in den tieferen Tönen kraftvollen Ton besitzen. Ein
grosser Konzertflügel trug den Preis von 900 Dollar, ein kleinerer 750
Dollar und ein Pianino 450 Dollar.»

Das Tagebuch bringt zudem Instrumente in Erinnerung, die das 19.
Jahrhundert nicht überlebt haben. So hört Emil eine «Breitoline» spielen – eine übergrosse Geige, die waagrecht zwischen zwei Böcken pla-
ciert und im Stehen gespielt wird. «Ich konnte jedoch keine besonderen
Vorzüge an diesem Instrument erkennen», heisst es in diesem Fall, während Emil die aus Paris stammende Harmoniflûte lebhaft gutheisst:
«Dieses Instrument, das nach Art einer Handharmonika mit Klaviatur
verfertigt ist, ersetzt die Flöte und die Klarinette vollständig in ihren
Tönen und ist auch viel leichter zu spielen. Nachher akkompanierte ich
auf dem Piano einige Lieder, deren Singstimme Herr Geissmann mit der
Harmoniflûte spielte, was sich richtig gut ausnahm und diesen Herrn
veranlasste, mich zu fernerem Zusammenüben einzuladen.»

Das Treffen mit dem genannten Geissmann, einem Handelspartner
Itschners, zeigt deutlich, dass Emils Musikalität mitunter aufs Geschäftliche übergreift, sich überhaupt in allen Lebensbereichen integrierend
auswirkt. Das gilt auch für die Ferien des ersten New Yorker Sommers,
von denen noch ausführlich die Rede sein wird. Im Hotel in den Catskill
Mountains, in dem Aschmanns mit ihrem Schützling absteigen, avanciert
er zum Liebling der lebenslustigen jungen Leute, wird aber auch von den
steifkragigen älteren Herrschaften geschätzt: «Das Klavierspiel machte
mich mehr oder weniger bekannt, ich wurde einige Abende zum Spielen
aufgefordert und erwarb mir grossen Beifall. Sonntags sang ein Quartett
den Kirchengesang, und auch da wurde ich ersucht, die Begleitung zu
spielen. Es war etwas schwierig, denn der episkopalische Gottesdienst

erfordert eine grosse Menge verschiedener Chants, Glorias und Hymnen, doch kam ich ziemlich gut weg.»

Zu Hause in Bergen Hill ist Emil als Sänger wie als Begleiter solcher Hymnen und Psalmen gefragt, dies in der *Harmonic Society* der Baptistengemeinde. Mit etwelchem Zähneknirschen setzt er sich an das Harmonium, wenn beim Abendgottesdienst die Organistin fehlt; unter sanftem Zwang der Aschmanns nimmt er auch an diesem und jenem Konzert des Kirchenchors teil. Im Juni 1859 tut er als Mitglied des Kirchenchor-Männerquartetts am grossen Sommerkonzert mit – unter Vorbehalten, denn offensichtlich drängen sich gewisse Sänger selbst in diesem frommen Umfeld ungebührlich vor, wenn sie nicht genügend zum Zug kommen: «Statt des Quartetts *Star of the Summer Night*, in dem ich zu singen hatte, wurde nun plötzlich durch den Tenoristen Hopper ein anderes aufgebracht.» Sogar Nachbar Tooker, Martha Aschmanns Schwager, versucht den Mitsängern die Schau zu stehlen. Als besonderer Erfolg gilt ein kräftiger Applaus, der die Interpreten zur Wiederholung ihrer Darbietung ermuntert. «Dann kam unser Quartett» – so Emils Bericht – «gut und rein ausgeführt und mit besonderem Beifall aufgenommen. Mr. Tooker wurde nach seinem Tenorsolo *The Reaper* von der Clique um Herrn Aschmann herum, der mit seiner Frau und Gästen hart an der Tribüne sass, so lebhaft beklatscht, dass er es zweimal singen musste.»

Generell betrachtet kommt Emil zugute, dass er im musikalischen Umfeld des Villenvororts und der gutbürgerlichen New Yorker Familien zu den wenigen Pianisten gehört, die ihr Instrument ordentlich erlernt haben. Die Haustöchter der Familien, bei denen er verkehrt, haben meist einen auf Effekt hin angelegten Unterricht erhalten – sie sind «Stückchenspielerinnen», die einzelne Bravournummern einüben, um in Gesellschaft Eindruck zu schinden. Kaum eine unter ihnen spielt vom Blatt, was sich auch beim häuslichen Musizieren in Bergen Hill zeigt. Sowohl mit Martha Aschmann wie mit Frances übt Emil vierhändige Stücke ein, auch hier mitunter mit Zähneknirschen: «Nach dem Tee machte ich den Musiklehrer mit Frau Aschmann, um ein vierhändiges Stück zusammen zu lernen. Gott werde mich behüten, jemals diesen Beruf ergreifen zu müssen, und namentlich gegenüber Frauenzimmern!»

Hinzu kommt eine grundlegende Neugierde, wie sie dem geborenen Musikanten eigen ist. Auf der erwähnten Harmoniflûte greift Emil sofort ein paar Töne, zum Erstaunen des Besitzers; zu Hause bei Aschmann probiert er im Kabarett gehörte Melodien spielerisch auf der nachgesandten Zither aus. Zudem weiss er offensichtlich auf dem Piano zu improvisieren, spielt nach Gehör – denn dass auf Ausflüge mit dem Schweizerklub oder bei Besuchen in Dobbs Ferry immer Noten mitgeschleppt wurden, ist kaum wahrscheinlich.

Wer ist Emil Streuli? Darüber zieht Emil im Eintrag des 16. Juli 1859 eigenhändig Bilanz: Er begeht seinen zwanzigsten Geburtstag, ist nach den Gesetzen seiner Heimat volljährig geworden. In feierlichen Worten gedenkt er der verstorbenen Mutter:

«Die treue Mutter gab ihrem Kinde das Geleit bis an die Schwelle dieses Wendepunktes im Leben und nährte und beschützte es, dann wurde sie noch vor dem Ziel von ihrem Pilgerpfad abberufen. Ihre Lebensaufgabe erschien einem höheren Wissen und Walten als gelöst, und so schied sie von dem Lebensweg der ihrigen. So trete ich denn in das neue Dezennium ein, in dem nun auch die Umwandlung des Knaben in den Mann kommt. Ich muss von nun an in meinem Auftreten anders werden vor meinen Mitmenschen und darf schon deren Achtung als werdender Mann beanspruchen.»

Die Wohnstube auf Bergen Hill wird an diesem Tag zur kleinen Gedenkstätte an die Lieben in Horgen. Die Porträts von Eltern und Brüdern, auf der Anrichte drapiert, erhalten einen festlichen Blumenschmuck, den Emil noch vor dem Frühstück herrichtet. «Die Kränze machten sich sehr nett und passten gerade nach Mass um die Bilder. Es waren weisse Magnolien, Nelken und Rosen; in demjenigen um das Porträt der lieben

Mama selig, der die schönsten Blumen hatte, zuweilen kleine, dunkelblaue Veilchen.» Die Aschmanns überbringen Glückwünsche und Geschenke; «abends öffnete Herr Aschmann noch eine Flasche von seinem vorzüglichen Ranzan Margaux, um auf mein Wohl anzuschlagen».

«Ein deutlicher Beweis», hält Emil fest, «welche Aufmerksamkeit und Liebe man mir in dieser kleinen Familie schenkt.» Sonst aber geht sein grosser Tag unbeachtet vorbei; beim Mittagessen bei *Derkeimer's* schätzt sich Emil glücklich, dass er doch wenigstens einen gewissen Stocker vom Schweizerklub antrifft. «Mit diesem leerte ich dann eine ganze Flasche Rheinwein, um doch wenigstens jemanden traktiert zu haben.»

Dürfen wir hier unserseits das Fazit abrunden, unsere «Achtung vor dem werdenden Mann» bekunden? Emil, das ist offensichtlich geworden, hat in diesem ersten New Yorker Jahr Erstaunliches gezeigt. Er hat sich mit beachtlicher Leichtigkeit dem Familienzirkel rund um Prinzipal Aschmann integriert und im Store an der Vesey Street einen festen Aufgabenkreis geschaffen. An Rüstzeug hat der 20-Jährige den gleichaltrigen Amerikanern einiges voraus; er spricht fliessend englisch und französisch, dazu leidlich italienisch, während die bei der Überfahrt erwähnten Spanischlektionen offenbar weggefallen sind. Als guter Klavierspieler und Sänger brilliert der junge Streuli in Gesellschaft, ohne deswegen je das grosse Wort führen zu wollen. Gegen Ältere verhält er sich respektvoll, ohne beflissen zu wirken, mischt sich bei Einladungen mutig «unter die Leute» – anders als die New Yorker Burschen, die sich gerne in ein Nebenzimmer verdrücken, um dort kichernd am Likörglas zu nippen und Zigarren zu rauchen. Im Store krempelt er ungeniert die Ärmel auf, wenn Träger Klein nicht zur Stelle ist, um neu eingetroffene Stoffballen zu verräumen; umgekehrt geniesst er schweigend die Poesie eines Herbstabends am Hudsonufer und versucht dann, die Stimmung mit träumerischen Akkorden am Klavier einzufangen … Kurz: ein vielseitiger junger Mann, der dem Erwachsenenalter gelassen entgegensehen kann!

Abb. 11: Die letzten Tage des Jahres bringen einen unerwarteten Kälteeinbruch und heftige Schneefälle. Die öffentlichen Verkehrsmittel, die pferdegezogenen Omnibusse, verkehren auf Kufen; Einspännerschlitten werden für 10 Dollar pro Halbtag vermietet.

1859 im Überblick

Noch ist der Jahrestag von Emils Streulis Ankunft nicht begangen. Der Sommer 1859 hält für ihn den erwähnten Urlaub in den Catskill Mountains bereit. Er lernt weiter das Badeparadies Coney Island kennen und erlebt auf dem Weg dahin seinen ersten Verkehrsunfall: Die von Knecht Patrick gesteuerte Chaise der Aschmanns kracht in ein entgegenkommendes Fahrzeug; ein Rad geht in Trümmer. Mit der hübschen Frances findet Emil in diesem Sommer allmählich zu einem lockeren Verhältnis; die beiden spazieren gelegentlich «traulich Arm in Arm» durch den Garten von Dobbs Ferry. Im Festsaal der New York University geht für Emil ein Traum in Erfüllung: Er trifft auf das von ihm abgöttisch verehrte Schachgenie Paul Morphy und darf dem Mann mit der «irischen Marmorstirn» die Hand schütteln. Die Jahrhundertfeier von Schillers Geburtstag begeht die Schweizerkolonie mit dem Besuch einer *Wilhelm-Tell*-Aufführung im Deutschen Theater; die jungen Männer sind tief ergriffen. Aber hinter all den Höhepunkten dieses Sommers und Herbstes erhebt sich wie eine bedrückende Friedhofskulisse die Erinnerung an die verstorbene Mutter. Für Emil bleibt die Jahreszahl 1859 auf immer mit dem Tod von Caroline Streuli verbunden.

Auch in der Geschichte Europas trägt dieses Datum eine düstere, ja tiefschwarze Grundierung. Der Kampf um die nationale Einigung Italiens bringt blutige Schlachten in der Lombardei und der Poebene – mit Massenopfern, wie sie die Welt noch nie gesehen hat: Erstmals kommen in der «modernen» Kriegsführung Repetiergewehre zum Einsatz. Unterstützt von Frankreich, wendet sich das Königreich Sardinien-Piemont gegen das Habsburgische Reich, dem grosse Teile Norditaliens zugehören. Innerhalb weniger Monate wird die Landkarte Europas neu gezeichnet. Beim Frieden von Zürich, geschlossen im November, muss das geschlagene Österreich die Lombardei an Frankreich abtreten. Dieses gibt sie an Sardinien weiter und erhält dafür Savoyen zugesprochen, dessen Bevölkerung sich immerhin in einer Abstimmung über die zukünftige Staatszugehörigkeit aussprechen darf.

Dies in Kürze die Ereignisse dieses Sommers 1859, in dem Europas Machthaber ganze Provinzen wie Jetons auf dem Spieltisch herumschieben. Auf die gespannte Lage deutet erstmals im März ein Tagebucheintrag Emils hin: «Ich traf Herrn Tobler und ward Zeuge einer Wette mit einem andern Herrn, darauf geltend, ob in drei Monaten Krieg in Europa sein werde oder nicht. Es galt um zehn Flaschen Rheinwein.» Dieser Wettabschluss sollte schon angesichts der kurz später eintreffenden Meldungen reichlich leichtfertig wirken. «Die Nachrichten per gestern angelangte *City of Washington*» – so am 26. April – «sind ungemein kriegerisch. Von Österreich wird täglich die Kriegserklärung erwartet, und von beiden Seiten werden drohende Truppenaufmärsche gegen die Grenzen gehalten. Nächster Steamer kann uns vielleicht schon den Ausbruch des Krieges melden.» Eine Woche später keimt aber wieder Hoffnung auf: Vielleicht spricht London im letzten Augenblick ein Machtwort! «Die Minister sprachen sich im englischen Parlament entschieden gegen das hinterlistige und aufreizende Spiel von Frankreich und Sardinien aus und sympathisierten mit Österreich als Bruder von derselben teutonischen Rasse. England werde nicht mehr am Schwanze Frankreichs als zweite Macht gezogen werden.»

In New York sieht neben den italienischen Immigranten auch die Schweizerkolonie den eintreffenden Meldungen mit höchster Spannung entgegen. Einer der Brennpunkte der Krise liegt unweit der südlichen Schweizer Grenze, am Lago Maggiore und entlang des südlichen Teils des Flusses Ticino. Am 6. Mai notiert Emil die neusten, naturgemäss um zwei Wochen «verschobenen» Nachrichten: «Krieg ist unvermeidlich. Österreich gibt ein Ultimatum von drei Tagen an Sardinia bis zum 26. April. Im Verweigerungsfall wird es den Ticino überschreiten und in Turin sein. Allgemein wird infolge des Kriegs nur höheres Steigen der Seidenpreise vorausgesehen, aufgrund der Rarität guter Seide und Verminderung derselben durch Krankheit und Nichtbearbeitung.»

Zur Zeit dieser nüchternen Kalkulation ist der Krieg bereits aus-
gebrochen. Fünf Tage später folgt die entscheidende Meldung: «Abends
trafen die Depeschen per *Adelaide* ein, dass die Österreicher 120 000
Mann stark den Tessin überschritten haben und Feindseligkeiten begann-
nen. Eine russisch-französische Allianz ist geschlossen.» In der Folge
bringt jeder einlaufende Dampfer neue Nachrichten. Am 16. Mai meldet
die *Borussia*, dass jetzt auch die Schweiz ganz direkt betroffen ist. In Bern
hat das Parlament viertausend Mann mobilisiert und an die Südgrenze
gestellt. Als Erstes beschlagnahmen sie am Langensee drei sardinische
Dampfer; die Mannschaft wird interniert. «Am Lago Maggiore wurden
Pallanza und Intra von den Österreichern besetzt; die sardinischen Dampfer stellten sich unter schweizerische Neutralität. In der Schweiz wird die
Bundesversammlung einberufen, einen General zu wählen, und dabei
werden patriotische Gefühle ausgedrückt zur Haltung der Neutralität.
Komisch ist, dass die protestantischen Yankees dem Papst anraten, bei
allfälliger Revolution hierherzukommen, und ihn auch bewillkommnen
würden.»

Später trägt Emil auch den Namen des Generals nach. Es ist
Guillaume-Henri Dufour, der schon zu Zeiten des Sonderbundskriegs
als eidgenössische Integrationsfigur galt. Eine solche Persönlichkeit
braucht es auch jetzt dringend, denn die Tessiner Bevölkerung sympathi-
siert durchwegs mit den italienischen Unabhängigkeitsbestrebungen und
gefährdet dadurch die Neutralität des Landes. «Die *Arago* bringt Nachricht von der um sich greifenden Revolution in Oberitalien», heisst es
Anfang Juni. «Veltlin hat das österreichische Joch abgeschüttelt, in Como
und Lecce ist Garibaldi mit seinen Freischaren eingezogen.» Bei allem
Kriegselend verliert Emil aber das Kaufmännische nie ganz aus dem
Blick. Rohseide und Fertigprodukte sind in den heimgesuchten Gebieten
jetzt billig zu haben; passenderweise ist auch Kollege Stapfer gerade als
Einkäufer in Europa unterwegs. Ja: «Wenn der Krieg fortfährt, werden
wir eine goldene Saison haben.» Sich am Krieg eine goldene Nase verdienen? Entsprechend beschämt zeigt sich Emil, wie die ersten Katastro-

phenmeldungen eintreffen – beispielsweise über die Schlacht von Montebello, bei der die französischen Truppen die Oberhand gewinnen. Und kurz später: «Es ist bei Magenta eine furchtbare Schlacht geschlagen worden, in der nicht weniger als 300 000 Soldaten gekämpft haben sollen, wovon etwa 20 000 an jeder Seite gefallen sein sollen. Napoleon behauptet, den Sieg errungen zu haben, und Paris war illuminiert. Mailand war im Aufstand, und die Österreicher haben dasselbe verlassen.» Das Blatt hat sich gewendet: Es sind jetzt österreichische Truppen, die auf dem Langensee in die Schweiz fliehen. Im Juni internieren die Tessiner Grenztruppen 650 Soldaten der einstigen Machthaber; drei weitere Kanonenboote werden beschlagnahmt.

Überraschend schnell einigen sich die Vertreter von Napoleon III. und Kaiser Franz Josef auf einen Waffenstillstand – fast zu früh für Emil, der offensichtlich auf einen vollständigen Rückzug der Habsburger aus italienischem Territorium gehofft hat. «Auf dem Boote sah ich mit grossem Erstaunen aus der Zeitung, dass die beiden Kaiser in Villafranca Frieden geschlossen haben und das blutige Drama also schon vorüber ist. Österreich tritt die Lombardei an Sardinien ab und behält Venedig; das junge Italien wird zu einem Bund ausgestaltet, mit dem Papst nominell als Präsidenten. Somit sind die armen Italiener zum zweiten Male verkauft worden.»

Der formelle Friedensvertrag wird, wie erwähnt, in Zürich geschlossen. Als Mitunterzeichner fungiert die Zürcher Regierung, vertreten durch ihren Präsidenten Johann Jakob Treichler. Es ist ein Name, den man zu Hause im Heilibach gut kennt: Dieser Mann, einst als radikaler Sozialist verschrien, hat vor drei Jahren die Nachfolge von Streulis Nachbar Hans Heinrich Hüni im Regierungsrat angetreten, zum Erstaunen der ganzen Bevölkerung. Und jetzt amtet dieser Ultralinke als Gastgeber für die Signatarstaaten!

Aber noch aus andern Gründen verbindet sich der Ausgang der oberitalienischen Kriege mit dem Namen der Schweiz. Bei der entschei-

denden Schlacht von Solferino, wenige Wochen nach Magenta ausgetra-
gen, wird der Genfer Kaufmann Henry Dunant Augenzeuge des unbe-
schreiblichen Elends auf dem Schlachtfeld. Tausende von Verwundeten
beider Armeen bleiben ohne jegliche Hilfe, viele erliegen ihren Verlet-
zungen. Dunant wird wenig später den flammenden Appell *Un souvenir
de Solférino* schreiben und in den folgenden Jahren für die Gründung
einer internationalen und neutralen Hilfsorganisation zugunsten der
Kriegsopfer werben. Sie wird 1864 in Form des «Roten Kreuzes» in
Genf gegründet.

Für New York begann dieses Jahr 1859 mit einem ausnehmend kalten
Winter, wie ihn die Stadt «seit Menschengedenken» nicht erlebt hatte –
so Emils Eintrag vom 10. Januar. «Eine furchtbare Bise machte den Aufenthalt im Freien beinahe zur Unmöglichkeit. Der Atem gefror sogar,
und die armen Stage-Kutscher litten so von der eisigen Kälte, dass zwei
von ihnen auf ihren Posten erfroren. Das Thermometer zeigte um Mittag 15 unter null, und von Boston wurden per Telegraf 20, von Montreal
30 Grad rapportiert.» Gleichsam spiegelbildlich brach auch im Herbst
die Kälte mit einer Heftigkeit über die Stadt herein, die Emil zum gleichen Ausdruck greifen liess: «Den 26. Oktober trat das unerhörte Phäno-
men ein, dass der erste Schnee fiel, und zwar einen Zoll tief, was sich seit
Menschengedenken nie so früh ereignet hat.»
Diesen äusseren Extremen entsprach das immer frostiger werdende
Klima zwischen Nord- und Südstaaten in der Frage der Sklaverei. 1859
war das Jahr des ebenso berühmten wie berüchtigten John Brown, eines
erbitterten *abolitionist*, also Gegners der Sklaverei. Der Überfall, den
Brown Mitte Oktober mit einer kleinen Truppe auf die Stadt Harpers
Ferry im heutigen West Virginia verübte, erschütterte die ganze Nation.
Der Handstreich galt einem Zeughaus der US Army. Mit den dort erbeu-
teten Waffen hoffte Brown einen Aufstand der Sklaven zu unterstützen,
die schliesslich als eigene, ständig wachsende Revolutionsarmee den
gesamten Süden einnehmen sollten. Der Plan scheiterte kläglich. Die

rund zwei Dutzend Aufständischen wurden getötet oder verwundet, und Brown endete noch im gleichen Jahr wegen Mordes und Landesverrats am Galgen. Trotz dieser prompten Bestrafung der Aufwiegler vertiefte das Attentat von Harpers Ferry noch den Graben zwischen Nord und Süd. Für die im Folgejahr angesetzte Präsidentenwahl zeichnete sich ein erbitterter Kampf ab.

Wie stellte sich Emil, als entschiedener Schweizer Liberaler, zur Sklavereifrage? Leider äussert sich das Tagebuch nicht zu John Browns Tat oder seiner Hinrichtung. Ein einziger Hinweis auf Emils Haltung findet sich nach dem Besuch eines Südstaatlers im Laden an der Vesey Street: «Wir hatten heute einen unserer südlichen Kunden, G. M. Rucker, im Store, mit dem Herr Aschmann auf sehr freundschaftlichem Fuss steht. Zuerst wurde über die Sklavenhaltung argumentiert, und dieser Südländer, der ein ganz gediegener, gar nicht yankeemässiger Mann ist, verteidigte das Prinzip der Sklaverei, aber eben vom individuellen Standpunkt aus, denn sein Beispiel, wie er die Sklaven behandelt, die er übrigens als Stadtbewohner auf das Land hinaus auswirtet, kann nicht als Norm des Loses sämtlicher Sklaven dienen. Es wären diese allerdings, wenn sie allgemein so besorgt und gepflegt würden, wie Mr. Rucker es tut, glücklicher, als wenn sie frei und unabhängig wären.»

Zurück zum «privaten» Spektrum, zum Alltag aus Emils Sicht! Die Wochen nach Eintreffen der Todesnachricht aus Horgen bringen zwar tägliche Einträge, doch bleibt der Tonfall verständlicherweise unfroh. Selbstvorwürfe und nostalgische Einschübe unterbrechen die Chronik der Ereignisse. «Ich schrieb das Grablied der lieben Mutter selig aus dem Gesangbuch, um es auf dem Klavier begleiten zu können», heisst es beispielsweise am 1. Mai. Vier Tage zuvor ist per Dampferpost eine Haarlocke der Verstorbenen eingetroffen. «Meine Tränen flossen von Neuem. Es liegt ein tiefer Sinn in solchen Teilen eines vom Leben in den Tod übergegangenen Körpers und das wehmütige Gefühl der schnellen Vergänglichkeit. Mein letztes Tageswerk war, diesen teuren Haarschmuck zu küssen.» Zahlreiche Einträge gelten denn auch dem «Porträt der teuren Verblichenen», das Emil aus dieser zum Kranz gewundenen Locke und einer kolorierten Vergrösserung von Carolines Daguerrotypie anfertigen lässt und mit einem reich geschnitzten Rahmen versieht.

Einen Stimmungsaufschwung bringt erst die Urlaubsreise von Anfang August, die Emil mit der Gastgeberfamilie und dem befreundeten Ehepaar Boyd antritt. Sie verschafft ihm nicht nur willkommene Abwechslung vom Alltag im Store und auf Bergen Hill, sondern auch die Bekanntschaft mit einem romantischen Stück Amerika: mit den Catskill Mountains.

«Die Fahrt durch den Hudson hinauf war sehr anziehend; der interessanteste Punkt waren die Highlands – Berge, die das Strombett in enge Kessel einschliessen und oft merkwürdige Formen zeigen. Auf einem dieser Hügel liegt West Point, die Militärakademie, mit sehr schönen Gebäuden. Mein *travelling guide* spricht von einer Menge historischer Stellen dem Fluss entlang, an denen Briten und Amerikaner sich bekämpften. Um halb drei Uhr kamen wir dann zum Catskill *landing*, wo wir ausstiegen. Wir nahmen eine Kutsche für uns. In Catskill, einem ungemein hübsch gelegenen Orte, wurde uns abgeraten, nach dem Mountain House zu gehen, es sei dort zu voll. Wir fuhren aber gleichwohl weiter und kamen nach drei Stunden Fahrt über Berg und Täler, die neben vieler Waldung doch sehr fruchtbare Felder von Buchweizen und Kartoffeln zeigen, am Fusse des Berges an. Dort stieg ich aus und wanderte zu Fuss den Berg hinauf. Die Strasse ist ungemein gut angelegt, und nach einer Stunde Marsches kam das Haus in Sicht, das ungefähr auf der gleichen Höhe wie der Üetliberg liegt.»

So beginnt der Bericht über die Anreise vom 9. August, für die sich Emil übrigens zum ersten Mal mit einem gedruckten Führer wappnet. Der anfänglich eher trockene Ferienrapport, erst nach der Rückkehr entstanden, findet bald aus dem Schulaufsatz-Stil heraus – spätestens mit der Beschreibung eines missglückten Kniffs beim Registrieren.

Emil schreibt sich nämlich mit «H. E. Streuli und Lady» ein, um ein anständiges Zimmer zu erhalten: «Es nützte mir alles nichts. Ich musste mein Nachtquartier in einem Raume nächst der Bar aufschlagen, Hospital genannt, wo fünf bis sechs andere mit mir in Betten auf dem Boden schliefen. Am Morgen früh ging dann um vier Uhr schon das Aufstehen und Rennen an, sodass der Schlaf aus war und ich ziemlich missmutig aufstand.»

Das genannte Mountain House, einige Jahre zuvor erbaut, gehörte zu den Attraktionen dieser malerischen, von Schluchten und Gräben durchzogenen Waldregion am mittleren Hudsonlauf. Es lag an einem steil abfallenden Felsvorsprung, der eine überwältigende Aussicht über das Hudsontal und eine hügelige Waldlandschaft bot. Spätere Catskill-Prospekte der Jahrhundertwende zeigen eine weitläufige vierstöckige Kuranlage mit einem säulengeschmückten Terrassenvorsprung. Das Haus, das die kleine Gesellschaft rund um Aschmann bezog, war längst nicht so imposant: ein rustikales Berghotel, umschlossen von dichten Wäldern. Immerhin beherbergte es eine international zusammengesetzte Kundschaft, ganz in der Art der zur selben Zeit am Léman, in der Innerschweiz oder im Berner Oberland entstehenden Pensionen. In den folgenden drei Wochen schloss Emil Bekanntschaft mit jungen Engländern und einer sangesfreudigen Gesellschaft deutscher Kaufleute; weiter imponierte ihm, «als hervorstechende Erscheinung, ein französischer Musiklehrer, M. Ulrich, der sich mit jedermann bekanntmachte und den ganzen Tag in seinem Kauderwelsch-Englisch schwatzte».

Internationalen Standard bot auch die Küche, trotz der isolierten Lage und den langen Anfahrtswegen: «Bei Tisch wird man von Schwarzen bedient, es sind etwa fünfzig solcher Aufwärter, die von einem Head Steward unter einer Art militärischem Kommando gehalten werden und das Auf- und Abtragen von Schüsseln im Taktschritt vollführen, was einen im Anfang ergötzt, einem nachher aber lächerlich vorkommt. Frühstück besteht aus Kaffee, Fleisch, Kartoffeln, Omeletten und Corn, Dinner aus Suppe, Fisch, Auswahl von Braten und Geflügel nach jedermanns Belieben auf der Karte, jedoch einige Fleischspeisen auf französische Art auf dem Tische, wobei ich immer zugriff, während die Yankees nichts davon wissen wollten und zu ihrem *roast beef* hielten. Nachher süsse Gerichte und am Ende *ice cream*, abends einfacher Tee. Anfangs versprengten uns diese Mahlzeiten fast, nach und nach gewöhnt man sich, sie auszuhalten.»

Wie verbrachte eine so unterschiedlich zusammengesetzte Gesellschaft die Urlaubstage? Naturgemäss hielt sich die 60-jährige Nanny mit dem Säugling Freddy meist in den Hotelräumen auf. «Herr und Frau Aschmann», bedauert Emil, «kamen kaum ausserhalb des Hauses, indem sie vorgaben, sich nicht gut von Freddy trennen zu können, und überhaupt Anstrengungen scheuten.» Schon beim ersten Ausflug entpuppte sich aber das mitreisende Ehepaar als ideale Begleitung. «Herr Boyd und seine Frau waren gerade die Leute, die wir brauchten; er ein heiterer, spasshafter Lebemann, seine Frau eine gutmütige und charmante Gesellschafterin. Sie ist eine der uneigennützigsten, gefälligsten Frauen, die ich je kennengelernt habe.»

So wie in den genannten Schweizer Kurorten steuerten die Gäste auf ihren Ausflügen ganz bestimmte Ziele mit malerischen Namen an – etwa die *fairy spring*, «eine kleine Quelle, die aus einer moosigen Felswand allerliebst in das weiche grüne Waldbeet hinabträufelt», oder dann die Mosesquelle: «Aus einem Felsen springen an verschiedenen Stellen Wasserstrahlen heraus, die einen frischen, kühlenden Trunk bieten.» Wer sich gut zu Fuss wähnte, packte die Route zum South Mountain an. Für die Damen galt bei aller Urlaubsstimmung keinerlei Tenüerleichterung durch praktische Freizeitkleidung, trotz des steilen und steinigen Wegs: «An einer Stelle zieht sich dieser kaum anderthalb Fuss breit zwischen einer Felsritze durch – ein etwas kitzlicher Punkt für Frauenzimmer und Krinolinen.» Überhaupt: «Das Auf- und Absteigen auf Treppen und steilen Wegen ist für Damen sehr beschwerlich; ein junger Mann kann sich da höchst angenehm machen, indem er den jungen Frauenzimmern an solchen Stellen seine Hand bietet, was ich auch selbst praktizierte. Ich war als Kavalier von Frau Aschmann so aufmerksam, dass mich einige alte Frauen gar für ihren Mann ansahen.»

Andere Ausflugsziele waren die Canterskillfälle von etwa 30 Meter Höhe – «leider nicht viel Wasser» –, dann zwei idyllische Waldweiher: «Seerosen blühten darauf in grosser Zahl.» Als bequem zu erreichende Attraktion galt der North Mountain. Auch hier versprach der Reiseführer *a breathtaking view* – ein Superlativ, den Emil mit einem Achselzucken abtat: «Um noch ein Wort von der Aussicht zu sprechen, finde ich dieselbe kaum der Mühe wert aufzusuchen. Es sind auf der einförmigen Acker- und Waldebene, die man unter sich hat, kaum drei Ortschaften von Bedeutung zu sehen, und der Hudson ist zu weit entfernt, um Abwechslung in die Landschaft zu bringen, diese Aussicht kann sich kaum mit dem Üetliberg, geschweige mit dem Rigi messen.»

Immerhin gelang es ihm doch verschiedentlich, die Ruhe suchende Mrs. Aschmann aus dem Haus zu locken – einmal zum South Mountain, wo «wunderhübsche Heidelbeeren, doppelt so gross als gewöhnlich», gepflückt wurden, ein andermal zu einer Bootsfahrt. Emil hatte dafür eigens aus Brettern ein Ruderpaar hergerichtet und den Kahn vom kleineren in den grösseren Weiher geschleppt. Trotzdem führte der Ausflug zu einiger Verstimmung: Madame wollte unbedingt angeln! «Diese machte zur Bedingung, ich müsse noch eine Fischereinrichtung herschaffen, sonst nütze alles nichts, was mich ungeduldig machte. Ich erwiderte rasch, dass ich ein andermal das Boot nicht mehr holen und mich damit abmühen werde. Die *entente cordiale* wurde dadurch auf einige Zeit gestört, doch erhielten wir eine Angelschnur und setzten den gleichen Nachmittag aus. Leider aber zeigte sich der schönen Fischerin nicht eine Gräte, und wir wären noch missmutiger geworden, hätte uns nicht Herr Boyd mit seinen Gestikulationen und Tiraden halb krank vor Lachen gemacht.»

War es eine vereinzelte Laune von Emils Gastgeberin, die das vertraute «herzliche Einvernehmen» zwischen den beiden störte? Oder eine bezeichnende Kaprize? Vielleicht eine Reaktion auf das blendende Verhältnis zwischen Emil und der so «gutmütigen und charmanten» Mrs. Boyd? Wenn die Ferien in den Catskillbergen hier eine ausführliche Zusammenfassung erfahren, so auch wegen der Beziehung zwischen dem jungen Besucher aus der Schweiz und der Dame des Hauses auf Bergen Hill. Sie machte in diesen drei Urlaubswochen eine subtile Veränderung durch: Zum ersten Mal kreidet das Tagebuch der Begleiterin launisches Benehmen an. Zum Vorschein kommt allerdings auch die Kehrseite weiblicher Kaprize: der Flirt, in diesem Fall lauschige gemeinsame Spaziergänge vor dem Mountain House.

«Einen schönen Anblick hatten wir eines Abends von der Piazza. Der Mond stand hinter einer Wolke zwischen dem Berg und dem Fluss, und auf Letzterem glänzte der helle Schimmer desselben, während der Mond uns ganz verborgen blieb. Ich spazierte öfters an solchen Abenden Arm in Arm mit Frau Aschmann auf der Terrasse, mit der ich mich zuweilen auf das Kokettieren verlegte und sie mir darin den ersten Unterricht gab.»

Was hat es damit auf sich? Ist es reiner Zufall, dass manche Urlauberinnen Emil mit dem Ehegatten verwechseln? Mit 25 Jahren war Martha Aschmann eindeutig zu jung, um Mutterstelle bei ihrem Gast einzunehmen; das erwähnte «Kokettieren» wiederum kam höchstens im Rahmen einer spielerischen Übungssituation infrage. Also eine unschuldige und unverfängliche Angelegenheit? So jedenfalls sah es Prinzipal Aschmann. Gerade am Vorabend der Abreise hatte sich auf Bergen Hill eine entsprechende Situation ergeben; der Gatte hatte mit leisem Schmunzeln reagiert. «Ich schwatzte» – so das Tagebuch – «mit Frau Aschmann im Schlafzimmer, wohin sie mich gerufen hatte, und bemerkte dann ein bezeichnendes Lächeln an Herrn Aschmann bei seiner Rückkunft, als er einen so jungen Menschen im Boudoir seiner Frau antraf, der es sich dort in Hemdsärmeln bequem machte.»

Was empfand Emil für Martha Aschmann? Bezeichnend ist hier ein Urteil, das er kurz vor Erhalt der Todesnachricht aus Horgen notierte –

dies am Tage, an dem er die Gastgeberin in die Geheimnisse des Schachspiels einweihte. «Bei meiner Ankunft konnte ich ihre Gesichtszüge nicht besonders anziehend finden und fand das Gesicht etwas breit und ausdruckslos. Mit der Geburt ihres Sohnes hat sie aber etwas zugenommen und hat eine rundere und schlankere Form angenommen. So ist das Gesicht nun auch wohlgeformt geworden und zeigt nun wirklich mit den feinen, von einem gewissen weiblichen Freimut und einer reineren, edleren Erhabenheit über andere ihres Geschlechts sprechenden Zügen und der zarten weissen Haut eine mehr jungfräuliche als frauenartige Schönheit. Ihr ganzes Wesen macht ihr ungemein leicht zärtliche und dauernde Freunde, und ich selbst fühle wirkliche Liebe für sie.»

Rund und schlank zugleich, Jungfrau und mehrfache Mutter – dass sich für Emil hinter diesen unvereinbaren Gegensätzen ebenso widersprüchliche Gefühle verbargen, machen seine Aufzeichnungen erstmals in der Zusammenfassung des Catskill-Urlaubs deutlich. Inwieweit wurden sie Emil bewusst? Einer der allerletzten Einträge des Tagebuchs, entstanden längere Zeit nach der Rückreise des Ehepaars Aschmann in die Schweiz, wagt den Widerstreit nur anzudeuten: «Ich habe eine Art Heimweh nach Madame Aschmann, was wahrscheinlich daher kommt, dass ich nachts von ihr träume.»

Trotz Abendspaziergängen und abenteuerlichen Wanderungen kann Emil den Geschäftsmann tief drinnen nicht verleugnen, der ihn auch auf dieser Ferienreise begleitet. Das Mountain House, so scheint ihm, müsste doch eigentlich mit einer bescheidenen Gasanlage zu 2000 Dollar und 250 Flammen recht einfach zu beleuchten sein. Und da inzwischen per Post eine lange ersehnte Nummer des *Scientific American* eingetroffen ist, «der einen für uns ungemein günstigen Artikel mit schönen Holzschnitten über die Gaswerke in St. Denis enthielt», packt er die Gelegenheit beim Schopf und wird beim Hotelbesitzer vorstellig, einem Mann namens Beach: Ob der sich schon Gedanken über eine Gasbeleuchtung gemacht habe?

Höchste Zeit, dass sich auch diese Darstellung näher mit dem nur kurz gestreiften Gasgeschäft befasst. Emil hat sich im Januar erstmals mit einem New Yorker Unternehmer namens Burton getroffen, der über ein vielversprechendes Patent für eine praktische Beleuchtungsanlage verfügt. Im Verlauf des Jahres wird Emils Engagement immer stärker spürbar; ja das Thema «Gas» wird die zweite Jahreshälfte 1859 eindeutig beherrschen.

Abb. 12: Eine unerwartete Folge der rasch steigenden Gasproduktion für Beleuchtung und Heizung: New York erhält einen modernen Strassenbelag. Die bei der Vergasung von Kohle anfallenden Teerstoffe werden mit Zement gemischt und ersetzen die bisher übliche Strassendecke aus Schotter, Kies und Pflastersteinen.

Die Gas Company

Ist es Zufall, dass bereits Emils erste Begegnung mit der Branche in Übelkeit und Katzenjammer endet? Wenige Wochen nach seiner Ankunft in New York, im Oktober 1858, nimmt ihn Aschmann mit zur Pressekonferenz eines aufstrebenden Gasunternehmers, bei dem er selbst mit ein paar tausend Dollar eingestiegen ist. Präsentiert wird ein neuartiger, handlicher Apparat: Jeder Handwerksbetrieb, ja selbst ein privater Haushalt kann ihn nach fachmännischer Installation selbst betreiben und gewinnt daraus Brenn- oder Leuchtgas zu Preisen, die weit unter jenen der grossen Gaslieferanten liegen. Die Gentlemen von der Presse lassen sich den Anlass nicht entgehen, angelockt von einem reichhaltigen Apéro: «Das Nachtessen bestand aus Austernsuppe und kaltem Geflügel und wurde stehend eingenommen. Die Reporter liessen sich alles sehr gut schmecken und schienen einen achttägigen Hunger und Durst zu haben.» Rot- und Weisswein fliessen reichlich, und selbst Emil trägt «einen ordentlichen Nebel davon, der je länger, je stärker wurde und endlich im Bette in Erbrechen endigte». Wie er am nächsten Morgen in Bergen Hill erwacht, ist ihm «katzenjämmerlich zumute von dem gestrigen Räuschchen».

Ein schlechtes Omen? Oder nur der misslungene Auftakt zu einem vielversprechenden Unternehmen? Denn der vor Kurzem patentierte Gasapparat, den die Herren Burton und Hendrickx an diesem Anlass präsentieren, scheint auf den ersten Blick einleuchtend: billig, einfach zu handhaben und zu installieren, platzsparend. «Im anstossenden Zimmer war der Apparat selbst: der Ofen, wo das Gas gemacht wird, die Gefässe, in denen das Gas durch eine Flüssigkeit gereinigt wird, und endlich der Gasometer aus Kautschuk. Das erzeugte Gas, das die Räume erhellte, war wirklich rein und stark leuchtend und in Bezug auf Wohlfeilheit ungemein vorteilhaft, indem zwölf Flammen alle Nacht in der Woche bloss 2 Francs kosten; zudem ist das Gas nicht explosiv.» Ein dehnbares Gummigefäss ersetzt hier den starren Auffangbehälter aus Eisen, der bei herkömmlichen Anlagen eine so katastrophale Rolle spielt, wenn es zur unkontrollierten Entzündung kommt. Eine einfache chemische Formel garantiert das Reinigen des Gases und ersetzt platzraubende altmodische Maschinen. Kurz: «eine sichere und profitable Anlage», eine Firma mit Zukunft!

Dazu passt die Person Burtons. Der Mann, den das Tagebuch immer nur mit Nachnamen nennt, ist die treibende Kraft im Unternehmen, hat als wirbliger Geschäftsmann aber immer mehrere Eisen zugleich im Feuer. Er betreibt einen kleinen Handel mit aus Frankreich importiertem Cognac, und auf der stattlichen Liegenschaft, die er bei College Point in der Nähe von Emils Terrain besitzt, steht eine ebenso stattliche Farm, betrieben von einem Pächter. Irgendwann will Burton die Grundstücke zusammenlegen und einen Hotelkomplex darauf bauen, den er dann mit viel Profit verkauft – alles eine Frage des Kapitals! Vorläufig heisst es noch: «Dieser Herr ist sehr in Geldnöten. Seine Barmittel werden wie verschlungen von den Maschinen, die er zu erstellen hat, während er den Preis dafür erst nach mehrmonatlicher Probe erhält. Es wäre ihm daher lieb, wenn ich meinen lieben Papa überzeugen könnte, etwa 20 000 bar bei ihm anzulegen. Er würde gerne 20 Prozent Interest zahlen. Herr Aschmann habe ihm gesagt, sich an mich zu wenden, was dieser aber geradezu verneinte bei nachheriger Befragung.»

Wenn Burton einen Jahreszins von 20 Prozent offeriert – so weil ihm das Wasser bis zum Hals steht? Oder weil die eigene Rendite noch um einiges höher liegt? Hat er mit dem Hendrickx-Apparat eine einträgliche Nische entdeckt, oder ist er ein *wheeler and dealer*, wie es hier heisst? Papas Geschäftspartner zu Hause bleibt jedenfalls skeptisch: «Herr Baumann sagte nach Lesung meines Briefs, es sei alles weggeworfenes Geld.»

Emil begann sich in den Wochen nach Erhalt der Trauermeldung aus Horgen ernsthaft mit Burtons Unternehmen zu befassen, lernte dabei auch die Gebrüder Hendrickx erstmals näher kennen. Die beiden Belgier, beide zäh und klein von Gestalt, hatten den handlichen, aber beliebig erweiterbaren Apparat entwickelt und im Vorjahr patentieren lassen. In diesem Frühling 1859 waren sie dauernd unterwegs, von einer New Yorker Baustelle zur andern. Denn nicht nur das piekfeine *Astor House* hatte eine Installation bestellt. Auch der Deutsche Club setzte auf das System Hendrickx, und beim Hotel *St. Denis* am Broadway gab es sogar eine Art Vorzeige-Installation zu besichtigen: «Im Hofe haben die Hendrickx ein kleines Gebäude gebaut und darin den Gasofen errichtet. Es sind allemal für je drei Retorten zwei Feuer. Oben auf dem Gebäude ist der grosse Kautschuk-Gasometer angebracht, und so wird sehr viel Raum erspart. In diesem Ort wird von den Erfindern viel auf ein schönes Werk hin gearbeitet, da hier die Presse und das Gesamtpublikum einen guten Begriff von dem Apparat im Grossen erhalten können.»

Emil liess sich am 9. April durch beide Anlagen führen. Seine Beschreibung des Gasapparats im Deutschen Club stellt gleichzeitig so etwas wie eine Einführung in die Technik der Gasbereitung dar; Emil selbst sollte sich in den folgenden Monaten zum eigentlichen Fachmann in dieser Sparte entwickeln. «Jede Ladung Kohle einer Retorte produziert 300 bis 350 Kubikfuss Gas. Wenn man daher jeden Abend und Morgen in zwei Retorten je eine Ladung brennt, so hat man an 1400 Kubikfuss – genug Licht für 60 Flammen für einen Tag. Wenn man mehrere Ladungen machen muss, schraubt man einfach den Retortendeckel auf, zündet das darin befindliche Gas an, und nach Herausziehen der Koks setzt man gleich wieder frische Kohlen über das gleiche Feuer. Von diesen führen Röhren in den Kühlapparat im eisernen Behälter, der möglichst durch stets laufendes Wasser kalt gehalten wird und in dem das Gas in Schlangenwindungen zirkuliert. Zur Purifikation dient eine ähnliche Vorrichtung, wobei als Reinigungsmittel Kalk, Milchzucker und Soda, im Wasser aufgelöst, angewandt werden. Das Soda hält den Kalk durch seine chemische Einwirkung auf die zuströmende Kohlensäure fortwährend in aufgelöstem Zustande, wie dies zur Reinigung notwendig ist, währenddem in Gasfabriken dazu Maschinen angewendet werden müssen. Hierauf gründet sich das Patent als die Haupterfindung.»

Auch der altgediente Gasarbeiter im Deutschen Club, mit dem Emil ins Gespräch kam, zeigte sich von der Vortrefflichkeit des Systems überzeugt. «Er wollte nur, er könnte einige tausend Dollar darin anlegen. Er rechnete mir aus, warum dieses Gas so viel billiger sei als das gewöhnliche; es kommt nämlich auf kaum einen Dollar pro 1000 Kubikfuss zu stehen, während Letzteres 3½ Dollar kostet. Das Licht ist sehr hell und klar, und selbst der nicht leuchtende Teil der Flamme ist so durchsichtig, dass man gut hindurch lesen kann.»

Hier ist es an der Zeit, das Nötigste zu dieser Technologie nachzutragen, die Emil praktisch bis zu seiner Abreise aus den Staaten beschäftigen sollte. Generell hatte er sich schon in der Heimat mit der Gasbeleuchtung vertraut gemacht: Die Stadt Zürich stellte Mitte der 1850er-Jahre die ersten Kandelaber auf, die Strassen und Plätze mit Gaslicht erhellten. In Bern und den Westschweizer Städten war man einen Schritt weiter; hier gab es bereits Zuleitungen in Privathäuser, erhielten Wohnstube und Küche auf eine Schalterdrehung hin freundliches, warmes Licht von Gasflammen, die meist entlang der Wände montiert wurden. So wie beim Eisenbahnbau hinkte die Schweiz dem Rest Europas aber gewaltig hintennach. Paris beleuchtete seit den 1820er-Jahren seine Strassen, Plätze und Brücken mit Gaslaternen; etwa zur gleichen Zeit entstanden die ersten Gaswerke in Manhattan. Erst eine Generation später eroberte die Neuerung aber auch die New Yorker Vorstädte; tatsächlich zog Emil gerade noch rechtzeitig im Haus auf Bergen Hill ein, um den Wechsel von Öl- und Petrollampe zur Gasflamme zu erleben. «Heute Abend» – so der Eintrag vom 17. November 1858 – «wurden wir bei unserer Heimkunft durch den Anblick des Hauses überrascht, da aus allen Fenstern ein ganzes Lichtermeer strahlte. Das Gas war nämlich heute zum ersten Mal angezündet worden und brannte zu dieser Festlichkeit jede Flamme, die angebracht worden war. Es waren mehrere Gäste zur Feier dieser schönen Erleuchtung eingeladen, aber niemand erschien. In meinem Zimmer schaut es beim Gaslicht doppelt so heimelig aus.»

Abb. 13: Segeldampfer beim Einlaufen in einen Hafen. Emil Streuli hat das
schmucke Kartondöschen als Souvenir an seine Atlantikpassage mit der *Arago*
in die Schweiz zurückgebracht.

Abb. 14, oben: Bergen Hill, Wohnort der Gastgeberfamilie Aschmann, gewährt einen atemberaubenden Blick auf das jenseits des Hudson gelegene Manhattan.
Abb. 15, rechts: Auslaufende und ankommende Fähren und Atlantikdampfer vor den Piers des Hudson River an der Südspitze Manhattans.

Abb. 16: Die drei Schwestern Davis mit Ehemännern auf der Veranda in Bergen
Hill. Martha und Friedrich Aschmann-Davis (vorn) mit den Ehepaaren Tooker-
Davis (links) und Dörler-Davis (hinten).

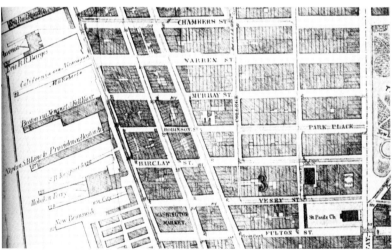

Abb. 17, oben: Blick vom Broadway auf Vesey Street mit ihren typischen Textilhandelshäusern; links St. Paul's Church, gegenüber das Gebäude mit Aschmanns Filiale (Nr. 38).

Abb. 18, unten: Das *Drygoods*-Quartier (Textilhandel) auf der Dripp's Map (1865). Ein grosser Teil des Ausschnitts zwischen Fulton und Murray Street gehört heute zu Ground Zero.

Abb. 19, oben: Brand des Crystal Palace, einer als feuersicher geltenden Glas- und Eisenkonstruktion, am 5. Oktober 1858. Der populäre Messepalast brannte in wenigen Stunden nieder.

Abb. 20, unten: Der Komet C 1858 L1, später nach dem Astronomen Giovanni Donati benannt, war im Sommer und Herbst 1858 auf der gesamten nördlichen Hemisphäre zu sehen.

Abb. 21: Newszentrum der Stadt sind die Verlagshäuser von *New York Tribune* und *New York Times* westlich von City Hall Park.

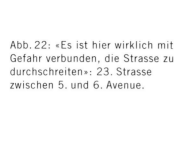

Abb. 22: «Es ist hier wirklich mit Gefahr verbunden, die Strasse zu durchschreiten»: 23. Strasse zwischen 5. und 6. Avenue.

Abb. 23: Der Broadway in Richtung Süd vom Turm der St. Paul's Church aus gesehen (um 1856). Im Vordergrund die Einmündung der Fulton Street; links das *American Museum* von Barnum.

Abb. 24: Eine typische New Yorker *stage* (zweispänniger Omnibus), unterwegs auf der Fulton Avenue, hält vor dem *Atlantic-Garden*-Theater.

Abb. 25: Washington Market an der Fulton/Vesey Street:
Auslage der Fischhändler.

Abb. 26: Strassenhändler und Marktgänger drängeln sich vor der gedeckten Halle.

Abb. 27: Der Nebenbuhler: Albert Stapfer, Daguerrotypie in medaillonförmiger Kassette.

Abb. 28, oben: «Sie versperrten mit ihren Krinolinen das ganze Office»:
Damenmode der 1860er-Jahre.
Abb. 29, unten: Die Angebetete: Frances Davis, etwa 18-jährig.

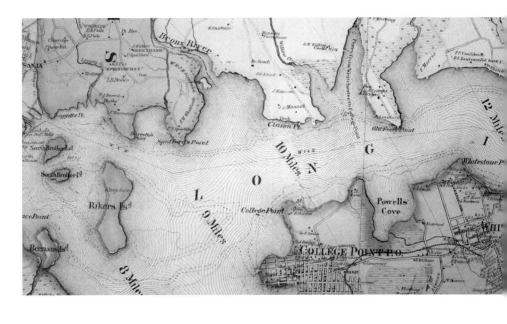

Abb. 30: 1864, vier Jahre nach dem Verkauf des Terrains in College Point,
ist die Halbinsel gegenüber von Manhattan bereits dicht besiedelt
(heute: Standort von Flushing Airport, einem einst wichtigen Flughafen
der Metropole).

Abb. 31: Martha Aschmann-Davis im Alter von 30 Jahren. Beim Urlaub in den Catskill Mountains übt sich Emil Streuli mit der nur wenig älteren Gastgeberin im Flirten.

Abb. 32, 33, oben: Die 30-jährige Caroline Streuli-Maurer auf einem um 1845 entstandenen Porträt von Konrad Hitz (s. Abb. 9) und zusammen mit Gatte Hans Caspar auf einer rund zehn Jahre später entstandenen Daguerrotypie.

Abb. 34, unten: Emil Streuli mit Brüdern Ferdinand (l.) und Alfred (Foto 1852). Der 13-jährige Emil trägt Erwachsenenkleidung mit Weste, Krawatte und gewürfelter Hose; die Jüngeren eine Art Kinderrock mit Spitzenkragen. Es fehlt Oskar, der jüngste Sohn.

Abb. 35, 36: Zwei der in New York entstandenen Porträts Emil Streulis, eine Daguerrotypie im schmucken samtgefütterten Etui und ein Abzug auf Karton, veranschaulichen die Männermode der Gründerzeit: eng geschnittener Gehrock und Weste, flatternde Hosenbeine. Das Tagebuch berichtet ausführlich über den Kauf der silbernen Uhrkette und des Zylinders, ebenso über die Unannehmlichkeiten, die sich im Alltag für den Zylinderträger ergeben.

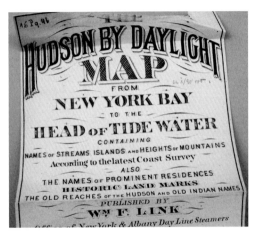
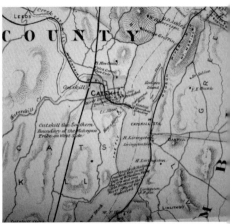

Abb. 37, 38, oben: Reiseprospekt für die Fahrt auf dem Hudson zum Urlaubs-
ziel Catskill Mountains und Kartenausschnitt. Auf der dreiwöchigen Ferienreise mit der Gastgeberfamilie Aschmann im Sommer 1859 lernte Emil Streuli
die bedeutendste Naherholungsregion der New Yorker kennen.

Abb. 39, 40, unten: Die Schauspielerin Laura Keene machte 1859 mit dem
Riesenerfolg ihrer *Seven Sisters* Schlagzeilen – so wie der jugendliche Schachspieler Paul Morphy mit seinen Siegen über bewährte Grossmeister. Die Begegnung mit ihm liess für Emil Streuli einen Traum in Erfüllung gehen.

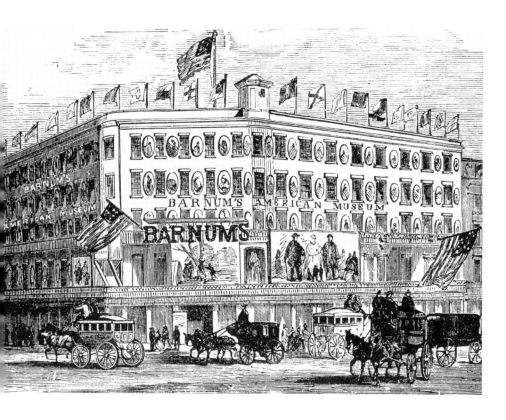

Abb. 41, 42: Das *American Museum* von Phineas Barnum wirbt mit wechselnden Attraktionen um die Gunst der New Yorker – etwa mit überlebensgrossen
Menschen oder einer Flusspferdnummer.

Abb. 43: Tanz- und Vergnügungslokale wie der Concert Saloon fanden sich vor
allem an der Houston Street (Ansicht um 1870).

Abb. 44: Szene aus einer Minstrels Show und Titelsujet eines Liedblatts, das Emil Streuli in die Schweiz zurückbrachte.

Abb. 45: Freier und Prostituierte vor dem Eingang zu einem einschlägigen Lokal an der Greene Street.

Abb. 46, 47, oben: Mehr als die Hälfte aller finanziellen Transaktionen der USA laufen über die New Yorker Börse. Vom Schuhputzer oder Strassenhändler zum Millionär aufsteigen – heisst der Traum der Gründerjahre.

Abb. 48, unten: Den Grundstein zu vielen grossen Vermögen der Stadt legen die Fabriken der Schwerindustrie am East River.

Abb. 49, oben: Der Einbürgerungsantrag vom 8. April 1859 macht Emil Streuli zum New Yorker. Der Verzicht auf die schweizerische Staatsbürgerschaft (zweite und dritte Textzeile) ist eine Formalität ohne weitere Folgen.

Abb. 50, unten: Slumszene: Bretterverschläge besetzen bis in die Mitte der 1850er-Jahre das Gebiet des späteren Central Park.

Abb. 51, oben links: Für ihn schwärmt die New Yorker Damenwelt: der 19-jährige Prince of Wales und spätere britische König Edward VII.

Abb. 52, oben rechts: Wichtigster republikanischer Vorkämpfer für Lincoln: der New Yorker Abgeordnete William Seward, Verkörperung von «Yankee-Geist und -Witz».

Abb. 53, unten: Die Ankunft des gigantischen Sechsmasters *Great Eastern* mit seinen vier Kaminen macht zu Anfang Juni Schlagzeilen; er bleibt während mehrerer Wochen zur Besichtigung im Hafen vor Anker.

Abb. 54, oben: Kunstwerke aus den Münchner Museen. Emil Streuli liess die in Serien gelieferten Stahlstiche nach Originalgemälden von seinem New Yorker Buchbinder in einem Prachtsband zusammenfassen.

Abb. 55, unten: Stereo-Viewing gehörte zu den populärsten Freizeitbeschäftigungen. Die mit einer Spezialkamera aufgenommenen, leicht verschobenen 3-D-Bilder zeigten sich dem Betrachter mithilfe einer Doppellinse in plastischer Form. Hier: der Broadway in nördlicher Richtung, aufgenommen in den 1860er-Jahren aus dem Hotel Metropolitan.

Abb. 56: Frühling 1861: Passanten drängeln sich am Broadway um die ersten Nachrichten über den Ausbruch der Feindseligkeiten zwischen Nord- und Süd-staaten.

Abb. 57, oben: Der Republikaner und Sklavereigegner Abraham Lincoln gewinnt die Präsidentschaftswahlen im November 1860.

Abb. 58, unten: Todesengel über Fort Sumter. Am Beginn des Sezessionskriegs steht die umstrittene Festung an der Hafeneinfahrt zu Charleston.

Abb.59: Gewalttätiges New York: Bei den Aushebungskrawallen vom Sommer 1863 (*draft riots*) plündern randalierende Slumbewohner ein Warenhaus.

Abb. 60: Friedliches Horgen: Zur Erinnerung an seinen USA-Aufenthalt lässt Emil Streuli im Hernerpark einen kalifornischen Mammutbaum setzen (Bildmitte). Mit dem auf einer künstlichen Insel errichteten Badepavillon begeht er den Beginn des neuen Jahrhunderts.

Abb. 61: 1873 bezog Emil Streuli mit seiner Familie die Villa seines Schwiegervaters im Herner am nördlichen Dorfrand von Horgen.

Abb. 62: Bibliotheksraum im ersten Stock. Die New Yorker Aufzeichnungen blieben während Jahrzehnten unbeachtet im Wandkästchen über der Eingangstüre vergessen.

Wie entstand Brenn- oder Leuchtgas? Emil hatte sich wohl schon vor der Abreise mit dem 1855 unter dem Titel *Kurze Darstellung der Gasbeleuchtung* erschienenen Handbuch des Zürcher Ingenieurs Hans Weiss vertraut gemacht. Jedenfalls enthält seine Beschreibung der Herstellungsprozedur bei Hendrickx bisweilen wörtliche Formulierungen aus diesem Standardwerk. Im Prinzip führten dieser Apparat wie auch das herkömmliche Gaswerk eine thermische Spaltung durch, dies mithilfe der genannten Retorten. Das waren torpedoförmige Zylinder von etwa 2 Metern Länge, aus Ton oder Eisen bestehend. Man füllte sie mit je einem halben Zentner Steinkohle und erhitzte auf 1000 Grad; dabei wurden Gase frei, die mithilfe des aus dem Retortenhals ragenden Rohrs «abgezogen» wurden. Alle weiteren Schritte dienten der Behandlung dieses noch keineswegs konsumfertigen unsichtbaren Brennstoffs: Kühlen, Kondensieren, «Ausfällen» unerwünschter Bestandteile, schliesslich das «Bannen» von übrig gebliebener Kohlensäure und das Einleiten in den Silo. Herkömmliche Gasometer bestanden aus einer massigen Eisenglocke aus 2 Zentimeter dickem Eisen, die in einem wassergefüllten Behälter «schwamm» und je nach Gasmenge höher oder tiefer lag. Räumte man die Retorten nach dem Brennvorgang aus, erhielt man Koks, den man sofort als Brennmaterial für weitere Ladungen einsetzen konnte, ebenso eine Quantität Teer, die als Basisstoff zur Paraffingewinnung weiterverkauft wurde.

Die Neuerungen, die das Patent der Hendrickx-Brüder umfasste, hatten weitgehend mit dem zweiten Teil dieses Prozesses zu tun und wirkten sich vor allem platzsparend aus. So verhandelte der jüngere Bruder bereits mit einer Reederei in Philadelphia, die sich für eine Installation auf dem Steamer *Georgiana* interessierte: Erstmals würde ein Dampfer sein eigenes Gas produzieren! «Der Gasometer aus Kautschuk wird ganz zuunterst unter den Ballast gesetzt werden», berichtet das Tagebuch, «und zu der Retorte soll eine Cooking Range gemacht werden»: ein mit Tonplatten gesicherter Raum, der jede Feuersgefahr an Bord verhindern würde!

Eine zukunftweisende Apparatur? Die Erkundigungen, die Emil in diesen Frühlingswochen 1859 über bereits installierte Anlagen der Gebrüder einzog, lauteten grösstenteils ermutigend: «Ittner in Grand Street, der diesen Apparatus schon seit einem Jahre hat, selbst bevor Burton im Geschäfte war, ist aufs Beste zufrieden und kann ihn nicht genug loben.» Beim Seidenzwirner Fuller in Patterson wurde der selbsternannte Inspektor Streuli gar mit einer Lobeshymne empfangen: «Dieser zeigte sich sehr zufrieden mit dem Apparatus, er halte ihn für vollkommen sicher. Das Gas sei gut, obwohl es mir nicht so hell erschien, wie es sein sollte, was sich erklären liess, indem der Mann schlechtere Kohlen mit den guten brauchte. Nach seiner Berechnung kommt ihn das Tausend Kubikfuss auf 1,20 Dollar zu stehen, während das Stadtgas ihn 2,20 Dollar kosten würde – also zwei Drittel Ersparnis. Seinen Gasometer, der 1200 Fuss hält, füllt er wöchentlich nur einmal in verschiedenen Ladungen nacheinander und hat dann so für seine 60 bis 70 Lichter genug Gas für eine Woche. Die Kokse kann er sehr gut für die Dampfmaschine brauchen, die das Gewerbe treibt, und ebenso zeigte er mir ein halbes Fass Teer, den er aufspeichert.» Kurz – der Hendrickx-Apparat «ist nun seit bald sechs Wochen in Tätigkeit, was nach dem befriedigenden Zeugnis des Besitzers ein gutes Zeugnis von dessen Tüchtigkeit gibt».

Weniger zufrieden zeigte man sich dagegen im Deutschen Club, trotz anfänglicher Begeisterung für das billige Licht. Der vor drei Wochen noch so gelobte Apparat war Ende April «ganz ausser Ordnung. Es fehlt in der Heizung des Ofens, und ebenso leckt der Kautschuk-Gasometer.» Auch im *St. Denis* hatte eine Panne den Betrieb zeitweise lahmgelegt – ausgerechnet hier, wo die Gebrüder auf die Reklamewirkung einer Musteranlage hofften! Ende Mai konnte sich Emil bei einem Rundgang aber überzeugen, dass man den Fehler behoben hatte, realisierte dabei auch, dass er es bei den belgischen Gebrüdern mit zwei waschechten Profis zu tun hatte, die auch ein gutes Gespür für Öffentlichkeitsarbeit besassen. «Überhaupt lerne ich durch öfteres Zusammenkommen mit den Hendrickx sehr viel mehr als mit Burton, der immer blagiert. Wir gingen auch zum St. Denis. Es schaut dort im Inneren des Gashäuschens wirklich sehr nett aus. Die Röhren und Gefässe sind alle angemalt. Das Ganze sieht mit dieser Masse von Röhren, darunter jenen, die ins ganze Hotel heisses Wasser liefern, recht nett aus. Das Gas, das hier gebrannt wird, ist sehr gut.»

Nicht nur, dass Burton zum Aufschneiden neigte – dieser Mann hatte auch eine entschiedene Schwäche für das schöne Geschlecht, liess sich immer wieder beim Poussieren mit verheirateten Frauen ertappen! Die eigene Gattin, die hübsche und lebhafte Mrs. Burton, verbannte er auf den Gutshof ins abgelegene College Point, hofierte derweil im Deutschen Club irgendwelchen Weibsbildern, sodass Emil und die Belgier immer wieder geniert wegschauen mussten: «Herr Burton machte dabei den *galanthomme* mit Mrs. Warley, bei der er alle Augenblicke steckte und ihr Erdbeeren brachte. Überhaupt finde ich, dass verheiratete Männer viel ärgere Liebemacher sind und schmutzigere Dinge im Sinne führen als Junggesellen. Ein Beweis, dass das Band der Ehe nicht immer heiligt.»

Umgekehrt war der umtriebige Geschäftsführer Burton aber wieder von früh bis spät unterwegs, um neue Kunden zu überzeugen, hatte beispielsweise einen Kubaner an der Angel, «der nun unseren Apparat in Kuba einführen will. Er ist von einem sehr guten Haus und hat ausgezeichnete Stadterfahrungen. Wir geben ihm auf Ordres hin die Apparate zu einem bestimmten Preis, auf dem aber schon schöner Profit ist. Dann verpflichtet sich der Havaneser, uns noch die Hälfte des Profits beim Verkauf zukommen zu lassen.» Das tönte überzeugend – umso mehr, als *our man in Havanna* schon nach kurzer Zeit mit Bestellungszusagen für rund hundert Maschinen anrückte. In der Zwischenzeit hatte Burton zudem auf der Redaktion des *Scientific American* die Aussicht auf einen zweiseitigen Beitrag über den neuen Apparat erwirkt, an den das Unternehmen nur die 30 Dollar für die Illustrationen beizusteuern brauchte und anschliessend die Druckstöcke der dabei angefertigten Holzstiche erst noch zu eigenen Zwecken einsetzen durfte, «was eine sehr vorteilhafte Annonce sein wird».

Kurz: alles in allem hoffnungsvolle Neuigkeiten; dieser Meinung war auch Papa. Sein Brief von Ende Mai ermächtigte den Sohn, zwischen 5000 und 10000 Dollar aus dem Streuli'schen Firmenkapital einzuschiessen. «Willst du damit deine erste Handelsspekulation beginnen, so ist es mir auch recht. Du wirst dann umso mehr auf alles Obacht geben (…), da kannst du dir die ersten Sporen holen. Bilden sich aber Zweifel bei dir, so wollen wir auch lieber das Projekt aufgeben.»

Anfang Juni kam es zur konstituierenden Sitzung – eigentlich eher ein aufgeräumtes Champagnerdiner mit den Gebrüdern Hendrickx, Aschmann und Burton. Emil hütete sich, zu viel zu trinken, «indem ich einen klaren Kopf behalten wollte und leerte lieber ein Glas Champagner in die Kaffeetasse, um nicht zu viel davon zu geniessen». Kurz zuvor hatte ihm Burton noch Einblick in die Buchhaltung der Aufbauphase gewährt. Sie schien Emil allerdings sehr unkonventionell gehandhabt, «doch habe ich selbst keinen Zweifel, dass alles ehrlich und redlich geführt wird». Bei der Nachspeise legte man die Grundzüge der zukünftigen *Gas Generating Co.* fest. Vater und Sohn Streuli würden daran mit 20000 Dollar beteiligt sein und dafür 30 Prozent der Nettoeinnahmen erhalten, wobei allerdings die Hälfte dieses Gewinns als Reservefonds im Geschäft verbleiben sollte. Umgekehrt brauchten die Streulis nur die Hälfte ihres Anteils einzubezahlen; die restlichen 10000 Dollar würden anteilig mit dem wachsenden Fonds verrechnet und so schliesslich abbezahlt. Sollte die Firma wider Erwarten keinen Gewinn abwerfen, würde der Reservefonds aufgelöst und ins laufende Geschäft investiert. Reichte auch das nicht aus, würde allerdings eine Nachzahlung in Höhe der zweiten Tranche erhoben; entsprechend stiege dann aber auch die Gewinnbeteiligung Horgens auf 60 Prozent an.

Das klang kompliziert, jedenfalls für die Ohren eines Jungkaufmanns aus der Schweiz. Entsprechend konsultierte Emil auf Anraten von Aschmann einen Mr. Delavane. Das war der Hausjurist des Store, «ein kleines spindeldürres Männchen» mit Büro am Broadway. Das spindeldürre

Männchen wies auf die in seinen Augen allzu vage formulierte Klausel betreffend allfälliger Auflösung des Reservefonds und Nachzahlung von weiteren 10 000 Dollar an Beiträgen hin: «Solche Unternehmungen seien sonst, wenn man die Leute und Sachen nicht ganz genau kenne, sehr gefährlich.» Da sich aber selbst Aschmann, den er als soliden Geschäftsmann kenne, für Emils Einsteigen ausspreche und zudem auch persönlich investiere, erklärte sich Delavane für beruhigt. Allerdings solle Emil den Gründungsvertrag vor der Unterzeichnung noch mit ihm, dem Juristen, Punkt für Punkt durchgehen.

Dass Emil bei der *Gas Generating* als stiller Teilhaber den Verlauf der Dinge abwarten würde, so wie Papa das skizziert hatte, lag freilich nicht in der Absicht von Streuli junior. Hatte er bisher die bestehenden Gasanlagen der Firma als selbsternannter Inspektor besucht, so begleitete er von nun an Burton überallhin, wo sich ein Interessent gemeldet hatte. Auf ein Treffen mit dem Mann aus Havanna, in dessen Verlauf sich herausstellte, dass die hundert Bestellungen aus Kuba wohl nicht im erwarteten Umfang zustande kämen, folgte ein gemeinsamer Besuch in White Plains. Hier hatte sich ein aus Frankreich eingewanderter Patissier namens Prendhomme gemeldet, der mit französischem Gebäck ein Vermögen gemacht hatte und nun einen Gasapparat für seinen Landsitz bestellte. Man einigte sich bei einem geselligen Mittagessen auf einen Preis von 550 Dollar «mit Nettoprofit für uns von 350 Dollar». Emil setzte sich für die herbeigerufenen Töchter Prendhommes ans Klavier, spielte das eine und andere Salonstück und wurde angelegentlich zu einem geselligen Wochenende eingeladen. Es steht anzunehmen, dass Burton dabei die Ohren klingelten. Dieser junge *associé* wusste die Kunden für sich einzunehmen, sprach fliessend französisch, kannte die populären Salonmelodien: ein Glücksfall für die *Gas Generating*!

Als Unsicherheitsfaktor entpuppte sich allerdings der unsichtbare Familienpartner im fernen Europa. Ende Juni 1859 trafen mit der *Persia* weitere Kriegsnachrichten aus Italien ein, dazu ein Brief von Papa Streuli, der sich plötzlich ausgesprochen skeptisch äusserte. «In Bezug auf die

Gasangelegenheit» – so Emils bekümmerter Eintrag – «gibt er uns wieder ein Misstrauensvotum. So wechselt nun von Steamer zu Steamer seine Meinung; bald würde er lieber nicht eintreten, bald sogar mehr als das Versprochene zulegen, sodass ich nicht weiss, wie sein Endurteil über die Sache sein wird und für einstweilen *piano* gehen will.» Im Prinzip, so stellte sich heraus, hätte Papa lieber «eine Verzinsung bei verbürgtem Kapital statt Assoziation» gesehen. Das widerlegten aber die Briefe des Quartiermeisters bald wieder. Anfang Juli heisst es: «Was er früher gegen die Operation einzuwenden hatte, sei nicht massgebend gewesen, uns davon abzuhalten.» Papa habe jetzt in Zürich Gasaktien für über 16 000 Franken erworben und bleibe auch in New York mit von der Partie; «ja er weigert sich bei gutem Gang des Gasgeschäfts nicht, weitere 10 000 anzulegen».

Anfang August meldete Burton triumphierend, auch der zugesagte Werbeartikel nehme nun Gestalt an; bereits seien die vom jüngeren Hendrickx gelieferten Skizzen für die Umsetzung als Xylografie oder Holzstich umgearbeitet: «Wir gingen auch miteinander ins Office des *Scientific American*, wir sahen die Figuren bereits auf den Holztafeln eingezeichnet, um eingeschnitten zu werden, die dann die Beschreibung begleiten.» Ein illustrierter zweiseitiger Artikel im führenden technischen Fachjournal des Landes – was konnte da noch schiefgehen?

Damit schliesst sich in dieser Darstellung der Kreis zum Urlaub in den Catskills und zum Gespräch mit Hotelier Beach vom Mountain House. Der so günstig lautende Artikel im *Scientific American* ist prompt zum Urlaubsende erschienen und kann nun als seriöse Referenz im Kundengespräch eingesetzt werden. Allerdings zweifelt in diesem Fall der anvisierte Kunde daran, ob sich die Ausgabe von rund 2000 Dollar je amortisieren lasse: Sein Berghotel hält nur während dreier Monate im Jahr offen und bleibt für den Rest der Zeit geschlossen. So ganz eindeutig sagt Mr. Beach aber nicht ab, wie der letzte Ferieneintrag Emils verrät: «So viel konnte ich wenigstens erringen, dass er nach New York kommen und sich die Sache ansehen wird.»

Aber weder stellt sich Mr. Beach in den folgenden Wochen zu einem Besuch im Gas Office ein, noch bringt die Veröffentlichung im *Scientific American* den erwarteten Ansturm von Interessenten. Eine Zwischenbilanz Emils von Ende August fällt düster aus: «Wenn ich aber nachdenke, wohin die ersten 10 000 Dollar hingegangen sind, so kann ich mir kaum Rechenschaft davon abgeben, denn nur drei Apparate sind aufgestellt, die wenige 1000 Dollar bringen, der Rest ist also leere Ausgabe.» In der Bank gibt es Ärger mit einem ungedeckten Scheck. «Überhaupt zeigte Burton nicht die beste Ordnung in Führung des Scheckbuchs, und ich war sehr böse über ihn. Ich wurde halb konfus über so viele Schwierigkeiten und konnte bis abends vier Uhr an kein Ziel kommen, sodass ich die Gasgeschichte zum Teufel wünschte.»

Statt hier einen Schlussstrich zu ziehen, verbeisst sich Emil in den folgenden Monaten in das Unternehmen, opfert ihm jede freie Minute – es darf schlicht nicht sein, «dass mir dieser erste selbstständige Schritt im Leben misslinge». Darunter leiden auch die bis anhin so diszipliniert geführten Einträge im Tagebuch. Ab Mitte September begnügt sich Emil mit einer wöchentlichen Zusammenfassung der Ereignisse: Mehr lässt die Doppelbelastung im Store und im Gas Office nicht zu. «So wie ich freie Zeit hatte, lief ich dem Gasgeschäfte nach, um namentlich auch die Buchführung ins Reine zu bringen. Ich ging meist morgens um sieben Uhr von zu Hause weg und blieb abends meist bis acht Uhr, samstags sogar bis halb zehn Uhr in der Stadt, um in den Büchern zu schreiben.» Trotzdem bereut Emil keinen Augenblick lang, dieser Arbeit jede freie Minute geopfert zu haben, «vielmehr glaube ich, sie sei nützlicher gewesen als diejenige, die ich im geregelten, einförmigen Store-Leben zugebracht habe. Ich habe mehr über Leute und Charaktere, mehr von Art und Weise des Geschäfts und Handels im Allgemeinen gelernt als in ungleich längerer Zeit im regulären Beruf.»

Im Oktober ist erstmals von Konkurs die Rede. Emil verdoppelt seine Anstrengungen, die Buchhaltung doch noch ins Lot zu bringen, sitzt manchen Abend lang im Office über den Hauptbüchern, nimmt sich um zwei Uhr nachts ein Hotelzimmer und kommt am nächsten Morgen um sieben Uhr zurück, um dann zwei Stunden später im Seidenladen an der Vesey Street anzurücken. Auch Prinzipal Aschmann, der offensichtlich sein eingeschossenes Kapital in Gefahr sieht, wirkt an drei Abenden bis tief in die Nacht hinein am neuen Hauptbuch mit: «Herr Aschmann gab sich wirklich erstaunliche Mühe um dieses Geschäft, und allerdings hatte ich seinen Rat sehr vonnöten und wäre ohne seine Beihilfe wohl nicht zum Ziele gekommen.»

Ende November führt die ganze Rechnerei doch noch zu einem einigermassen tröstlichen Ergebnis. Die *Gas Generating* hat seit ihrer Gründung bis anhin ganze 360 Dollar eingebracht, trotz an sich befriedigender Auftragslage, «doch ist in diesen vier Monaten trotz vieler Ausgaben wenigstens nichts verloren worden». Dagegen hat Emils Stellung bei *Ashman's* einen eindeutigen Rückschlag erlitten. Wichtige Abschlüsse gehen ohne sein Dazutun über die Bühne, beispielsweise eine Rekordlieferung an Juniorpartner Lord vom Warenhaus Lord & Taylor, der eigentlich «sein» Kunde ist: «Ich musste leider hören, dass in meiner Abwesenheit der junge Lord eine ungeheure Ordre Marcelline gekauft hat, die 26 000–28 000 Dollar betragen wird.» Auch Papa rät nun brieflich dringend dazu, «über dem Unglück mit der Gasgeschichte meine Stellung zu F. Th. Aschmann nicht ausser Acht zu lassen und eher auf meine künftige Beteiligung hinzuarbeiten, als mit nutzlosen Anstrengungen im ersteren Geschäft meine Zeit zu verschwenden». Das dicke Ende kommt zu Silvester, wie an der Vesey Street die jährlichen Boni fällig werden: «Auch im Geschäft wurde meine Tätigkeit im vergangenen Jahr nur wenig anerkannt. Die Gratifikation für meine geleisteten Dienste betrug nur 100 Dollar, und wurde mir die dem Gasgeschäft gewidmete Zeit also teuer angerechnet.»

Verfällt Emil in eine Art Trotzreaktion? Oder lässt er sich vom mageren, aber immerhin positiven Abschluss der Revision verleiten zu einer Jetzt-erst-recht-Haltung? Tatsache ist, dass die Partner der *Gas Generating* im

November die Bildung einer Aktiengesellschaft ins Auge fassen, allen warnenden Anzeichen zum Trotz. Die Stiftung *House of Refuge* hat eine Offerte verlangt für eine stattliche Gasanlage – wenn das klappt, hat man einen soliden Prestigeauftrag in der Hand, den man zukünftigen Aktionären vorweisen kann! «Wir können und dürfen uns diesen Kontrakt nicht entwischen lassen», hält Emil fest, «da er uns zur Bildung einer Stock-Kompagnie von grösster Hilfe sein wird.» Auf jeden Fall gesichert ist ein grösserer Auftrag in Florida, den der ältere Hendrickx an Land gezogen hat. Am 19. November soll sich der Belgier mit dem in Kisten verpackten Apparat in New York einschiffen; alles scheint zu klappen. Oder doch nicht?

«Ich begab mich in den Shop, um hiezu das Nötige zu besorgen, fand aber das Wenigste bereit und musste nun neben den Verschiffungs-scheinen noch Kisten zeichnen und überall befehlen und anordnen. Nach einer Stunde harter Arbeit war alles endlich auf zwei Karren gepackt, und ich eilte damit in die untere Stadt, wo ich noch einmal andere Anzeigen schreiben musste. Vor dem Dock des Steamers stand eine ungeheure Menge Karren, alle mit Waren beladen, und es war zweifelhaft, ob in den zwei Stunden Zeit unsere Güter noch zur Verladung kämen.»

Prompt winken die Dockarbeiter nach zwei Stunden ab, wie die Reihe an die Ladung der *Gas Generating* kommt: Der Steamer ist voll beladen, der Transport muss bis zur nächsten freien Passage nach Florida warten, die Kunden müssen von der Verzögerung benachrichtigt werden. Emil, völlig durchgeschwitzt, muss im Hafenbüro nach einem neuen Frachtschiff suchen, dann noch vor der abendlichen Schliessung aufs Postamt hasten, um das entsprechende Telegramm aufzugeben. Drei Tage später beginnt die Übung nochmals von vorn: Transport zum Hafen, Anstehen zum Verladen. Geschäftsleiter Burton hat den Augenblick der Einschiffung gewählt, um mit den Hauptbeteiligten die neue Aktiengesellschaft an Bord der *Alabama* zu begiessen. Aber auch bei dieser kleinen improvisierten Feier läuft bezeichnenderweise wieder einiges schief: «Burton hatte noch eine Flasche Champagner gebracht, um die Sache besser aufs Gleis zu bringen, und ich ein Bündelchen Zigarren. In der Eile, Erstere zu öffnen, schlug Hendrickx der Flasche den Hals ab und goss so fast den ganzen Inhalt über Bord, sodass uns dreien kaum ein Glas zusammen blieb und Dector erst noch eine Glasscherbe verschluckte.»

Ähnlich chaotisch und liederlich läuft am nächsten Tag die Vorunterzeichnung der Gründungsurkunde ab. Die Hendrickx-Brüder haben aus undurchsichtigen Gründen ihre Schwester Victoria als Gewährsperson vorgeschickt; bloss hat Victoria H. nicht die geringste Ahnung, worum es geht, und weigert sich, ihre Unterschrift zu geben. Auf wundersame Weise kommt es doch noch zur Gründungsversammlung, bei der sich wiederum tumultartige Szenen abspielen. Burton, «der vorweg instruiert werden musste, wie er die Verhandlungen zu leiten habe», wird zum Verwaltungsratspräsidenten gewählt; Emil, der bis jetzt insgesamt 14 000 Dollar an Streuli-Geldern eingeschossen, im Gegensatz zu Burton aber noch keine einzige Arbeitsstunde vergütet erhalten hat, wird Protokollführer. Dass sein Prinzipal Aschmann im Verwaltungsrat sitzt, beruhigt ihn nur vorübergehend. Wie die beiden anschliessend im *Gas Office* nach gewissen Dokumenten suchen, stellt sich nämlich heraus, dass der Schlüssel zum Safe mysteriöserweise fehlt. Weitere Ungereimtheiten kommen ans Tageslicht. Chairman Burton, der wie erwähnt auch mit französischem Cognac handelt, hat einzelne Lieferanten mit Cognaclieferungen bezahlt: Wurstelei, Schlamperei, Ineffizienz, wohin man blickt!

Für den Leser des Tagebuchs stellt es geradezu eine Erleichterung dar, dass Emil während der ersten fünf Monate des Jahres 1860 mit seinen Einträgen innehält. Wie er Anfang Juni wieder zu schreiben beginnt – und zwar Tag für Tag, so als wäre nichts gewesen –, ist das Gasunternehmen endgültig gescheitert. Gleichsam als Rechtfertigung für sich selbst hält Emil die Ereignisse auf mehreren Seiten zusammenfassend fest. Die Analyse des von Papa Streuli angesprochenen «Lehrblätz» ergibt vielerlei Gründe für das Scheitern:

- Der erhoffte Auftrag für das *House of Refuge* kommt nicht zustande: «Wir wurden durch die Konkurrenz eines Rosingas-Fabrikanten geschlagen, der die Maschinen noch billiger als für 3000 Dollar (unser Gebot) liefern konnte.»
- Absage durch einen sicher geglaubten Grossinvestor: «Dies scheiterte aber an dem Rapport eines Experten, den er zur Untersuchung der Bücher hinschickte und der den Verlust des Unternehmens mit 13 000 Dollar angab, weil er den Stock als wertlos angab.»
- Irreführende, ja betrügerische Einträge im Verzeichnis der Aktiven: «Durch Nachfrage erfuhr ich, dass der ganze Maschinen- und Werkzeugbestand unseres Ateliers für 1200 bis 1500 Dollar neu gekauft werden könnte, während die Schufte deren Wert mit 4600 Dollar ins Inventar setzten und hiezu eine aquittierte Faktura des früheren Besitzers vorwiesen.»
- Streitigkeiten und Intrigen unter den Partnern: «Im Laufe des Monats Januar entstanden Zwistigkeiten mit den Brüdern Hendrickx; der ältere Bruder liess aus Tallahassee kein Wort hören, der jüngere, obwohl der ehrlichste aller drei Partner, konnte auch nicht viel ausrichten, und Burton stachelte mich beständig auf, die beiden aus dem Geschäfte zu beseitigen.»

Wen genau Emil mit den erwähnten «Schuften» meint, bleibt etwas unklar; jedenfalls beschliessen im Februar alle Beteiligten die freiwillige Liquidation des Unternehmens. Der Maschinenpark wird versteigert, freilich weit unter Wert, sodass man froh sein muss, mit dem Erlös den Sheriff – also den Vollzugsbeamten – bezahlen zu können. Die Auktion endet um ein Haar mit einem Handgemenge. «Alle gegen alle» heisst am Schluss die Devise: Hendrickx droht den Streulis mit Prozess wegen unberechtigter Beschlagnahmung von Maschinen, Burton findet Emil mit wertlosen Schuldscheinen über rund 5000 Dollar ab, die dieser nie wird einlösen können. Streuli senior sieht den Namen seiner Firma durch wütende Gläubiger bedroht, mit denen Emil einen Vergleich sucht: «Der

Steamer *New York* brachte mir ein Extraschreiben Papas des Inhalts, dass er sehr beunruhigt sei, dass ich mit den Kreditoren der Gas Company akkordieren wolle. Er halte das für einen Schimpf auf seinem Namen und dem meinen und beklagte sich, wie ihn sein Savoir faire nicht vor einem solchen schweren Verlust habe bewahren können.»

Mehr als der verlorene Einsatz scheint den Quartiermeister der Gesichtsverlust zu ärgern – die Tatsache, dass er als alter Fuchs sich hat, wenn auch indirekt, hereinlegen lassen. Wie viel Vater und Sohn Streuli beim ganzen Abenteuer eigentlich einbüssten, drückt das Tagebuch leider nirgends in Zahlen aus. Der Verlust dürfte aber in der Grössenordnung von 20 000 Dollar liegen – immerhin 100 000 Franken nach damaligem Wechselkurs und ein Millionenbetrag nach heutiger Kaufkraft. Hinzu kommen Aberhunderte von nie vergüteten Arbeitsstunden Emils und mehrere 100 Dollar an Firmenspesen, die er aus der eigenen Tasche bestreitet. Gerade so schwer wiegt aber die Einbusse an Prestige und Einfluss, die Emil bei *Ashman's* erleidet. Am Ende des Jahres 1860 wird sie ein weiteres Mal ganz konkret in Zahlen fassbar: Statt der erwarteten 1000 Dollar beträgt Emils Jahreslohn im Store noch 600 Dollar – eine Demütigung!

Bei einem Ausflug zum Obstgarten in College Point, der über dem Auf und Ab im Gasgeschäft beinahe vergessen ging, machte Emil eine seltsame Entdeckung: «Beim Rückweg fand ich in der Ecke gegen Süden einen Grabstein, der mir bisher noch immer entgangen war, und entzifferte darauf Folgendes: *Zum Andenken an Isaac Whitney, Sohn von Dan und Hamal Whitney von Sannford Conn., der von Bord der Sloop Swan of Stamford verloren ging.* Wahrscheinlich ist dies auch die letzte Ruhestätte des armen Matrosen, und als solche soll auch dieses einfache Denkmal geheiligt werden.»

Deutete das Grab des ertrunkenen Seemanns womöglich darauf hin, dass auch Emils erste Versuche als Liegenschaftsmakler unter einem schlechten Stern standen? Wie erwähnt umfasste das schön gelegene

Grundstück knapp 7 *acres* oder 2,8 Hektaren und lag, getrennt durch den rund 2 Meilen breiten East River, dem nördlichen Manhattan auf der Höhe der (heutigen) 140. Strasse gegenüber. Diese Lage, so hatte im Frühling das Gespräch mit einem Anrainer ergeben, könne nur an Wert gewinnen: «Frings bewies dann, wie es in kurzer Zeit zu einem bedeutenden Ort werden müsse, da New York den grossen Zentralpark baue und sich nur noch an beiden Seiten der Insel ausdehnen könne und diese bald überdeckt haben werde, dann sei College Point gerade New York gegenüber.» Schon in vier, fünf Jahren sei hier die *acre* nicht mehr unter 6000 Dollar zu haben; Emil solle mit dem Verkaufen ruhig zuwarten.

Anderer Ansicht war hier Streuli senior, der brieflich zum Abstossen der Liegenschaft riet: «Papa wünscht trotz aller Zukunftspläne noch immer eine Realisation von College Point und wäre herzlich froh, am Ende Kosten und Zinsen zurückzuerhalten. Nach gemachter Berechnung kommt uns 1 Acre nach Addition der bezahlten Summen, den bezahlten Interessen à 7 Prozent und unserem Interesse auf 6 Prozent an den auf mich haftenden Mortgages sowie den bis heute ausgelegten Unkosten auf 3375 Dollar zu stehen und könnte immer noch sehr wohlfeil verkauft werden.»

Mitte Mai traf Emil die ersten Massnahmen: «Nach dem Frühstück veranstaltete ich die Erstellung der beiden Verkaufsaffichen für unser Grundstück. Hiezu fand sich ein Maler von Profession ein, der mir gegen ein Trinkgeld von ½ Dollar die Arbeit tat. Auf die eine Tafel liess ich setzen: *Orchard of 7 acres for sale*, auf die andere nur *Zum Verkauf, nachzufragen 38 Vesey Street.*» Der Auftrag wurde wohl mit einem gewissen Widerstreben erteilt; von Beginn an hatte Emil diesen abgelegenen Fleck Erde ins Herz geschlossen, beteuerte auch Papa gegenüber, «dass es ein Prachtstück Land sei, wie geschaffen für einen schönen Landsitz mit einer unvergleichlichen Aussicht und so gelegen, dass es ganz von Wasser umgeben scheint».

Aber Mitte November 1859, mitten in den Wirren um die scheiternde *Gas Company*, fand sich eine einfachere Lösung als die langwierige

Suche nach Kaufwilligen und das Verhandeln mit ihnen: Ein Makler bot den Abtausch des «Prachtstücks» gegen zwei Wohnhäuser in Manhattan an. Emil griff hier wohl auf der Stelle zu, um sich die Hände fürs Gasgeschäft freizuhalten. Auch lagen die angebotenen Objekte in viel bequemerer Distanz als College Point, wo jeder Besuch einen halben, ja einen ganzen Tag wegfrass – nämlich in der 39. Strasse, nur ein paar Schritt von der 5th Avenue und einen kurzen Bummel vom Südende des eben eröffneten Central Park entfernt. «Die Häuser selbst», so meldet das Tagebuch, «haben vier Stockwerke, Braunsteinfront ohne Sedimente oder sonstige Verzierungen, Wasser und Abtritte auf jedem Stockwerk und Luftheizung. Der Bau derselben ist etwas flüchtig, es gibt fast in allen Zimmern Knicke in den Wänden, und sie bedürfen einer Reparatur im Frühling. Die Parlours sind etwas schmal, weil die Häuser nur 22 Fuss breit, hingegen schön tief sind, und die Schlafzimmer sehr geräumig und bequem. Gegenwärtig sind sie zu 1200 Dollar und 1300 Dollar vermietet. Unten sind noch Speisezimmer, Küche und ein ganz ordentlicher Keller. Die Strasse ist noch nicht ganz aufgebaut, und hat es weiter unten noch Ställe, die aber mit der Zeit weichen werden müssen. Zu 17 500 sind die Häuser nicht zu teuer, wenn auch nicht zu wohlfeil.»

Die letztere Zahl betraf den Preis pro Liegenschaft. Zurückgerechnet hatte Emil also für das Grundstück in College Point rund 35 000 Dollar oder 5000 Dollar für die *acre* herausgeschlagen: zumindest ein Prestigeerfolg für den jungen *real estate dealer*! Das sah auch Papa so, wie das Tagebuch nach Eingang der nächsten Steamerpost notiert: «Unser Landtausch gegen Häuser in der 39. Strasse scheint draussen gut aufgenommen zu werden.» Die wenigen weiteren Tagebucheinträge über die typischen – und heute ausserordentlich begehrten – New Yorker *brownstones* scheinen diesen Eindruck zu bestätigen. Sowohl der erwähnte Makler wie der Inhaber der Hypothek erwiesen sich als zuverlässige Geschäftspartner.

So dramatisch Emils Tagebuch das Schicksal der *Gas Generating* beschreibt, so einförmig sind die Auskünfte über Emils eigentliche Tätigkeit im Seidenhandel. Nur selten führen sie über den Alltag im Store hinaus, wie ihn bereits die ersten zwei Bände des Journals beschreiben: Bedienen und Beraten der Einkäufer und der Strassenkunden, Vorstellen der neu aus Europa eingetroffenen Sendungen, umgekehrt Sammeln von Informationen über die in New York und anderswo herrschenden modischen Vorlieben, dazu die bereits beschriebene Teilnahme an Auktionen. Eine neue Aufgabe kommt im Frühling 1859 hinzu: «Ich wurde heute mit dem Posten eines Buchhalters betraut unter Anleitung von Herrn Stapfer, in dessen Abwesenheit ich dies dann zu besorgen haben werde. Ich trug einen Teil der regelmässigen Skripturen ins Journal ein und machte dabei befriedigende Arbeit.» Eine wichtige Rolle spielt weiter der Kontakt mit Horgen. Emil erstattet regelmässig Bericht über den noch vorhandenen *stock* an Ballen von Baumann & Streuli, sendet die an den Auktionen heimlich entwendeten Seidenmuster zurück, hält den Vater und seinen Paten Hanskaspar Baumann auf dem Laufenden über Erfolg oder Nichterfolg der Konkurrenz.

Nur gelegentlich zeigt ein Eintrag auch die handfeste Seite des Geschäftsalltags – beispielsweise wenn Emil wie die Krämer von einst seine Ware von Tür zu Tür anpreist: «Ein hartes Stück Arbeit verrichtete ich heute mit saurem Schweiss, den mir die brennende Hitze hervortrieb. Ich ging hausieren mit einem Stück Satin de Chine, um einmal zu versuchen, ob wir nicht dieses Lot vor der Jahresrechnung ausräumen könnten. Ich hatte hierzu wenigstens ein Dutzend Clothing-Häuser auf der Liste und ging vom einen zum andern. Meist konnte ich aber gar nicht ankommen, weil niemand ausser Saison so teure Ware kaufen wollte, oder dann machte man mir eine Offerte von 90 Cents so wie bei Suleman, Randolph & Budd.» Handschuhe ausziehen und Ärmel hochkrempeln heisst es auch, wenn Porter Karl Klein gerade anderswo zu tun hat: «Nachmittags kam eine Kiste per *Fulton*. Da sonst niemand da war, mussten Herr Itschner und ich dieselbe am Flaschenzug hinaufziehen. Hiebei hatte ich unten das Seil anzubinden, was ich aber nicht recht zu tun verstand. Hiebei half mir Mr. Burton, der nichts weiter zu tun hatte bei uns.»

Was sich nach Verlauf der Anlernzeit immer deutlicher abzeichnet, ist der Konkurrenzkampf zwischen den hier etablierten Schweizer Seidenimporteuren – die meisten darunter «vom See», also im Auftrag der am Zürichsee angesiedelten Seidenfabrikanten in den USA tätig. So klagt Kollege Oberteuffer, der in Philadelphia die Produktion von Baumann & Streuli vertritt, über den allseits unbeliebten Agenten Wiener, «der ihm ein böser Konkurrent sei. Namentlich durch Ryffels Waren könne er sie oft unterbieten und dadurch jährlich ebenso viele Geschäfte machen als sie. Er nehme aber sämtlichen Konsignationswaren die Tickets ab und schreibe dann seinen eigenen Namen drauf. Ryffel & Co. sollen bedeutende Geschäfte mit Wiener machen und demselben zwei Drittel ihrer Waren schicken.»

Eben dieser Stäfner Seidenproduzent Ryffel ist mit seinen Stoffen auch an der Vesey Street vertreten, wie eine weitere Episode zeigt. Bei diesem Zwischenfall gerät ein Kunde mit dem bei Aschmann tätigen Itschner aneinander. «Darüber wurde Letzterer grob und hitzig und beleidigte den Mann auf die insolenteste Weise. Als sich Herr Aschmann dann mit demselben abgab, kam Itschner und sagte: ‹Dies sind meine Waren, und *ich* bin hier, um sie zu verkaufen›, worauf Herr Aschmann ihm entgegnete, das sei nicht wahr, es seien nicht seine, vielmehr *unsere* Waren, und er sei angestellt, um alle zu verkaufen, nicht nur jene Ryffels, und wenn ihm das nicht gefalle, so könne er hingehen, wo er wolle. Dieser Auftritt war umso unangenehmer, als er vor den Augen eines Kunden stattfand, der meinen musste, es seien zwei Geschäfte in einem.»

Zu dieser handfesten Auseinandersetzung, die kaum dazu angetan war, das Ansehen von *Ashman's* in der Öffentlichkeit zu heben, kamen weitere Ungereimtheiten. Ab und zu war sich selbst Prinzipal Aschmann nicht zu gut, nichts ahnenden Kunden einen ungeliebten Ladenhüter anzudrehen. «Der Käufer Tucker von O'Laughlin & Mollen fiel durch Zufall über die so lang gelagerten Volants her. Sie erschienen ihm als etwas ganz Neues, und liess er sich dann von Herrn A. leicht überreden, sie zu nehmen. Noch nie habe ich Letzteren etwas so anschwätzen sehen wie bei diesem Fall.»

Trotz – oder wegen – solcher Praktiken steigt der Tagesumsatz im Store durchaus auf 5000 Dollar und mehr. «Die Geschäfte gehen seit einigen Tagen sehr gut», heisst es mehr als einmal. «Heute erreichten die Verkäufe 5000 Dollar. Wir hatten Abbott und James aus Philadelphia wieder im Store, die hauptsächlich B&St-*Mourning goods* kauften, desgleichen Bevan von Baltimore, der etwa 15 Stück *Yellow papers* nahm.»

Bei all dem droht aber immer die Konkurrenz durch die Waren der Firma Naegeli, eines zweiten Horgner Produzenten, der sich fest in New York etabliert hat. Das muss Emil bei einem Rundgang mit Mr. Constable von Abercrombie & Constable feststellen: «Wir gingen dann ins *silk department*, und dort zeigte man mir *Gros Lustré* und *Gros de Florence* von Naegeli im Vergleich zu unseren Waren dieser Art. Erstere Ware hatte, wie ich zugestehen musste, wirklich mehr Hand und ist fester als die unsrige, ist ebenso egal und hat deshalb begreiflicherweise bei A & C sowie bei allen Kunden den Vorzug. Unsere Diskussion dauerte eine halbe Stunde, und liess sich Herr C. leider nicht von seinen Ansichten abbringen, dass wir zu hohe Preise machten, und riet uns an, diesmal billige Offerten zu machen, denn Sharpsteen habe Ordres für 400 000 Francs allein für die Schweiz in Händen. Er wolle zu gleichen Preisen wie Naegeli gerne uns den Vorzug geben.»

Die Passage gibt nicht nur einen Begriff von den Summen, die auf dem Spiel stehen, sondern auch vom Jargon der Seidenbranche. Ein Stoff «hat Hand», wenn er sich zugleich fest und geschmeidig anfühlt; vorzugsweise ist er «egal», also dicht und gleichmässig gewoben. Die Stoffe haben klingende Namen wie *Taffetas de Lyon* und *Lustrinette* oder *Poult de Soie*, die an die Speisekarte eines vornehmen französischen Restaurants denken lassen. Sie heissen *Faconné* und *Bayadère*, *Mousselin*, *Chenille* oder *Gros du Rhin*, was sich in der Aussprache der New Yorker Kaufleute oder Auktionäre wohl seltsam genug ausnimmt. Für die Ohren der New Yorker Damen dagegen hören sie sich an wie die Zeilen eines *billet-doux*, das hat Emil bald begriffen: «Es ist merkwürdig, wie Seide ein Zauberwort ist für Amerikanerinnen. So kommt es, dass sobald diese erfahren, dass ich Seidenimporteur bin, sie schon lüstern werden nach Seidenkleidern und ihren Gemahlen zu verstehen geben, sie möchten einmal bei uns zu Engros-Preisen einkaufen.»

Folgen ein paar umsatzstarke Tage aufeinander, so stellt sich an der Vesey Street ein kleines Problem: Wohin mit dem vielen Bargeld? «Regnerische Witterung, doch ordentliches Geschäft wie gestern», notiert Emil beispielsweise. «Drei Kisten per *Arago* langten an, und wurde *Poult de Soie* noch an verschiedene Leute abgeliefert. Jetzt ist aber der Store voll, und für neue Kisten werden wir kaum mehr Platz finden. Es kam reichlich Geld, und so musste Abfluss geschaffen werden. Herr Stapfer begab sich nach Wall Street, und ich begleitete ihn. Wir besuchten zwei Notensensalen [Aktienhändler, HPT], um gute Noten auszufinden. Beim einen gab man uns ganze Stösse solcher Papiere zum Auslesen, und niemand schien daran zu denken, dass solche Papiere ebenso leicht wie Geld entwendet werden können, weil sie *en blanc* indossiert sind. Beim andern hingegen gab man uns eine Liste in die Hand. An beiden Orten waren Ersteklasse-Papiere zu 5 Prozent, doch erhielten wir auch einige gute bekannte Noten zu 6 Prozent. Nachher ging ich noch einmal zu diesen Leuten, um das Gekaufte zu bezahlen, und hatte Gelegenheit zu bemerken, wie freundlich und höflich selbst solche Leute sind, wenn man so schnell mit dem Geld in der Hand zurückkommt.»

An eben diesem Tag treffen sich übrigens rund achtzig Landsleute im *Delmonico's* zum Weihnachtsessen des Schweizerklubs – angesehene Geschäftsleute, darunter die Leute «vom See», dazu «meist welsche Schweizer, ungemein fashionabel und glatt gekleidet», viele von ihnen im Textilhandel tätig. Es werden Reden gehalten und Trinksprüche ausgebracht; der Wein fliesst in Strömen. «Meine Tischgefährten ersetzten den Tischwein zuerst mit rotem Chambertin, dies auf Anraten von Herrn Bourry, des besten Weinkenners unter uns. Nach und nach beorderte Herr Dörler Champagner in Eis, der bald Feuer ins Dach setzte; die Zungen lösten sich. Auf dem Heimweg in Jersey City nötigte mich Herr

Aschmann noch, ein Glas Whisky auf meinen ohnehin schon schweren Kopf zu laden.»

Seide … Zauberwort … lüstern: Was Emils Tagebucheintrag hier nur unbeholfen in Worte kleidet, ist die erotische Komponente von Luxusstoffen, allen voran von Seide. Ausdrücklicher sollte Emile Zola diesen Zusammenhang in *Pot-Bouille* kommentieren, seinem 1882 erschienenen Roman. Dieses Werk wird hier vor allem zitiert, weil es erstaunliche Parallelen aufweist zum New Yorker Lebensabschnitt Emil Streulis. Auch in Zolas Roman versucht ein junger Seidenhändler aus der Provinz ums Jahr 1860 sein Glück in der Metropole, in diesem Fall in Paris; auch dieser junge Mann schafft sich über eine angesehene Gastgeberfamilie den Zugang zu einem Kreis von Bekannten und Verwandten. Was den erotischen Glanz der Seide betrifft, so heisst es über den jungen Octave Mouret: «Er war fasziniert vom Handel, vorab vom Handel mit Luxusstoffen für die Dame. Hier spielte eine Art von Verführung mit hinein, eine behutsame Eroberung durch goldene Worte und bewundernde Blicke.»

Abb. 63: Sonntagskonzert in einem der Musikpavillons des vor Kurzem eröffneten Central Park. Ein grosser Teil des beschwingten New Yorker Freizeitlebens
spielt sich unter freiem Himmel ab.

Swinging New York

Zwar galt «Broadway» in den 1860er-Jahren noch nicht als Synonym für Glamour und Unterhaltung; trotzdem war New York bereits zur Zeit von Emil Streulis Aufenthalt die amerikanische Stadt, die in Sachen Theater wie Tingeltangel den Ton angab. Und der elegante Boulevard, den er vom Store aus in ein paar Schritten erreichte, verband die meisten Stätten der Kultur und des populären Entertainments. Wirklich gleich um die Ecke von *Ashman's* lag eine nationale Institution: Barnums *American Museum*, das Wunderland des legendären Zirkusunternehmers, erkennbar schon über viele Häuserblocks hinweg an der knalligen Reklame seiner Fassade. Zur Zeit Emils wand sich hier eine riesige Boa aus Gips zwischen den Fenstern mehrerer Stockwerke hindurch. Sie stand stellvertretend für das wechselnde Angebot dieses Hauses: ausgestopfte exotische Monster, technische Kuriositäten und Abnormitäten aller Art.

«Nachmittags fand ich Zeit genug, einmal Barnums Museum zu sehen, das also von dem grossen Humbugmann errichtet worden ist, jetzt aber andern Leuten gehört. Das Ganze ist eigentlich selbst ein grosser Humbug, und sind die Wachsfiguren, die verschiedenen Guckkasten und die zoologische Sammlung, die ringsum die Wände zieren, kaum sehenswert. Mehr Beachtung verdienen die verschiedenen magnetischen Uhren, die Aquarien mit Fischen aller Grössen und die lebenden Schlangen. Etwas Seltsames sind die Nachahmungen in Wachs von menschlichen Raritäten: des grössten Paars, etwa 7 Fuss hoch, des dicksten Mannes, etwa 6 Zentner schwer, und des dünnsten dito, einem wahren Skelett, mit blosser Haut überzogen. Ferner sind hier die Kleider einer mutmasslichen Mörderin eines Arztes, die vor einem Jahr ganz New York in Aufregung versetzte, aber wegen Mangels an Beweisen jetzt noch unbestraft ist. Weitaus das Interessanteste ist jedoch die *happy family*, eine merkwürdige Tiergruppe von Affen, Katzen, Ratten, Kaninchen, Mardern, Hühnern, Tauben und Eulen zusammen in einem gemeinschaftlichen Käfig, die trotz ihrer angeborenen Feindschaft im besten Frieden leben. Ich sah die Maus auf der Katze schlafen, das Kaninchen beim Marder liegen, die Taube auf der gleichen Stange wie die Eule sitzen und eine Art Biber mit dem Affen spielen. In einem Theater, das sich im Gebäude befindet, werden kleinere Stücke gespielt und mechanische Figuren und Ansichten gezeigt, so wie auch ein kleiner, schmutziger Bube, der an Armen und Gesicht mit Haar bedeckt ist.»

Emils Verdikt «Humbug» klingt zwar harsch. Aber auch die Einheimischen begegneten Barnums 1841 errichtetem Museum und seinen Attraktionen mit einiger Skepsis. Stammte nicht von Barnum selbst der berühmte Spruch vom Leichtgläubigen, der nie aussterbe: *There's a sucker born every minute*? Von sich aus, so betont Emil im Tagebuch etwas verschämt, würde er diese Schaustellung von Absurditäten ja kaum besuchen; er tue dies vielmehr den jüngeren Brüdern daheim zuliebe. Hatten ihn Ferdinand, Alfred und Oskar aufgefordert, schriftlichen Bericht über New Yorks populäre Attraktionen zu erstatten? Jedenfalls liess Emil es nicht beim Besuch bei Barnum's bewenden, nahm sich vielmehr auch den Flohzirkus im *American Fair* vor, in einem vierstöckigen Messegebäude am Broadway. In dieser «Floh-Akademie» führten dressierte und mit einer Art Harnisch ausgerüstete Flöhe vor, wie sie eine Windmühle in Schwung versetzten, gegeneinander fochten, einen Schubkarren oder gar eine Lokomotive in Mini-Ausführung zogen. «Merkwürdig ist, wie dieses Tier starke Kräfte besitzt, indem es das 500-Fache seiner eigenen Schwere fortziehen kann. Die Fütterung ist sehr originell. Der Mann hat allabendlich ein Dutzend seiner Schüler zu entfesseln, auf seinen Arm zu setzen und dort sich voll fressen zu lassen und dann in Kammern alle zum Schlafen zu legen.»

Kunststücke mit abgerichteten Flöhen kannten die Brüder wohl auch vom Jahrmarkt zu Hause – aber wie stand es mit sich bewegenden projizierten Bildern? In der Art eines heutigen USA-Touristen, der den Lieben zu Hause vom Surround-Kino in Disneyland berichtet, schildert Emil eine Vorführung von «Nebelbildern» oder *dissolving views*, die er im Palace Garden besuchte: das Neuste vom Neuen in Sachen Laterna

magica, bei dem zwei nebeneinander angeordnete Projektoren sich überblendende Szenen auf die Leinwand warfen. «Dies ist ein grosser freier
Garten, ringsum von grossen Hallen umgeben. In einer derselben gab ein
Deutscher eine Reihe sehr interessanter Nebelbilder, deren Vorführung
über eine Stunde dauerte. Er zeigte zum Beispiel eine Landschaft mit
einer Mühle und einem Wasserrad; nach und nach kam es zu schneien,
die Erde und Bäume bedeckten sich mit Schnee, das Wasser erstarrte, und
vom Rade hingen Eiszapfen, während auf dem Teich, wo vorher ein Kahn
gerudert wurde, sich nun Kinder mit Schlittschuhlaufen vergnügten.»

Eine Zwischenstellung zwischen medizinischer Schausammlung
und Gruselkabinett hatte das Anatomische Museum in der Chatham
Street. Es war für die jüngeren Brüder wohl weniger geeignet, da es hier
in Wachs gebildete Föten im Mutterleib und allerlei Missbildungen zu
sehen gab: «Alle Teile des menschlichen Körpers sind in Wachs dargestellt, sowohl gesund als mit allen möglichen Krankheiten. Namentlich
Hautkrankheiten sind in grausigen Beispielen aufgeführt. Wenn man sich
überwindet und ein Stockwerk höher steigt, so findet man beiderlei
Geschlechtskrankheiten in zahlreichen Formen, wovon einige in wahrhaft schrecklicher Gestalt.»

Die Erwähnung des Palace Garden deutet darauf hin: In der sommerlichen Jahreshälfte spielten sich zahlreiche unterhaltende und kulturelle Darbietungen unter freiem Himmel ab – etwa im Biergarten des
«Deutschländle» an der East Huston Street, wo die jungen Textilhändler
vom Zürichsee gerne bei Bier und Schweizer Käse dem Vortrag eines
dicken Zithervirtuosen aus Deutschland zuhörten. Über das aktuelle
Vergnügungsangebot gab die Sonntagsbeilage im *Statesman* Auskunft; so
lernte Emil beispielsweise den Volksgarten an der 20. Strasse kennen,
«wo eine sehr gute *band* spielte und ich an dem grossartigen Gemisch und
Getümmel der Leute nebenbei Unterhaltung fand. Dieser Platz, der
rund tausend Leute fasst, war ganz voll, namentlich von Weibern, meist
Dienstmädchen mit ihren Cavaliers, zuweilen auch eine grossartige Frau

in rauschenden Seidenkleidern und Pelzen, die an diesem Ort gern Staat machen.» Sonderkonzerte im Atlantic Garden gingen sogar weit über das Ständchen eines Blasorchesters hinaus: «Wie gewöhnlich spielte die Blechmusik ausgezeichnet, heute war aber ein Streichorchester dazugefügt. Auch mehrere Gesangsstücke wurden von Herren und Damen mittelmässig aufgeführt. Einzig gefiel das Räuberduett aus *Stradella*, das von zwei Sängern im Kostüm gegeben wurde.»

Alle diese öffentlichen Vergnügungsstätten gerieten aber gerade in diesen Monaten in den Schatten eines städtebaulichen Experiments, für den es selbst im an Rekorde gewöhnten Amerika keinen Vergleich gab: Von 1857 bis 1860 errichtete New York seinen Central Park, dies auf einem 333 Hektaren grossen Gebiet nördlich der 42. Strasse. Das Gelände hatte zu den hässlichsten Quartieren der Halbinsel gehört: ein struppiges Terrain mit unsäglichen Slums aus Zelten und Blechhütten, in denen Lumpen- und Knochensammler hausten. Der beauftragte Städteplaner Frederick Law Olmsted hatte daraus eine weitläufige Anlage im «romantischen» englischen Stil geschaffen, mit Wasserläufen, Teichen und Seen. Sie bezog bereits bestehende Felsformationen und Bachläufe mit ein und gestaltete sie zu den damals beliebten Grotten um. Freiluftbühnen und *bandstands* – überdachte Pavillons – dienten für musikalische und theatralische Darbietungen. Einen von ihnen steuerte Emil bei seinem ersten Besuch im August 1860 an, «da dort alle Samstage Danforths *band* Musik spielt. Wir kamen gegen 6 Uhr im Park an und fanden die Musik am Ende des *ramble*, des grossen Spaziergangs. Die wenigen Sitze waren von Damen besetzt, unter denen sich aber merkwürdigerweise auch gar keine hübsche Auswahl machen liess. Die Musik spielte sehr schön, meistens Tänze und einige Opernarien. Der Ton ging aber leider verloren unter dem Dach der niedrigen Bude, unter dem sie sassen. Wir machten einen weiteren Spaziergang über den Teich auf einen künstlichen Felsblock hinauf, der einen trefflichen Aussichtspunkt bildet. Wir unterhielten uns dort auch mit einem Central-Park-Polizisten, einem Deutschen, der uns mitteilte, dass der Park selbst die ganze Nacht offen sei.»

Mit den angesprochenen Polizeikräften hatte Superintendent Olmsted jene Kreise der Bevölkerung beschwichtigt, die befürchtet hatten, im Park würden sich randständige, sogar kriminelle Elemente zusammenrotten. Tatsächlich sorgten die flott uniformierten Polizisten aber mit grosser Effizienz für die Einhaltung der überall angeschlagenen Vorschriften. Sechs Jahre nach Emils erstem Augenschein sollte die jährliche Besucherzahl auf rund acht Millionen klettern, während pro Jahr kaum hundert Ruhestörer festgenommen werden mussten.

Emils Enttäuschung über die fehlende «hübsche Auswahl» bei den anwesenden Damen widerspiegelt eine weitere wichtige Funktion des Parks: Hier traf sich an lauen Sommerabenden die modische Welt, um zu sehen und gesehen zu werden. Bei einem weiteren Besuch, diesmal in Begleitung eines Kollegen namens Escher, kamen die zwei zwar zu spät zum Freiluftkonzert, «hingegen schien der Zug von Hunderten von Kutschen, Buggies, Reitern und Reiterinnen auf den prachtvoll angelegten Fahrstrassen nicht abnehmen zu wollen, und neben der Betrachtung der Personen konnte man sich auch mit Bewundern der Pferde und Reitkünste unterhalten, was namentlich Escher anzog. Der Teich enthält nunmehr nahezu 50 Schwäne, die ausserordentlich zahm sind.» So mächtigen Eindruck machte diese Parade der Eitelkeiten auf den Kollegen Hans Conrad Escher, Sohn eines Textilfabrikanten aus Zürich-Enge und um einiges älter als Emil, dass der sich fortan selbst als Reiter in Szene setzte. Und dies mit Erfolg – schon zwei Wochen darauf konnte Emil notieren: «Der heutige *Herald* enthält einen Artikel über das Reiten und Fahren der hiesigen Aristokratie im Central Park und zählt alle Leute beim Namen auf, die schöne Gespanne und Reitpferde haben, zum Beispiel Commodore Vanderbilt habe zwei Pferde im Wert von 20 000 Dollar. Darin kommt auch Escher mit seinem Pferd an sehr hervorragendem Platz vor – sowohl er als das Pferd mit voll gedrucktem Namen und Beschreibung des Letzteren.»

Im Winter, wenn Seen und Teiche zufroren, wechselte ganz einfach die Art des Zeitvertreibs, die Anziehungskraft des neuen Treffpunkts erlitt kaum Einbussen. Emil bekam den neuen Volkssport noch kurz vor seiner Rückreise nach Europa mit: «Nachmittags machte ich einen Ausflug nach Central Park», heisst es im Dezember 1860, «wo alle Seen hart überfroren sind. Der nette Anblick war erstaunenswürdig, und musste ich laut auflachen, als ich das Gewimmel von Menschen auf der Eisfläche erblickte. Tausende von Schlittschuhläufern fuhren kreuz und quer aneinander vorbei in allen möglichen Richtungen, dazwischen liefen Fussgänger sorgfältig über den schlüpfrigen Boden vom einen Ende zum andern. Mein Freund Vigl legte seine Schlittschuhe ebenfalls an und war bald in dem Gewühl verschwunden. Unterdessen machte ich einen Gang um den See; oben von den Hügeln konnte man die Eisfläche übersehen. Für die Damen war ein besonderer Teil reserviert; man konnte jedoch das schöne Geschlecht überall herumziehen sehen. Die Schwäne sind aus dem Park entfernt worden.»

So wie der Volksgarten brachte der Central Park ein neues Gemeinschaftserlebnis, eine kaum für möglich gehaltene Durchmischung der Bevölkerungsschichten. Trotzdem entsprang die breite Unterstützung, die das Projekt beim wohlhabenden Bürgertum von Beginn weg fand, nicht nur idealistischen Motiven. Die Grundstückspreise in der Umgebung der einstigen Slums stiegen dank dem Park steil an; die Stadt breitete sich schneller als erwartet in Richtung Norden aus. Und so wie es Emil prophezeit worden war, profitierten auch anstossende Regionen davon. 1864, fünf Jahre nach dem Abtausch seines Obstgartens am East River gegen die zwei Stadthäuser an der 39. Strasse, zeigt eine Landkarte das einstige Dörfchen College Point als erschlossenes Vorstadtgebiet; bereits bedeckt ein Gitternetz von Strassen die idyllische Halbinsel mit dem Grab des ertrunkenen Seemanns …

Was Theater und Shows betrifft, so gilt der Broadway heute als Inbegriff kommerziellen Glamours. Hier gibt es geschliffene, auf den Publikumsgeschmack abgestimmte Produktionen zu sehen, während experimentelles, anspruchsvolleres oder weniger zugängliches Theater unter das Stichwort *off-Broadway* fällt. Zur Zeit von Emils Aufenthalt gehen diese Kategorien noch viel ungezwungener ineinander über. Bei seinen zahlreichen und oft eingehend geschilderten Theaterbesuchen lernt er vom handfesten Volkstheaterstück bis zum weihevollen Konzert des international gefeierten Opernstars alles kennen – und dies oft nur wenige Schritte von seinem Arbeitsort entfernt.

Aber manchmal kommt ihm der legendäre Boulevard selbst wie eine riesige Bühne vor. «An diesem prachtvollen Tag bot der Broadway wirklich ein glanzvolles Schauspiel. In eleganten Wagen und Karossen wie auch auf den Trottoirs bewegten sich Schwärme von eleganten Damen, und noch nie hatten meine für solche Reize sehr empfänglichen Augen so viel des Schönen angetroffen wie auf dieser Strasse aller Strassen. Nach dem Bonmot meines Begleiters konnte man wirklich sagen, der Broadway werde heute mit Seide gewischt und gereinigt vom Staub.» Nicht nur die Damen führen auf diesem mit Seide polierten Laufsteg die neuste Mode vor: «Auf der Rückfahrt beobachtete ich einen Dandy von meinem Alter, wie er gekleidet war. Glanzschuhe, heitere weite Hose, Krawatte *à l'anglaise*, feinster schwarzer Rock ohne Taille, und an der Uhrkette hing der grosse Fingerring, den er nicht unter den Glacéhandschuhen verbergen wollte. Das Haar war sehr schön und lockig, aber das Gesicht unregelmässig und unbedeutend.»

Das Gegenstück zum blasierten New Yorker Dandy ist der stets fröhliche, in schreiend bunte Farben gekleidete schwarze Geck: Dandy Jim aus Carolina, der Banjo spielende und singende einstige Negersklave mit dem gebleckten Gebiss, dem blauen Frack und den gestreiften Beinkleidern. Dieser Stereotyp flaniert allerdings nicht auf den Gehsteigen, er bleibt vielmehr auf die Bühne verbannt. Gleich einer seiner ersten Theaterbesuche führt Emil, in Begleitung der Aschmanns und der Damen Boyd, in eine der ungemein populären Minstrel Shows: kabarettartige Unterhaltung, bei der weisse Darsteller mit schwarz gefärbten Gesichtern und wolligen Perücken in greller Karikatur das Leben der

Schwarzen auf der Plantage oder in der Grossstadt als Anlass für grobe Spässe missbrauchen.

«Da sassen zwölf pechschwarze Neger nebeneinander», beginnt der Eintrag vom 24. Januar 1859, «jeder ein Instrument in der Hand, und musizierten zusammen. Auf jeder Seite derselben sass ein Sprecher und Spassmacher, der in der Zwischenzeit der Gesänge dem Leader auf seine Fragen mit drolligen Einfällen antwortete, die selbst für mich leicht verständlich waren. Die schwarzen Gesichter und Wollenhäupter aller Darsteller waren so gleichmässig ebenholzfarbig, dass es keine Möglichkeit zu denken war, sie hätten diese Eigenschaften von Natur aus, und alle Anzeichen waren da, dass unter den Farbschichten und Perücken weisse Haut versteckt war. (…) Das ganze Theater kicherte oft in einem fort, und auch unsere Frauenzimmer lachten sich halb krank. Den meisten Spass verursachten: ein hundertjähriger Gesang, den ich freilich wegen hundertjährigem Negerdialekt nicht verstand, eine Strassenszene und eine Eisenbahnexplosion. Das Geräusch und Pfeifen des Dampfes, das Läuten der Glocke, das klappernde Getöse des sich bewegenden Zuges wurden täuschend nachgemacht. Plötzlich kracht es, alles ist zu Boden geschmettert. Als Posse wurde zum Ende ein Stück aufgeführt, betitelt *New Years Calls*. Die Hauptperson darin war ein grosser, blödsinniger Junge. Er erscheint am Neujahrsmorgen in Nachthemd und Kappe und schreit zetermordio, dass ihm seine Schwester die Sonntagshosen mit Eiern, Gemüse und einem Krebs angefüllt hat, worauf dann die Täterin herumgejagt und ein Kaffeetisch umgestossen wird.»

Was der junge Mann aus der liberalen Schweiz von diesem Schauspiel hält, das eine Minderheit der Bevölkerung auf krasse Weise demütigt, bleibt offen. Es kommt auch nur indirekt zur Sprache, wie Emil über ein Jahr später eine Theateraufführung besucht, die zum ersten Mal Sklaverei und Rassentrennung auf die Bühne bringt.

Mit *The Octoroon* hat der irische Starschauspieler und Dramatiker Dion Boucicault das Thema Sklaverei aufgegriffen. Das Melodrama über einen

Mischling auf einer Plantage in Louisiana («Octoroon» bezeichnet einen Menschen mit einem Achtel Anteil an afrikanischem Erbgut) wird im Dezember 1859 zum Sensationserfolg, begeistert gefeiert von den Gegnern der Sklaverei und ausgebuht von ihren Befürwortern. Emil muss gleich einer der ersten Aufführungen beigewohnt haben: «Im Dezember zog mich besonders eine Tragödie aus dem Sklavenleben, *The Octoroon*, an, die im Winter Garden wundervoll gegeben wurde», heisst es in einer der genannten zusammenfassenden Passagen. Es ist ein Stück, das niemanden gleichgültig lässt. «Jedermann spricht über *Octoroon*», meldet die *New York Times* vom 18. Dezember, «ist neugierig auf *Octoroon*, sieht sich *The Octoroon* an, und so wird das Stück eigentlich zu einem Werk des Publikums, das es nach seinem Belieben umschreibt, jedes Wort davon umdeutet und neu interpretiert, sodass aus *The Octoroon* eine politische Abhandlung von höchster Dringlichkeit und Bedeutung wird – zum grössten Erstaunen des Autors.»

Emils lobender Tagebucheintrag verrät, dass auch er auf seine Weise am öffentlichen Diskurs teilhat. Und so wie viele New Yorker lässt auch er sich von der speziellen Atmosphäre des Orts bezaubern. Boucicault, ein Mann mit feiner Nase für aktuelle Themen und New Yorks Theatertradition, hat die einstige Tripler Hall an der Kreuzung von Broadway und Amity Street vor Kurzem übernommen und in Winter Garden Theatre umgetauft. Der extravagante Zuschauerraum mit seinen Arrangements tropischer Kübelpflanzen wird der Schauplatz für einige der einschneidendsten Theatererlebnisse Emils.

Viele erfolgreiche Bühnenstücke der Zeit sind Adaptionen von Romanen, darin macht auch Boucicaults Erfolgsstück keine Ausnahme (die Romanvorlage trägt den Titel *The Quadroon*, was einen Viertel Anteil an schwarzen Genen bezeichnet). Der meistgelesene Autor dieser Epoche aber ist Charles Dickens; kurz nach dem Riesenerfolg des Sklaven-Melodrams wartet auch hier der Winter Garden mit mehreren Bühnenbearbeitungen auf. «Es waren zwei Stücke», rapportiert das Tagebuch am Stefanstag 1861, «das eine *Paul Pry* und das andere *Nicholas Nickleby* genannt. In Ersterem erscheint Jefferson als ein neugieriger Kerl, der seine Nase in alles steckt und dabei oft in komische Lagen kommt. Das zweite Stück hat aber weit mehr Sinn und ist eine Umarbeitung des Romans gleichen Namens von Charles Dickens. Die Haupthandlung spielt in einer Erziehungsanstalt, wo der Knabe, der Erbe eines grossen Vermögens, zu Tode gemartet werden soll durch unmenschliche Behandlung. Jefferson spielt die Rolle des stets besoffenen Clerks ausgezeichnet, und jede seiner Gebärden und Mienen stellt den Charakter eines solchen Individuums wahr und deutlich vor und hat zugleich ungemein komischen Effekt. Auch der Knabe weiss seine Rolle mit so viel Wahrheit zu geben, dass die Zuhörerschaft wahres Mitleid mit ihm fühlt. Der Rest der Truppe spielt mittelmässig.»

Joseph Jefferson, damals 30-jährig und bereits Amerikas meistgefeierter Bühnenstar, ist nur eine der legendär gewordenen Bühnenpersönlichkeiten, von denen das Tagebuch berichtet. So wie Jefferson, der diese Sternstunden des Broadway in seiner viel gelesenen Autobiografie beschreibt (und lange genug leben wird, um noch in den ersten Filmen der Pionierzeit mitzuwirken), sind viele von ihnen Impresario, Bühnenautor und Hauptdarsteller in einer Person. Bemerkenswert ist zudem die wichtige Rolle der weiblichen Stars, die als Regisseurinnen, Produzentinnen und Interpretinnen glänzen. Eine von ihnen ist Charlotte Cushman, eine äusserst wandlungsfähige Sängerin und Tragödin, die durchaus auch schon als Romeo oder Hamlet aufgetreten ist. Emil hält im Oktober 1860 fest: «Escher und ich holten heute Miss Babette ab und gingen mit ihr in den Winter Garden. Dort spielte Miss Cushman eine Art Mannweib, die Rolle der Meg Merrilies in *Guy Mannering*, ein altes Zigeunerweib und verstand durch ihr wildes, gespensterhaftes Aussehen und durch ihr leidenschaftliches Spiel das Publikum in Graus und Schrecken zu bringen; jedenfalls ist sie in dieser Rolle meisterhaft.»

Verschreckte die damals 44-jährige Cushman einen Teil des Publikums durch ihr unverhohlenes Bekenntnis zu ihrer lesbischen Veranlagung und ihre tumultuösen Affären mit Malerinnen und Bildhauerinnen aus Bohèmekreisen, so war die zehn Jahre jüngere Komödiantin und Direktorin Laura Keene der gefeierte Liebling von *tout* New York. Zwei ihrer Grosserfolge der späten 1850er-Jahre, die Inszenierungen von *The American Cousin* und *The Seven Sisters*, gelten geradezu als Marksteine in der Geschichte nicht nur des Broadway, sondern des amerikanischen Theaters überhaupt. Emil Streuli hat sie beide gesehen und beschrieben.

«Gegen 8 Uhr betrat ich Laura Keenes Theater», beginnt ein Eintrag aus diesem ereignisreichen Theaterherbst 1860, «um die Vorstellung des *American Cousin* anzusehen. Es traten darin Mrs. John Ward, Jefferson und Sothern usw. auf, alles ausgezeichnete komische Charaktere. Auch Miss Mary Stevens, eine sehr liebliche Erscheinung und gute Schauspielerin, der die Hauptmasse der Bouquets zugeworfen wurde. Das Stück, das auf diesem Theater schon einmal für einen ganzen Winter ohne Unterbrechung gespielt wurde, ist eine Burleske und schildert die komischen Erlebnisse eines Yankees, dessen Urnaturell noch nicht gebrochen ist, bei seinen aristokratischen Verwandten in England. Die Aufgeblasenheit der dortigen Sippschaft von den Lords bis zum Steward herab wird sehr satirisch gezeichnet, namentlich in dem einfältigen jungen Lord, der alle ausser sich für verrückt hält. Gegenüber diesen Leuten tritt der derbe Yankee in steten Konflikt, zeigt sich aber als ein Mann von Wort. Er rettet die Ehre der Familie vor den Schlichen eines Advokaten, wozu ihm sein gewandter schlauer Nationalcharakter die Mittel zeigt, und verliebt sich dann in das Milchmädchen als die Vernünftigste jenseits des Wassers, die er heimführt.»

Was Emil hier eher unbeholfen zusammenfasst, ist die Handlung eines der erfolgreichsten amerikanischen Bühnenstücke seiner Zeit. Laura Keenes erfolgreiche Inszenierung und Darstellungskraft lancieren nicht nur ihre eigene Karriere, sondern auch jene von Joseph Jefferson und Clara (nicht «Mary»!) Stevens, der Darstellerin des Milchmädchens. Und sie stellt die Theaterwelt gerade durch ihren Erfolg vor bisher unbekannte Probleme: Wie organisierte man den Kartenverkauf, wenn ein Stück über zwei Saisons und mehr als zweihundert Abende hinweg vor ständig ausverkauftem Haus spielte? Und wie verpflichtete man Schauspieler und Schauspielerinnen, deren Terminkalender auf rasch wechselnden Engagements beruhte? Als so erfolgreich entpuppte sich der *American Cousin*, dass ihn die Keene'sche Truppe noch 1865 im Repertoire führen sollte. Schliesslich setzte aber eine Katastrophe im *Ford's Theatre* von Washington der Tournee ein Ende: Im dritten Akt der Aufführung vom 4. April sprang der hier engagierte Schauspieler John Wilkes Booth auf die Bühne und erschoss aus kurzer Distanz den in seiner Loge sitzenden Abraham Lincoln, den in seiner zweiten Amtszeit bestätigten republikanischen Präsidenten. Nach Augenzeugenberichten kam Hauptdarstellerin Laura Keene als eine der Ersten in der Loge des schwer verwundeten Präsidenten an und bettete seinen Kopf in ihren Schoss.

Schrieb hier der Zusammenprall von Bühnenkomödie und realer Tragödie dramatische Weltgeschichte, so ging Laura Keene's Nachfolgehit *The Seven Sisters* mit 253 Aufführungen in die amerikanische Theatergeschichte ein – eine noch nie erreichte Zahl! Emils Eintrag vom Dezember 1860 gibt einen Begriff von den aufwendigen Dekors und den technischen Kabinettstücken des Bühnenmeisters – Showeffekte, wie sie der Broadway noch nie gesehen hat! «Das Stück, die *Sieben Schwestern*, hatte bereits angefangen, man konnte aber leicht zurechtkommen, denn es war eigentlich nichts als Unsinn von Anfang bis Ende. Doch ist dabei manche komische Szene, und kann man nicht aufhören zu lachen. Ihre erste Erscheinung machen die sieben Schwestern als Schauspielerinnen, man sieht dabei ein Theater auf der Bühne selbst. Dann figurieren sie auch als Offiziere eines weiblichen Zuavencorps, das militärische Übungen aufführt, hierauf erscheinen Central Park, nachher Canal Street nebst der Metropolitan Police. Die Krone der Dekoration ist die letzte Szene, wo die ganze Bühne eine ungeheure tropische Blüte darstellt, auf deren Blättern Grazien sitzen und aus deren Mitte sich eine Knospe heruntersenkt, ihre Blätter aufschlägt und ein Knäblein als Amor zum Vorschein kommt.»

Natürlich hatte New York auch einem musikalisch veranlagten Menschen wie Emil Streuli vieles zu bieten. Das Tagebuch führt eine ganze Reihe von Konzerten und Opernbesuchen an, darunter eine Aufführung von Wagners *Tannhäuser* im Deutschen Theater: «Diese Oper macht hier grossen *éclat*.» Kurioserweise fallen die Kommentare aber durchwegs viel kürzer aus als nach den Besuchen im Sprechtheater. Zusammenfassungen der Handlung wie bei den Bühnenstücken gibt es nach einem Opernbesuch kaum; Konzerte werden oft mit einem knappen, mitunter barschen Urteil bedacht: «die Sänger höchst mittelmässig», «das Orchester zu laut».

Hing diese Zurückhaltung damit zusammen, dass New Yorks *Academy of Music* an der Kreuzung der 3rd Avenue und der 14. Strasse zwar gefeierte Sänger aus aller Welt engagierte, aber noch keineswegs über ein Orchester auf internationalem Niveau verfügte? Das auch äusserlich nicht eben prunkvolle Gebäude war 1854 dank der gemeinsamen finanziellen Anstrengung einiger reicher Familien der Stadt errichtet worden und galt deshalb als etwas versnobter Treffpunkt von musikalischen Banausen, die vor allem herkamen, um zu sehen und gesehen zu werden. So jedenfalls das Urteil eines kritischen zeitgenössischen Beobachters: «Zumindest ein Drittel, wenn nicht die Hälfte der Logen füllen sich allabendlich mit Leuten, die sich kaum zeigen würden, wenn die Oper eben nicht grosse Mode wäre und ihnen nicht die Gelegenheit gäbe, ihrer Vorliebe für glänzende Kleidung zu huldigen.»

Von Logenplätzen konnte im Falle Emils nicht die Rede sein. Meist nutzte er für seine Besuche in der *Academy of Music* die Sonntagsmatinee mit ihrem günstigen Einheitspreis von 1 Dollar für Stehplatz oder Logenfauteuil. Hier ergaben sich immerhin zwei längere Einträge im Tagebuch. Beide gelten der Sopranistin Marietta Piccolomini, die rund ums Jahresende 1858 verschiedene Male in New York und Umgebung auftrat. Die damals 26-jährige Italienerin teilte sich mit Jenny Lind in den Ruf einer Jahrhundertsängerin; anders als die «schwedische Nachtigall» galt sie zudem als begnadete Darstellerin, die auch auf der Sprechbühne Triumphe feierte. Emil zeigte sich nach seinem ersten Besuch an der *Academy* vom 6. November 1858 total begeistert.

«Die zahlreichen Burschen, die hier Operntexte verkauften, wiesen mir schon den Weg zum Theater, das auch an seiner Grösse und Bauart leicht erkenntlich war. Das Billett kostete 1 Dollar. Ich war beim Eintreten in den Saal sehr erstaunt, alles von Leuten bis hinauf gefüllt zu sehen, indem ich mich bei solch schlechtem Wetter auf schwachen Besuch gefasst gemacht hatte. Von Sitzen war keine Rede, und teilten dieses Los wenigstens hundert Frauenzimmer. Ich drängte mich an einen ordentlichen Platz in der Rotunde, und gleich darauf, punkt ein Uhr, begann die Ouvertüre. Das Programm enthielt die *Regimentstochter*, spanisches Lied und noch einen Akt aus *Favorita*. In ersterer Oper hatte Piccolomini zu erscheinen, die also alle diese Leute hierhergezogen hatte. Der Vorhang ging auf, und die Oper begann mit dem bekannten ländlichen Chor und dem Gebet der Tiroler. Carl Formes erschien dann als Sulpice, der Grenadier, und bald kam die kleine Maria zu hüpfen, die also in Piccolomini ihre vollendete Darstellerin fand. Die so beliebte Künstlerin hat gerade kein ausgezeichnetes Organ. Im Anfang konnte ich auch rein nichts Besonderes an ihr entdecken. Sowie aber einmal zartere, effektreichere Momente kamen, trat ihre Kunst hervor, mit der sie alles nachholt, was andere, begabtere Sängerinnen ihr voraushaben. Sie singt vollkommen kunst- und schulgerecht, und wo sie zu den äusseren Klängen ihres Gesangs innere Saiten ihrer Seele anzuschlagen weiss, tut sie es mit zu Herzen gehendem Ausdruck und Anmut. So ist namentlich ihr Abschied von den Soldaten wahrhaft rührend, indem sie da wirklich ‹Tränen in ihre Seele zu giessen weiss›, wie die Franzosen sagen.»

So ansteckend wirkte Emils Begeisterung, dass sich im folgenden Februar auch Frances und das Ehepaar Aschmann an die Matinee locken liessen. Den vieren bot sich das gleiche Bild: voll besetztes Haus schon eine Stunde vor Vorstellungsbeginn. Mit Mühe und Not ergatterten die Männer einen Sitzplatz für die Frauen; selber sahen sie sich die Vorstellung stehend in der Rotunde an. «Die Ouvertüre begann. Die 60 Musiker schienen mir nicht nach Ordnung zu spielen, denn oft tönte alles verworren durcheinander, oder ich muss zu nahe am Orchester gewesen sein. (...) Die junge Witwe durch die Piccolomini, den Hauptstern der heutigen Vorstellung, gegeben, war ebenfalls unübertrefflich. Welche Koketterie, Malice und weibliche Verstellungskunst sprach nicht jede Miene, jede Bewegung des Mundes und des Kopfes aus! Wenn auch die Stimme nicht stark, doch kunstvoll ist, so entzückt das Spiel doch allgemein das ganze Haus.»

Wie hielt es Emil mit einer andern, weniger offen angepriesenen New Yorker Attraktion, die allerdings ebenso viele Auswärtige in die Metropole lockte wie die Bühnen am Broadway? Die Stadt zählte in den 1860er-Jahren weit über 600 Bordelle, dazu unzählige Parlours und *cigar stores*, die ähnliche Dienste anboten. Hier und auf den Strassen arbeiteten Scharen von leichten Mädchen – ja, New York zählte in den Worten eines verzweifelten Bischofs «ebenso viele öffentliche Prostituierte wie Methodisten», nämlich um die 20 000. Auf dem Weg von *Ashman's* zur Landestelle der Fähre nach Jersey City kreuzte Emil unweigerlich die berüchtigte Greene Street. Sie war auf eine Länge von über einer Meile, bis hinauf zur Canal Street und zum Clinton Place, gesäumt von Bordellen jeder Preisklasse – von den tristen Kaschemmen im Süden, wo die Matrosen der an den Hudson-Piers vertäuten Schiffe verkehrten, bis zu *Flora's*, einem geradezu respektablen Lokal. Hier regierte Madame Flora, stets mit untadeliger Eleganz gekleidet, mit fester Hand über eine Anzahl junger Frauen, die in ganz New England rekrutiert wurden, unterhielt gleichzeitig glänzende Beziehungen zur Polizei. Kaum je erschien ein Gesetzeshüter in dem mit einer dezenten weissen Laterne gekennzeichneten Etablissement: Dank dem Regime Floras bestand dazu auch kein Anlass! Etwas weiter nördlich, an der 25. Strasse, luden die noch dezenteren *Seven Sisters* zum Schäferstündchen – so benannt nach Laura Keenes Erfolgsmusical und so erfolgreich, dass dieses De-luxe-Institut schliesslich tatsächlich sieben aneinandergebaute Brownstone-Häuser belegte. Laut einem zeitgenössischen Beobachter war es «mit geradezu einschüchternder Eleganz möbliert». Seine Betreiber genierten sich auch nicht, die unbegleiteten männlichen Besucher von New Yorks Fünfsternehotels mit erlesenen Visitenkarten aus dickstem, cremigem Papier auf ihre Dienstleistungen hinzuweisen.

Bei diesem Thema – das hier mit Hilfe zeitgenössischer Darstellungen skizziert wurde – lässt uns Emils Tagebuch ganz im Stich. Nur einmal weist es, in einer Mischung aus Bedauern und Empörung, auf New Yorks Rotlichtviertel im Allgemeinen und auf die Greene Street im Besonderen hin, dies anlässlich einer Fahrt im Omnibus: «Auf dem Wege dahin sass neben mir ein junges Frauenzimmer, dessen glanzvolle Schönheit selbst durch den Schleier hervorstach. Rabenschwarzes Haar, bleiche feine Gesichtszüge – eine amerikanische Schönheit, wie ich diesen Typus noch nie so vollkommen und ohne Makel gesehen hatte. Wie bedauerte ich diese Schöne, als ich sie aussteigen und einer berüchtigten Strasse zugehen sah, wo die Prostitution ihr Hauptquartier aufgeschlagen hatte.»

Damit ist die eingangs dieses Abschnitts gestellte Frage allerdings noch nicht beantwortet. Ausser dem Erlebnis mit der rabenschwarzen Schönheit im Omnibus meldet das Tagebuch verständlicherweise nichts über allfällige Abstecher ins Rotlichtmilieu; immerhin wurden die fertig gewordenen Bände ja regelmässig den Lieben daheim zugestellt. Es ist aber kaum anzunehmen, dass die jungen unverheirateten Männer des Schweizerklubs nur immer einen grossen Bogen um die einschlägigen Etablissements machten. Darauf deutet jedenfalls einer der allerletzten Einträge vom Jahresende 1860 hin. Emil trifft beim Frühstück am Sonntagmorgen in einem New Yorker Restaurant auf die drei Landsleute Schwarzenbach, Egli und Schwarz, die ihm halb prahlerisch, halb zerknirscht von den Abenteuern der vergangenen Nacht erzählen: «Nachdem sie in mehreren verrufenen Häusern herumgestrichen waren, kamen sie gegen zwei Uhr morgens in ein Austernlokal, wo sie mit einigen betrunkenen Rowdys zusammenkamen, die ihnen beinahe mit Schlägen aufgewartet hätten.»

Beteiligte sich Emil gelegentlich an solchen Ausflügen in die Halbwelt? Oder hielt er sich als regelmässiger Gottesdienstbesucher und Sänger im Kirchenchor an die Devise, die ihm das Elternhaus mitgegeben hatte: Sich aufsparen für die Ehe? Rein bleiben für die Frau, mit der er eine Familie gründen würde? Das Tagebuch gibt weder für die eine noch die andere Seite schlüssige Hinweise. Als einziges Indiz bleibt das fünfmonatige Ausbleiben der Einträge bis Juni 1860, das sich mit den Rückschlägen im Gasgeschäft nur halbwegs erklären lässt. Mündete hier eine festtägliche Sumpftour zum Jahreswechsel in einen gemeinsamen Besuch im Bordell? Sah sich ein zerknirschter, von Reue geplagter Emil ausserstande, mit den täglichen Einträgen fortzufahren, die streng genommen auch diese zentrale Erfahrung hätten einschliessen müssen?

Die Frage bleibt offen. Generell gesehen stellte ein Besuch im Bordell auch «draussen» in der Heimat für die streng protestantisch erzogenen Zürcher Bürgersöhne keine unerhörte oder unverzeihliche Sünde dar. In der Stadt Zürich selbst unterlagen die geduldeten Freudenhäuser zwar strengen polizeilichen Vorschriften, daneben fanden sich aber auch hier die erwähnten, schwer kontrollierbaren einschlägigen Zigarrenbuden. Vor allem in Aussengemeinden wie Hottingen und Riesbach florierten sogenannte Winkelwirtschaften; im letzteren Vorort betätigte sich sogar die Ehefrau des Gemeindepräsidenten als Bordellwirtin. Gerade im Sommer 1859, während des Eidgenössischen Schützenfestes, erwies sich aber selbst dieses Angebot als unzureichend, musste die Sittenpolizei den Zustrom mehrerer hundert Prostituierter aus den umliegenden Kantonen und aus Süddeutschland beklagen.

Was im heimischen Rotlichtprisma fehlte, waren indes Lokale mit einem Anstrich von Stil und Klasse, wie sie in New York die obere Greene Street aufzuweisen hatte. Ob sich Emil vom bedenklichen Glanz der *Seven Sisters* oder von *Lola's* verlocken liess, muss hier wie erwähnt offenbleiben. Tatsache ist aber, dass das Tagebuch zur körperlichen Liebe, zur Fortpflanzung und zur Ehe einige bemerkenswerte Ansichten notiert. Sie sollen hier wenigstens zusammengefasst werden, gleichsam als Abrun-

dung des weiter oben begonnenen «Porträts eines jungen Mannes». Wie
hielt es Emil mit der eigenen Sinnlichkeit? Wie stellte er sich zu seiner
New Yorker Zeit eine zukünftige Ehe vor, und wie sollte die entsprechende Partnersuche aussehen?

Kann sich Emil nur schwer an den Gedanken gewöhnen, dass auch die
eigene, von ihm so verehrte und betrauerte Mutter ihn und seine Brüder
einst empfangen und geboren hat, sich wie jede Wäschersfrau den «ani-
malischen» Trieben hingegeben hat? Das krasse Wort fällt in einer bemerkenswert offenen Diskussion zwischen ihm und dem Ehepaar Aschmann.

«Wir hatten abends eine interessante Abhandlung über Liebe»,
heisst es am 6. Juni 1859. «Ich verteidigte gegenüber Herrn Aschmann
die platonische Liebe gegen die sinnliche. Ich kann eigentlich ein Kind
nicht mehr als ein Geschenk Gottes betrachten als eine junge Katze;
beide entstehen auf animalischem Wege. Mir scheint, die Menschheit
wird durch diese Selbstzeugung am meisten degradiert und dem Tier
gleichgestellt. Ich kann in dem Gedanken keine grosse Erbauung finden,
dass ich das Blut meiner Eltern in wirklicher physischer Gestalt in mir
habe; viel lieber möchte ich idealere Eigenschaften mit ihnen gemein
haben.» Entsprechend unbehaglich fühlt er sich denn auch, wenn er den
kleinen Freddy, Frucht einer solchen «Selbstzeugung», in den Arm nehmen soll. Meist beginnt der Säugling denn auch zu schreien: «Der kleine
Bürger wurde mir heute Abend zum Tragen in die Arme gegeben. Ich
verstand ihn aber gar nicht recht zu handhaben und ging zu rasch, als ich
mit ihm im Zimmer herumspazierte, sodass er eben nicht zu stark Gefallen an mir fand.»

Anders als viele gleichaltrige junge Männer nimmt Emil auch nicht
mit einem Augenzwinkern oder Achselzucken zur Kenntnis, dass manche
Ehemänner auswärtige Liaisons suchen – so wie im bereits zitierten Fall
von Geschäftspartner Burton, der ihm das «Band der Ehe» zu entheili-
gen scheint. Bemerkenswerterweise gibt sich Emil selbst dann abweisend
und spröde, wenn ihm eine junge Frau aus seiner Umgebung ihre Zunei-

gung allzu offenherzig zeigt. So schwärmt ein junges Mädchen namens Ella Garrabrandt ganz offensichtlich für ihn, drückt ihm bei einer Gelegenheit ein Körbchen mit Kirschen und Blumen in die Hand. Statt sich geschmeichelt zu fühlen, nennt er sie «unvorsichtig und vorlaut», beklagt sich zu Hause bei Martha Aschmann über ihre angebliche Aufsässigkeit: «Miss G. ist oft zu zudringlich gegen mich, nennt mich Emil vor andern Leuten und verletzt dadurch oft die Regel der Etikette. Ich gedenke ihr deshalb bei passender Gelegenheit eine Aufklärung zu geben, da ich solches Kokettieren und einfältiges Getriebe nicht leiden mag.»

Ein gefühlvoller Romantiker? Ein weltfremder Idealist? Dem widersprechen die wenigen Einträge, die sich mit Emils eigenen Heiratsplänen, seinem Bild einer zukünftigen Ehefrau befassen. Gegenüber der mehrmals genannten Babette, dem verschupften Ziehtöchterchen der Dörlers, gibt er sich bei der Rückkehr von einem Gottesdienst – ausgerechnet! – eher gefühllos und berechnend. «Auf dem Heimweg hatten wir ein interessantes Gespräch über Heirat; die arme Babette weinte. Sie würde bei einem Manne, der ihr gefiele, nicht lange fragen, ob reich oder arm, wenn er ihr nur ein Auskommen geben könnte. Ich hingegen stellte das Gegenteil auf und nannte als Hauptkonditionen gut, jung, reich und hübsch, und bis ich diese vier Bedingungen nicht in einer Person zusammen treffen und wählen kann, werde ich auch nicht heiraten und auf jeden Fall noch warten, bis ich 30 bin.»

Ein erstaunliches Selbstzeugnis – umso mehr, als Emil ja auf eine beträchtliche Erbschaft zählen kann, bereits nach dem Tod der Mutter ein ansehnliches Vermögen geerbt hat und damit auf die «Hauptkondition» einer reichen Zukünftigen verzichten könnte. Läuft ihm eine allfällige Kandidatin über den Weg, fehlt der Hinweis auf die zu erwartende Mitgift aber praktisch nie – so im Fall einer Miss Bainbeach, Erbin eines reichen Deutschen aus der Sanitärbranche, die er im Juli 1859 kennenlernt: «Diese Tochter möchte sich wahrscheinlich auch gerne verheiraten; sie wird etwa 80 000–100 000 Dollar wert sein. Das Einzige ist aber, dass sie nicht schön ist, doch aber wohlerzogen.»

Dass Mutter Carolines stete Warnungen vor den hübschen «Amerikanerinnenlärvchen» schliesslich Frucht getragen haben, zeigt sich indirekt am Lob der umgänglichen und lustigen Mrs. Boyd, mit der sich Emil beim Urlaub in den Catskills so gut vertragen hat. «Mrs. Boyd ist und bleibt eine wahre Ausnahme unter den Amerikanerinnen und verwaltet ihr Hauswesen wie das tüchtigste Schweizerfrauchen. Nur wünschte sie sich ihr Haus gern aus der engen Gasse an eine Stelle mit Aussicht. Sonst aber verbraucht sie ihrem etwas sparsamen Gemahl nicht viel Geld und gibt sich doch zufrieden.»

Ist die sparsame Mrs. Boyd, mit der es immer etwas zu lachen gibt, das Vorbild für Emils spätere Gemahlin? Um dieses kleine Porträt ausnahmsweise mit einem Blick in die Zukunft abzuschliessen: Mit seiner eigenen Heirat wird Emil Streuli tatsächlich seine vier «Hauptkonditionen» erfüllen. Bloss in einem Punkt schlägt er mit seinem Rechthabertum gegenüber der armen Babette fehl: Keine Spur von Abwarten des 30. Geburtstags; an seinem Hochzeitstag zählt Emil gerade einmal 25 Jahre!

Abb. 64: Passanten, pferdegezogene Omnibusse und Frachtkarren beleben den Broadway um die Mittagsstunde (Aussicht vom Metropolitan Hotel in Richtung Norden). Die zahlreichen Träger für Telegrafenleitungen belegen die Wichtigkeit des neuen Kommunikationsmediums (Ausschnitt aus Stereofoto um 1870).

Stadtmoloch

Was macht New York so einzigartig? Wo liegt die Faszination dieser Stadt, was unterscheidet sie von Ostküstenstädten wie Washington oder Philadelphia, die im Tagebuch kaum Spuren hinterlassen, obwohl sie Emil mehrmals besucht?

Am 4. Juli 1859, ein knappes Jahr nach seiner Ankunft, erlebt er in der Stadt seinen ersten *Independence Day*: die Gedenkfeier zur Unterzeichnung der Urkunde, mit der sich die 13 Kolonien der Ostküste 1776 zum unabhängigen Staat erklärten. Zur Hauptparade durch die Innenstadt hat er sich verspätet. Hingegen bringt ihn das Glockenspiel der Trinity Church, an der ihn der Weg vorbeiführt, auf einen Einfall: Weshalb die festliche Stadt nicht von oben besichtigen? Wie sich zeigt, steht dem Vorhaben nichts im Weg. «Ich stieg in den Turm hinauf, wo der Mann gerade aufhörte zu spielen. Er hat nämlich an Drähten zu ziehen wie an Pedalen, von denen jede eine eigene Glocke anschlägt. Auf der oberen Plattform des Turms ist eine sehr schöne Aussicht, namentlich bei so blauem Wetter wie heute. Der Wind ging scharf aus Norden, und am Morgen war es sogar kalt gewesen. Von diesem hohen Standpunkte aus übersieht man ringsum die ganze Stadt mit ihren Nachbarstädten. Es ist dies ein eigentümlicher Anblick gegenüber der Aussicht auf europäische Städte; nämlich hier blickt man auf einen Haufen roter Brickhäuser, nur selten mit weissen Gebäuden vermischt, während dorten alles grau ist. Von hier aus hätte man sehr bequem dem Jachtwettrennen zusehen können, das aber noch nicht stattfand. Hingegen schaute ich gerade dem Einlaufen eines südlichen Steamers zu. Der Broadway, der sich in gerader Linie übersehen liess, war mit Kutschen und Omnibussen bedeckt, die von hier oben aus winzig klein waren.» Der Tag endet mit einer privaten Nationalfeier bei Aschmanns und einem weiteren Panoramablick auf die Stadt, den man vom Dach der Villa aus erlebt. «Nach und nach stiegen von allen Ecken und Enden Raketen und Leuchtkugeln auf, sogar auch ein Ballon. Dabei gab es dann auch eine Feuersbrunst in der Nachbarschaft unseres Store, und so mischten sich die Feuerglocken noch in den Spektakel.»

Manhattan, auf das die Aschmanns über den Hudson hinweg hinunterblicken, ist am Ende dieses ereignisreichen Jahrzehnts die wohl dynamischste Stadt der Welt. Seit der Jahrhundertmitte ist die damals eine halbe Million zählende Einwohnerschaft um rund 300 000 Neuzuzüger angewachsen – die allermeisten von ihnen Einwanderer. Noch schwindelerregender ist das Wachstum von Brooklyn, der Stadt jenseits des East River; zusammen kommen die Nachbarn jetzt bereits auf 1,2 Millionen Einwohner. Manhattan hat sich unaufhaltsam nach Norden ausgedehnt, weit über die 19. Strasse hinaus, die um 1850 noch die Grenze der besiedelten urbanen Zone bildete. Wenige Wochen vor der Turmbesteigung am Unabhängigkeitstag hat Emil hier zusammen mit Burton von der *Gas Company* einen Augenschein genommen. «Wir stiegen in die Cars der 2ten Avenue und fuhren durch die Stadt hinauf. Von der 30. Strasse an kommen dann schon mehr Fabriken und gemeinere Häuser, und lockert sich nach und nach das Häusergemenge, bis es bald nur noch aus einzelnen Häuserblocks, oft im üblichen Hausstil, oft als schlechte Bricks und Blockhütten, besteht. Herr Burton weiss sich noch gut zu erinnern, als er 1851 in dies Land kam, dass überall nur Felder und Stein und Felsenschutt gewesen waren, wo jetzt nach wenigen Jahren gewaltige Häuserreihen, Kirchen und Parks usw. stehen.»

Als reichten diese Neubauviertel nur gerade für die dringendsten Bedürfnisse aus, erleben auch die Quartiere südlich von City Hall Park eine bauliche Revolution, und dies bis in die südlichste Spitze der Halbinsel und «von Flussufer zu Flussufer», wie die Städteforscherin Claudia Cardia zusammenfasst. «Das Zentrum des alten New York wird grundlegend umgekrempelt», heisst es in ihrem Text, «und nur wenige Bauten überleben die Zwänge der Notwendigkeit, den Raum rationeller und dichter zu nutzen.» Die «weissen Gebäude», die Emil vom Turm der Trinity Church aus erblickt, künden von diesem Prozess. Es sind die Prestigebauten der Banken, Versicherungen und Handelsgesellschaften, fast alle seit der Jahrhundertmitte entstanden: Paläste in griechischer Neoklassik mit weissen Marmorfronten, imposanten vorgelagerten Säulen und weitläufigen Eingangstreppen. Typisch für sie ist der Prachtsbau, den Emil eine Woche nach seiner Ankunft beschreibt: «Ich entdeckte in Wall Street ein neues, sehenswertes Gebäude, die Bank von New York: sechs Stockwerke hoch, in originellem, geschmackvollem Stile gebaut und aufs Glänzendste ausgestattet.» Am dichtesten gehäuft finden sich diese Finanzinstitute in unmittelbarer Nähe der von reichen New Yorkern gestifteten Trinity Church. In den ersten drei Blocks der Wall Street zu Füssen der neugotischen Kirche haben zwei Dutzend der wichtigsten Banken des Landes ihren Hauptsitz: ob Manhattan Purchase oder City Bank, American Exchange, Bank of New York, Merchant Bank oder Bank of America. Innert weniger Jahre hat New York das einstige Finanzzentrum Philadelphia abgelöst und ist jetzt «der grösste monetäre und finanzielle Markt des Landes»: Grosshirn und Rückenmark eines mächtigen Organismus, der 50 Prozent des landesweiten Handels kontrolliert und über zwei Drittel aller Exporte wacht.

Aber auch beim «Haufen roter Brickhäuser», den Emil von der Turmterrasse aus erblickt, handelt es sich nur teilweise um *brownstones* im Stil der gemütlichen zwei Häuser an der 39. Strasse, die er im Tausch gegen seinen Obstgarten erworben hat. Gerade im Textilviertel und entlang des Broadway macht sich ein neuer Gebäudetypus breit, dem ganze Blocks alter Lager- und Handelshäuser weichen müssen: *castiron buildings*, massive Geschäftshäuser mit einem Kern aus Gusseisen, aber mit Backstein umkleidet, der Säulen und Portikos in die Fassaden zaubert. Es sind fünf- und sechsstöckige Imponierbauten mit hohen Ladengeschossen im Parterre und grosszügigem erstem Obergeschoss für weitere Verkaufsräume oder Gesellschaftssäle, über dem sich drei bis vier Büro- oder Wohngeschosse erheben. Und es ist diese «ungemein erfolgreiche Kombination von Eisen und Backstein», die auch in Zukunft das Strassenbild Manhattans bestimmen wird – bis hin zum Flatiron Building und den andern frühen Wolkenkratzern der Jahre um 1900.

Es ist diese gebeutelte, geschäftige und gefrässige Stadt, in der sich Emil gegen Ende 1859 zusammen mit den Aschmanns niederlässt, und dies in eben einem dieser Paläste mit Marmorfronten. Das Tagebuch vom 25. November vermeldet einen Rundgang, «um verschiedene Hotels wegen eines Logis anzusehen. Wir besuchten Maillard, Bond Street, Lafarge, New York und Astor Place Hotels und fanden, dass wir im Lafarge House am besten wären. Dort sind Zimmer auf dem zweiten Stocke zu haben.» Der Wochenpreis für Essen und Unterkunft stellt sich auf 45 Dollar für die Familie und auf 15 Dollar für Emil. «Das Hotel ist sehr schön und glänzend gebaut und steht an Eleganz bloss dem St. Nicolas nach», heisst es weiter. Das *Lafarge* bietet modernsten Komfort; nachdem es 1854 niedergebrannt war, bauten es die Besitzer im grosszügigen Stil neu auf und eröffneten es zwei Jahre später. Die imposante Marmorfassade führt auf den Broadway, und selbst die *New York Times* rühmt das Angebot von 200 kleineren und grösseren Suiten, die für Familien oder Einzelpersonen offenstehen: «Die Möbel aller grösseren Wohnungen sind aus Rosenholz gefertigt.» Leider meldet das Tagebuch nichts über die Gründe des Wegzugs aus Bergen Hill. Dass Prinzipal Aschmann im Verlauf des Folgejahres vorübergehend in die Heimat zurückkehren würde, stand fest, ebenso der Verkauf der Villa auf Bergen Hill. Dass die gesamte Familie bereits im November wegzog, hatte also wohl mit den Nachteilen des winterlichen Pendelverkehrs zu tun, vielleicht auch mit der mangelhaften Heizvorrichtung im alten Heim – mehr als einmal berichtet das Tagebuch von Schlottertemperaturen und einer Eisschicht auf dem Wasser des Rasierbeckens im Gästezimmer.

Ende November ist es so weit. «Im Lauf des Tages bezog ich mein neues Quartier, ein Doppelzimmer mit Aussicht auf den Broadway», heisst es eine Woche nach der Hotelsuche. Emil findet zwar das Mittagessen der *Lafarge*-Küche «recht mittelmässig», hat an diesem Tag aber ganz andere Sorgen. Er muss für den Verwaltungsrat der *Gas Company* die Bilanz vorbereiten; die darauffolgende Sitzung behandelt das Tagebuch auf mehreren Seiten.

Adieu Bergen Hill und laue Sommernächte auf der Zinne der Villa! Goodbye die traulichen Abende beim vierhändigen Klavierspiel, die Pfänderspiele und Tanzereien im Salon bei aufgerolltem Teppich! Auf Wiedersehen die freundlichen Nachbarsfamilien Tooker und White, ade die wackeren Pferdchen Beth und Dandy … Lesen wir etwas dergleichen, gibt das Tagebuch den Gefühlen Ausdruck, mit denen die Familie Abschied vom freundlichen Vorort nimmt? Leider nein; es fehlt auch noch die kleinste Geste des Bedauerns, der Pietät. Ein sang- und klangloser Abschied – warum? Auch wenn zur Zeit der Übersiedlung die chaotischen Zustände bei der Gasgesellschaft alle Energien beanspruchen, so bleibt doch bemerkenswert, dass die 16 Monate, die Emil Streuli im schön gelegenen Haus über dem Hudson verbracht hat, keinerlei zusammenfassenden Rückblick oder Würdigung erhalten. Verbindet sich bei ihm für immer der Tod der Mutter mit der Zeit auf Bergen Hill? Oder spielt die Kränkung über die Zurückweisung durch die hübsche Frances mit hinein?

Kurz nach dem Umzug in die Metropole setzt das Tagebuch – wie gesehen – für längere Zeit aus. Nach der Wiederaufnahme der Einträge stellt das Leben in der Grossstadt bereits die Norm dar. «Das Stadtleben brachte mancherlei Vergnügungen und Zerstreuungen mit sich», lautet der einzige zusammenfassende Eintrag über den Wechsel. Ganz offensichtlich heisst Emil diese Belebung des Alltags willkommen, illustriert sie auch mit einigen Beispielen. Man habe im Hotel zahlreiche Bekanntschaften geschlossen, zählt er auf, so mit einem interessanten Ehepaar, das eine Frauenzeitschrift herausgebe, weiter mit einem südamerikanischen Konsul. Auch hat sich im *Lafarge* eine kleine Schweizerkolonie zusammengefunden, mit der «Herr Aschmann und der nebenan wohnende Herr Kiefer manchen Unfug im Jassen trieben». Offensichtlich sorgen die Betreiber auch mit eigenen Veranstaltungen für die Unterhaltung ihrer Gäste: «Wir hatten oft Tanz ebenda im Hotel, dann auch grossartige Bälle.» Als Tanzpartnerin erscheint noch immer erstaunlich oft Frances Davis, die sich offenbar immer noch nicht für einen ihrer zahlreichen Verehrer entschieden hat. Gelegentlich führt Emil auch die unscheinbare Babette aus, die ihm seinerzeit unter Tränen von ihrem Wunsch nach einem braven, aufrechten Mann erzählt hat. Die Masken- und Bürgerwehrbälle von Hoboken oder New Jersey gehen ganz offensichtlich vergessen, verblassen neben dem schicken Zauber der Grossstadt.

Aber kann sich Emil nach diesem ersten halben Jahr in der Metropole überhaupt einen New Yorker nennen? Was weiss er von der Geschichte des einstigen niederländischen Handelspostens, der von Beginn weg ein buntes Völkergemisch beherbergte und seit je eine besondere Stellung unter den Städten der Ostküste einnahm? In Bergen Hill hat ihm einst der Ortsgeistliche ein uraltes Pfarrbuch gezeigt. Es stammte aus der Zeit, in der in New York noch die indianische Benennung *Mannahatta* weiterlebte, die «Insel der vielen Hügel». «Es ist das erste Kirchenbuch der Pfarre, die die älteste Gemeinde des ganzen Staates ist. Es ist dies ein ganz verwittertes, zerfallenes Buch, vom Jahre 1641 datiert, und enthielt in holländischer Sprache die Taufen und Todesfälle jener Zeit.»

Hat Emil ein Gespür für den historischen Boden, auf dem er jetzt lebt, für die wechselhaften Schicksale der Stadt? Jedenfalls fällt auf, wie viel Raum das Tagebuch den vielen nationalen und lokalen Feiertagen widmet, den Festzügen und Paraden, in denen sich die Stadt selbst darstellt. Zweitwichtigstes Fest nach dem *Fourth of July* ist für die New Yorker der *Evacuation Day*; mit ihm wird der Abzug der britischen Truppen im Jahr 1783 gefeiert, der das Ende des Unabhängigkeitskriegs bedeutete. Am 25. November 1858 hält Emil seine Eindrücke von der Parade auf dem Stadthausplatz fest: «Es marschierten meist nur halbe Regimenter vorbei, von denen aber jedes eine eigene Musik hatte, sodass eigentlich die Musikkorps ein Drittel der gesamten Truppenzahl bildeten. Die Soldaten übertrafen an gutem Schritt und Haltung ihre Offiziere, die zur Mehrzahl ein wahrhaft lächerliches Tenue zeigten. Hintendrein marschierten die Veteranen, die noch übrig geblieben sind, und also auch die einzigen unter der ganzen Armee, die wirklich Pulver gerochen hatten. Es waren alte Väterchen, deren zitternder, altmodischer Schritt etwas Drolliges hatte. Als Bewaffnung hatten sie ihre alten treuen Säbel, und manche trugen noch die damaligen Hüte mit rotweissen und schwarzen Federbüschen.»

Ein Dreivierteljahrhundert nach den Schlachten des Unabhängigkeitskriegs konnten freilich kaum noch Teilnehmer dieser Kämpfe am Leben sein: Bei den zittrigen «alten Väterchen» muss es sich um Veteranen aus dem letzten angloamerikanischen Krieg der Jahre 1812 bis 1815 gehandelt haben. Generell wird in vielen Einträgen der Respekt spürbar, mit dem Emil den Truppen der städtischen Milizarmee begegnet. Sie gleichen in mancher Hinsicht der Bürgerarmee seiner Heimat, in der – nur wenige Jahre nach der Gründung des Bundesstaats – regionale und kantonale Verbände eine wichtige Rolle spielten. «Sie enthielt lauter Militär aller Waffengattungen, wohl an 10 000 Mann, die in Gliedern zu zwölf aufmarschierten», heisst es zum Vorbeimarsch der Ersten Division am Volksfest, das New York zur Feier der vermeintlich geglückten Kabellegung über den Atlantik aufzieht. «Was nur das Auge blenden und berauschen konnte an glänzenden und funkelnden Dingen, vereinigte sich in diesen hunderterlei Uniformen, die da vorbeipassierten. Da alle diese Soldaten freiwillige Milizen sind, so hat fast jede Kompagnie ihre eigene Kleidung, und waren hier wirklich alle Kostüme aller Herren Länder beisammen zu finden. Bald glaubte man österreichische Grenadiere mit ungeheuren Bärenmützen und weissem Wams, bald englische Kürassiere mit wehenden Federbüschen und funkelnden Helmen vorbeiziehen zu sehen, bald meinte man in Frankreich an einer Parade von *Gardes de Paris* mit reich verbrämten Jacken und leichten Pelzmützen oder rothösiger Infanterie zu sein.»

Hier wie anderswo ist es die Vielfalt von flatternden Wimpeln und Fahnen, die ihn an die Schützen- und Sängerfeste zu Hause erinnert, beispielsweise am Geburtstag des Gründungsvaters und ersten Präsidenten George Washington. New York feiert ihn wie immer am 22. Januar: «Zu Ehren von Washingtons Birthday waren heute auf allen Hotels und öffentlichen Gebäuden Fahnen gesetzt, ebenso flatterten von jedem

Schiffe Unionsflaggen an hohem Mast. Einen freundlichen Anblick bot der Steamer *Lebanon*: vom Mastspitz bis auf das Deck mit den bunten Farben aller Nationen bewimpelt.»

Auch wenn in solchen Passagen etwas von der Faszination mitschwingt, die der Bub vom Land angesichts schmucker Uniformen, bunter Fahnen und rasselnder Waffen empfindet, so weckt die Wehrhaftigkeit einer rüstigen Bürgerarmee bei Emil wohl auch verwandtschaftliche Gefühle des Schweizer Bürgers gegenüber der Schwesterrepublik. Um einiges verwirrender muss dagegen der Einblick in die hiesige Politik gewesen sein. Hier zeigt sich Emil beeindruckt vom quasimilitärischen Aufgebot engagierter und gut organisierter Parteisektionen. Paraden, Volksversammlungen, Demonstrationen, wie man sie im heimatlichen Zürich nur alle Jahrzehnte einmal erlebt, sind hier alltägliche Mittel der Parteipolitik. Naturgemäss häufen sich derlei Anlässe im Herbst 1860, als die landesweiten Präsidentschaftswahlen bevorstehen. Das republikanische Kandidatenteam mit Abraham Lincoln und Vizekandidat Hannibal Hamlin hat im demokratisch beherrschten New York nur wenig Chancen. Umso mehr legen sich republikanische Körperschaften wie die *Wide-Awakes* ins Zeug – eine Art paramilitärischer Verband, den Emil Mitte September vorbeiziehen sieht: «Ein schöner Anblick bot sich von den Fenstern des Lafarge House heute Abend auf ein Heer von über 2000 *Wide-Awakes*, die auf dem Broadway paradierten. Dies sind republikanische Clubs, die militärisch organisiert sind. Sie tragen Kappen und Mäntel von Wachstuch in verschiedenen Farben, und als Beleuchtung haben sie Lampen an Stäben.» Drei Wochen später erhalten die *Wide-Awakes* für eine neuerliche Demonstration Zuzug von 10000 Mann aus Maine, «die eine ganz formidable Armee bildeten. Sie marschierten in militärischer Ordnung, jeder Mann seine Lampe an der Stange tragend, den Broadway hinunter. Das Ganze glich einer ungeheuren Feuerschlange, die sich durch die Strassen wand.»

Auch wenn sich das Tagebuch nie eindeutig äussert, liegen Emils Sympathien eher aufseiten der Republikaner. Das ist umso verständlicher, als New York in diesem zweiten Drittel des Jahrhunderts von einem demokratischen Clan beherrscht wird, der an Ruchlosigkeit und Korruption alles in den Schatten stellt. Wahlmanipulation, Stimmenkauf und Vetternwirtschaft trüben jeden politischen Entscheid; Millionen von Steuergeldern fliessen in die Parteikassen und in die Privatkonti des allmächtigen «Boss Tweed». William Tweed, Kongressabgeordneter und Vorsitzender der New Yorker Demokraten, stützt seine Macht auf die Kumpelschaft ähnlich gewissenloser Unternehmer und auf die Unterstützung durch eine verarmte und verrohte irische Immigrantenschicht. Seinen grössten Rückhalt findet er im berüchtigten Slumquartier Five Points, von dem noch die Rede sein wird; hier werden an Wahltagen ganze Wagenladungen mit Einwanderern von Wahllokal zu Wahllokal gefahren, damit Tweeds Anhänger ihre Stimme mehrfach abgeben können. Diese korrupte und verderbliche Klüngelschaft erhält den Beinamen *Tammany Hall* nach dem Sitz der Demokratischen Partei am Broadway. Sie wird sich noch einige Jahre über Emils Aufenthalt hinaus halten können, schliesslich aber mit dem Sturz von «Boss Tweed» enden, der wegen Veruntreuung eine langjährige Zuchthausstrafe absitzen muss.

Ein einziger Tagebucheintrag beschwört die düstere Welt von Five Points herauf, dem Slumquartier rund um die Kreuzung von Park, Worth und Baxter Street (heute eingenommen von den imposanten Verwaltungsgebäuden rund um Foley Square). «Wir spazierten dann durch William Street und Bowery», heisst es am 10. Dezember 1859, «und lenkten in eines der Seitengässchen der berüchtigten Five Points ein – Mulberry Street –, um zum Broadway zu kommen. Diese Strasse ist zur Nachtzeit eine der unsichersten und bei Tage eine der schmutzigsten der Stadt, indem das Elend aus allen Fenstern und aus allen Gesichtern hervorschaut.» 15 Jahre vor Emil Streuli hat Charles Dickens das Viertel in ganz ähnlichen Worten beschrieben; seine *American Notes* berichten von den «groben und aufgedunsenen Gesichtern in den Türrahmen»; «die verrotteten Balken der Häuser brechen zusammen, die vielfach geflickten und zerbrochenen Fenster scheinen düstere Grimassen zu schneiden und gleichen verschwollenen Augen nach betrunkenen Schlägereien». In diesem Zentrum des Lasters, der Drogensucht, der Prostitution und Kriminalität herrschen Banden irischer Schlächterburschen und Kohlenschlepper. Sie nennen sich *Shirt Tails* oder *Dead Rabbits* – Namen, die der äusserst gewalttätige Film *The Gangs of New York* wieder für ein heutiges Kinopublikum hat aufleben lassen.

Es leuchtet ein, dass Emil es bei diesem einzigen Rundgang im Viertel von Five Points bewenden lässt. Eher vertraut ist ihm da schon das angrenzende Greenwichquartier mit seiner ausgeprägt deutschen und schweizerischen Bevölkerung. Er lernt es ganz zu Anfang seines Aufenthalts kennen, als ihn Mrs. Aschmann beauftragt, von einem bestimmten deutschen Bratwurster eine Portion Würste mitzubringen: «Ich kam zum ersten Mal hiebei in den unteren Teil von Greenwich Street, die das Quartier der ankommenden deutschen Auswanderer ist, und daher auch alle Hotels, Bratwurster, Schlosser, Krämer usw. hier deutsch sind. Die Schweiz ist mit zwei Hotels – *Schweizerhaus* und *Drei Eidgenossen* – vertreten. Ebenso gibt es ein *Scandinavia Hotel*. Es sind eigentlich dies die Aussauger der armen Auswanderer.» Eine weitere Reminiszenz an die Schweiz findet sich gleich im anschliessenden Quartier: «Wir kehrten durch Nassau, wo die Goldschmiede und Neuenburger Uhrenhändler ihren Sitz haben, durch Pine und Cedar Street in den Broadway zurück.»

Den Gegenpol zu den düsteren Slums rund um Five Points bilden die vornehmen Wohnquartiere entlang der neu gepflästerten und verbreiterten Avenues. Auch sie sind jüngeren Datums. Um 1820 bauten vermögliche New Yorker ihre in Gärten gebetteten Villen noch rund um den Washington Square im Süden Manhattans. Jetzt aber scheuen sie die bedrohliche Nachbarschaft der Immigrantenquartiere und weichen in Richtung Norden aus, beispielsweise an die frisch erweiterte Second Avenue. «Diese Strasse ist eine der schönsten der Stadt und enthält die schönsten Häuser der bemittelten New Yorker, die nicht gerade den

Luxus des 5ten Avenue-Quartiers treiben wollen.» Diese Fifth Avenue, noch heute Inbegriff hochbürgerlicher metropolitaner Wohnkultur, gilt bereits zu Emil Streulis Zeiten als Topadresse – auch wenn sich der junge Gast bei seinem Augenschein leicht enttäuscht zeigt: «Von dort schwenkten wir in die 5th Avenue ein, den Sitz der New Yorker Geldaristokratie. Sonderbar kam mir vor, dass diese Privatwohnungen nicht von weissem Marmor gebaut waren, der sonst so überschwänglich in dieser Stadt an Stores, Galerien usw. verschwendet wird, sondern alle von braunem Stein sind und aussen sehr einfache Struktur zeigen. Der eigentliche Luxus muss also inwendig sein.»

Und Brooklyn, die Schwesterstadt jenseits des East River, die stets im Schatten des spektakulären Manhattan zu stehen scheint? Erste Eindrücke bringt ein Besuch in der Navy Yard, der riesigen Werft der US-Marine. «Wir fuhren mit der Fulton Ferry über den East River nach dieser Stadt und nahmen dann die Pferdebahn bis nach dem Schiffsarsenal der Vereinigten Staaten. Brooklyn ist bedeutend geräuschloser als New York, die Häuser sind mehr zum Wohnen eingerichtet als zum Handeltreiben; namentlich stehen in den Nebenstrassen alles nur Wohnhäuser. Hier wohnen auch Schläppi und Baumann sowie noch viele andere, besonders verheiratete Schweizer.»

Emil kehrt noch mehrere Male hierher zurück – nicht nur auf Besuch bei den genannten Landsleuten, sondern, wie gesehen, zu Bestattungen und Grabbesuchen im weitläufigen Greenwood Cemetery. Nicht nur dort staunt er über die reizvollen Ausblicke, die sich auf Fluss, Hafen und Stadt bieten: «Ich kam sodann in ein mir ganz neues Quartier von Brooklyn, nämlich den auf einem Hügel gelegenen Stadtteil. Von dem Abhang gegen den Strom hinaus geniesst man eine der schönsten Aussichten auf die gegenüberliegende Stadt New York. Die Montagne Rue, die wir nun entlanggingen, darf sich mit den glänzendsten Strassen New Yorks messen. Es stehen hier eine ganze Reihe der fashionablesten Boardinghäuser, mehr Paläste von aussen gesehen. Eine hübsche Kirche nach dem neogotischen Muster der Trinity Church bildet das Ende der

Strasse, und tritt man nun auf einen offenen Platz, auf dem die schöne City Hall steht, deren Glockenuhr nachts beleuchtet ist. Dieser Platz wird von einer Reihe recht glänzender Magazine eingefasst, die mit allem Luxus versehen sind.»

Wer das heutige New York als Tourist oder Geschäftstreibender kennengelernt hat, wird bei dieser Auswahl die Namen einer ganzen Reihe von Stadtteilen vermissen. Aber noch sind Harlem, die Bronx oder Queens Quartiere der Zukunft, ebenso wie «schwarze» Slums – schon aus dem einfachen Grund, weil die afroamerikanische Minderheit um 1860 gerade einmal 1,5 Prozent der städtischen Gesamtbevölkerung ausmacht. Nördlich des im Entstehen begriffenen Central Park dehnt sich eine öde, unwirtliche gemischte Zone aus, in der sich einzelne Bauernhöfe oder Baumschulen neben Gas- und Kohlenwerken halten. Daneben stehen «Beinsiedereien», wo Knochen zu Leim gekocht werden; Emil ist ihr Gestank schon beim ersten Ausflug Richtung Norden in die Nase gestochen. Queens, heute eine Millionenstadt innerhalb von *Greater New York*, besteht noch weitgehend aus Farmland. Bezeichnend für diese bäuerliche Randzone ist Emils Bericht über einen Gerichtstermin in Hempstead, einem Ort unweit des heute zu Queens gehörenden Jamaica. Zwar gibt es tatsächlich ein stattliches Courthouse, das sich aber völlig einsam in einer Art Niemandsland erhebt. Geradezu abenteuerlich gestaltet sich Emils Rückreise, da der letzte Omnibus schon längst weggefahren ist. «So sass ich denn einem Farmer hinten in den Wagen, wo gewöhnlich das Geflügel und sonstige Landesprodukte gelagert werden, worin ich wie ein Schneider mit untergeschlagenen Beinen sitzen musste. So kam ich wenigstens von dem gottvergessenen Loch von Hempstead weg und kutschierte die Meilen bis Jamaica. Das Land ist meistens Ackerland, und an der Strasse liegen vereinzelte Landhäuser. Jamaica ist ein hübscher grosser Flecken mit Gasbeleuchtung, es muss im Sommer sehr angenehm zu bewohnen sein.» Erst nach weiteren zwei Stunden kommt Emil spät nachts in Brooklyn an, offensichtlich mit einem Seufzer der Erleichterung: wieder zurück in der Zivilisation!

So als grenze sich Emil, geübt im Umgang mit glänzender Seide und feinen Musselinstoffen, entschieden von handfesteren Industriezweigen ab, geht das Tagebuch nur selten auf New Yorks Werften oder Eisenwerke ein. Dabei hat sich die Schwerindustrie in New York etabliert, seit die Eröffnung des Eriekanals im Jahre 1825 die Versorgung mit einheimischer Kohle und einheimischem Erz erleichterte. Vor allem entlang des East River hat sich ein breiter Industriegürtel entwickelt, der sich zu Emils Zeit östlich der 9. Avenue und bis zur 30. Strasse hochzieht. Mitten im Dry-Docks-Quartier der Werften dröhnen die Dampfhämmer, erheben sich die rauchenden Schlote der Eisenwerke von Morgan's oder Allaire. Es gibt hier Sägewerke und Ölmühlen, riesige Lager von Bauholz und Steinquadern, *lumberyards* und *stoneyards*, Kohlenlager und Gaswerke, Zuckerraffinerien und Textilfabriken, vor allem aber Schiffbauhallen, Trockendocks und Werkstätten, die Dampfmotoren für die grossen Ozeansteamer bauen: eine New Yorker Spezialität!

Es ist diese dynamische und vielfältige Industrie, auf der ein Grossteil der fabelhaften New Yorker Vermögen beruhen; es sind ihre Unternehmer, die dem Finanzzentrum New York massiv Auftrieb gegeben haben. Über Wall Street und die Börse hat das Tagebuch denn auch wesentlich mehr zu erzählen. «Wall Street ist wirklich all ihrer Berühmtheit wert», heisst es schon in Band I, «denn alles verrät in der äusserlichen Erscheinung, dass man da im Eldorado der Neuen Welt ist. Vor allem präsentieren sich die Börse und die Douane, die griechischen Tempeln in ihrer höchsten Vollkommenheit des Stils gleichen. Dann folgt an Schönheit die Bank von New York, ein sehr hohes Gebäude von edelster Bauart und glanzvoller innerer Einrichtung.»

Der erste Augenschein in der berühmten New Yorker Börse bringt eine Bestätigung des äusseren Eindrucks: «Der eigentliche Geschäftssaal ist eine Rotunde, ringsum mit korinthischen Säulen geschmückt, und hat ein kuppelförmiges Dach, woher das Licht einfällt. Hier ist also das Zentrum der finanziellen Welt Amerikas, und hier roulieren deren Millionen. Die Hauptfassade wird durch dreifache Reihen von imposanten Granitsäulen gebildet, die wenigstens 4 Fuss Durchmesser haben.» Auf dem Rückweg zum Store erhält Emil gleich noch Anschauungsunterricht von den Umwälzungen, die seine eigene Branche, das Textilgewerbe, noch vor Kurzem durchmachte – nämlich von der bereits angesprochenen Verlegung der Handels- und Lagerhäuser ins moderne *Drygoods*-Quartier rund um Park Place. «Wir kamen auch in das ehemalige Quartier der Seidenimporteure. Dieses, aus lauter Backsteinhäusern bestehend, sieht aber erbärmlich aus gegenüber den jetzigen Marmorstores dieser Leute.»

New Yorker Marmor gegen New Yorker Backstein – mit dieser Formel fasst Emil unwissentlich die Entwicklung eines ganzen Jahrzehnts zusammen. Aus den Pionierfirmen der Boomjahre, die mit der Eröffnung des Eriekanals begannen, werden eine Generation später repräsentationsbewusste Unternehmen, denen die Lower East Side zu schäbig, zu eng und zu unansehnlich wird. Anschauungsunterricht in dieser Sache liefern Emil die zahlreichen Versicherungsagenturen, wie er sie etwa bei der vergeblichen Rettungsaktion rund um die Fracht der unglücklichen *Austria* aufsucht. Die Jagd auf eine Police beginnt in hemdsärmeligen Eckhausbüros jenseits der 9. Strasse; sie endet in den marmornen Hallen der *Atlantic Insurance*. So gross ist hier der Andrang, dass die Kunden Schlange stehend auf einen frei werdenden Schalter warten: «Es war da eine Masse Leute, und man musste Queue stehen. Ich studierte während dieser Zeit das Treiben auf diesem grossartigen Institute. Wie diese Armee von Schreibern organisiert und beschäftigt wird, ist mir ein Rätsel.» Was Emil hier kennenlernt, ist eines der ersten Grossraumbüros, dessen Funktionsweise ihm aber auch beim folgenden Besuch noch ein Rätsel bleibt: «(…) und sah ich bei diesem grössten Versicherungsinstitute eine wirklich kolossale Anzahl Schreiber, die auf eine mir unbegreifliche Weise alle schrieben und schafften, so schnell und anhaltend sie nur konnten.»

Diesem unheimlichen Ausstoss an Briefen und Formularen entspricht der Hochbetrieb in der nur wenige Schritte entfernten Hauptpost. Sie ist untergebracht in einem durchaus ungewöhnlichen Gebäude: «Erstere ist in einer ehemaligen Kirche, und musste ich wahrhaft erstaunen, als ich sah, wie man aus einem Gotteshaus in einem so frommen Lande ein Postbüro gemacht hat. Der Zudrang von Leuten war stets ungeheuer; ich zählte mehr als 60 Briefe, die da in einer Minute in eine Schachtel geworfen wurden. Auf der andern Seite ist die ganze Breite der Kirche mit Gestellen gefüllt, wovon jede Handelsfirma ihr eigenes hat.»

Was sich im merkwürdigen Bild einer Poststelle unter den Gewölben einer Kirche spiegelt, ist die Rolle New Yorks als künftiges Kommunikationszentrum des Landes. Von hiesigen Unternehmern kamen die ersten Impulse zur Legung eines Telegrafenkabels über den Atlantik; in New York wird schliesslich, am 28. Juli 1866 und acht Jahre nach der verfrühten Feier, der erste kommerzielle Telegrafendienst zwischen den Kontinenten eröffnet werden. Das Tagebuch widerspiegelt mehrmals Emils reges Interesse an diesem zukunftsträchtigen Übermittlungsmedium. Bereits beschrieben wurde die Jagd nach einem Souvenir an die vorübergehend erfolgreiche erste Legung, das Emil in Form eines handlangen Stücks des Originalkabels schliesslich auch ergattert. Einen zentralen Kommunikationsnerv bildet vorerst noch während Jahren die auf festem Boden verlegte Leitung zwischen Halifax und der Metropole. Denn aus Europa eintreffende Steamer übergeben Briefe, Telegramme und neuste Nachrichten schon beim ersten Landkontakt einem Küstendampferchen, das sie zum Weiterleiten ins Postbüro von Halifax befördert; dank Telegraf treffen die Botschaften ein bis zwei Tage vor den Überbringern in der Hauptstadt ein. Das System ist allerdings nicht gefeit vor kriminellen Anschlägen, wie ein Eintrag vom Mai 1859 zeigt: «Grosse Entrüstung erregte heute das Verfahren der hiesigen Spekulanten, die, um die Neuigkeiten per Telegraf von Halifax zu verhindern, Drähte entzweigeschnitten hatten.»

Dass New York vor allen Nachbarstädten in den Besitz europäischer Neuigkeiten gelangt, verstärkt wiederum die Bedeutung seiner Börse. Die Stadt dient aber auch als Schaltstelle für die Nachrichtenvermittlung ins

Landesinnere. Davon zeugt Emils Beobachtung bei einer Fahrt auf dem Hudson nach Dobbs Ferry: «Noch vor diesem Ort ist die Überleitung der Telegrafendrähte von einem Ufer ans andere bemerkenswert, die am Ufer von zwei mindestens 80 Fuss hohen Masten getragen werden.»

Gibt es so etwas wie den typischen New Yorker, die typische New Yorkerin? Gibt es einen unverkennbaren hiesigen Menschenschlag? Gelegentlich erlaubt sich das Tagebuch solche verallgemeinernden Urteile – fast immer zum Nachteil der Ansässigen. So hat Emil an der Hoteltafel einen hiesigen Herrn beobachtet, der sich so freizügig mit Charlotte Russe bediente, dass für die anwesenden Damen nur ein kleiner Rest übrig blieb. Typische New Yorker Rücksichtslosigkeit, meint Emil, der die Szene hinterher den Aschmanns schildert: «Ich erklärte dies als Beweis für die Unzivilisation, die hier noch herrsche, wogegen meine Gegner eifrig protestierten.»

Dem steht die Begeisterung entgegen, die er beim Vorbeimarsch der New Yorker Feuerwehrleute empfindet, dies bei den Feierlichkeiten zum Besuch des Prinzen von Wales: «Es war ein prachtvoller Anblick, diese meist kräftigen, schön gewachsenen jungen Männer in ihren roten Hemden und Feuerhüten. Jeder trug eine Lampe und zog mit der andern Hand am Seil, das die Spritzen führte. Wohl nirgends könnte man eine so intelligente Schar von mehr als zehntausend aus den niederen Arbeiterständen ziehen, die mit so fröhlichem und doch anständigem Benehmen, lustigem und doch geordnetem Schritt paradieren könnten. (…) Voll jugendlichen Feuers und aufgeweckten Geistes bilden sie einen gesunden Kern des hiesigen Volkes, und war ihre Erscheinung viel unterhaltender und begeisternder als die lächerlichen Paraden der Militärs.»

Aber gibt es ihn überhaupt, den alteingesessenen New Yorker? Einmal glaubt Emil auf der Strasse den Sohn Johann Jacob Astors zu erblicken – des legendären Pelz- und Immobilienhändlers, der dem *Astor House* und dem *Waldorf Astoria* seinen Namen gegeben hat. «Dabei ging ein alter Mann vorüber, den ich aller Beschreibung nach und seines wackligen Ganges wegen für Johan Jacob Astor hielt, den Sohn des berühmten, reichen Astor, der schon seit seiner Kindheit einfältig ist und immer unter Aufsicht eines Intendanten durch die Strassen spaziert.» Aber eigentlich, so wird ihm bewusst, kann nur dieses wacklige alte Männchen als New Yorker gelten. Sein berühmter Vater ist aus Deutschland eingewandert, so wie der Restaurateur Buhler oder der Zitherspieler Schuler und viele andere aus Emils New Yorker Bekanntenkreis. Aus der Schweiz stammen praktisch alle Seidenimporteure, mit denen er verkehrt; die Familie von Martha Aschmann und Miss Davis ist aus Arboux in Frankreich eingewandert, ebenso der Patissier und *Gas-Company*-Kunde Prendhomme, Porter Karl Klein ist im Elsass geboren, während die Gebrüder Hendrickx aus Belgien stammen.

Tatsächlich hat der gewaltige Einwanderungsschub der 1850er-Jahre die Gewichte nachhaltig verlagert. Mehr als die Hälfte aller jetzt in Manhattan und Brooklyn 1,2 Millionen Ansässigen ist ausserhalb der USA geboren: Der gebürtige New Yorker gehört einer Minderheit an! Dass trotzdem niemand von einem «Ausländeranteil» spricht, hat seinen einleuchtenden Grund. Eine Einbürgerung ist die leichteste Sache der Welt. Im April 1859 wird Emil zum Amerikaner, dies gegen Ablegen eines Eids auf die Bibel und für einen Vierteldollar Schreibgebühren. Das ist ein lächerlich geringfügiger Betrag, gemessen etwa am Tageslohn eines Arbeiters (1 Dollar) oder am Kostgeld, das Emil bei Aschmanns entrichtet (ein halber Dollar pro Tag). Hauptsächlicher Beweggrund für den Schritt sind die Liegenschaften in College Point und ihr geplanter Verkauf; nur als Bürger des Landes darf Emil Grund und Boden besitzen oder veräussern. Die Zeremonie selbst dauert weniger lang als eine Sitzung beim *shoeshine boy* und kostet etwa gleich viel: «Nachher ging ich in die City Hall, um meine Intention als amerikanischer Bürger einzugeben, was ich schon lange hätte tun sollen, wenn ich früher darum gewusst hätte. Diese Intention gibt das Recht, Grundbesitz hier zu halten, und schützt mich und das anvertraute Gut im Falle eines Todesfalles, den Gott verhüte, vor der Vormundschaft der heimatlichen Behörden und vor Nachsteuern. – Ich hatte dem Beamten meinen vollen Namen anzugeben. Dieser füllte damit ein Formular in seinem Buche aus und gab mir ein anderes, worauf ich erklärte, meiner Angehörigkeit zur schweizerischen Republik abzuschwören. Der Mann las mir dann dies noch mündlich vor, und ich hatte ‹Yes, Sir!› zu antworten. Zum Schwur reichte er mir die aufgeschlagene Bibel mit dem Befehl, dieselbe zu küssen, und im fast nämlichen Atemzuge nach Stempelung des Aktenstücks befahl er mir weiter, 25 Cents zu zahlen. Ebenso geschwind hatte ich auch die aufgeschlagenen Psalmen Davids über Gottvertrauen geküsst, mit der andern Hand den Hut etwas verrückt und mein Geld ausgepackt. So war ich binnen zwei Minuten schon in den amerikanischen Bund eingetreten und bin nun gesetzlich kein Schweizer mehr.»

Was den Verlust der Schweizer Staatsangehörigkeit betrifft, so haben zahlreiche Kollegen vom Schweizerklub diese Klausel in Kauf genommen. Noch nie hat jemand bei der Rückkehr in die Heimat irgendwelche Nachteile zu spüren bekommen. Für die Zivilstandsbehörden der USA ist es bei der Flut von Einbürgerungen vollkommen unmöglich, entsprechende Informationen an die Behörden der jeweiligen Herkunftsländer weiterzugeben; zudem bereiten die Schweiz und die USA in eben diesen Jahren ein Abkommen über die Doppelbürgerschaft vor.

Was ist «typisch New York», was ist «typisch amerikanisch»? Auffallend häufig zeichnet das Tagebuch Szenen nach, in denen sich die Faszination der Bevölkerung durch Unglücksfälle oder spektakuläre Verbrechen zeigt. Brände häufen sich auf beinahe schon unheimliche Art, City Hall und Crystal Palace gehen in Flammen auf, jedes Mal im Beisein der «gaffenden Menge». Im heimatlichen Horgen legt die Bevölkerung bei einer Feuersbrunst tatkräftig mit Hand an, hier wird gegafft: «Auf dem Rückwege kam ich zu einem Brande in Wall Street, wo ein Ladendepot Feuer gefangen hatte. In der Strasse arbeitete eine Dampffeuerspritze, die am meisten ausrichtete. Das Publikum schaute unbekümmert zu und machte unnötigen Lärm.»

In den Gerichten drängeln sich angesehene Bürger ebenso wie Eckensteher, wenn ein aufsehenerregender Fall zur Verhandlung kommt – so wie jener eines Warendiebs namens Palmlee, der sich nachts durch das Dachlicht ins Lagerhaus einer Importfirma herunterliess und monatelang unentdeckt wertvolle Seidenballen stahl. Hier begleitet Emil seinen Prinzipal Aschmann, der als Zeuge geladen ist, zur Schwurgerichtsverhandlung in den Circuit Court. Was ihm auffällt: «Wie überall hierzulande bestehen auch hier wenig Schranken zwischen den Stellungen in der Gesellschaft und der Autorität und Unterordnung. Auf erhöhtem Sitz sitzt der Richter, zur Seite die zwölf Geschworenen, und daneben befinden sich die Advokaten, Angeklagten, Beklagten, Zeugen, Zuhörer untereinander gemischt nach jedermanns Belieben; von Polizei ist keine sichtbare Spur.» Wenig später, im Frühjahr 1859, steht die Stadt im Bann der täglichen Berichte von den Verhandlungen im Mordfall Sickles. Der Kongressabgeordnete Daniel Sickles hat den Liebhaber seiner Frau erschossen, auf offener Strasse vor dem Lafayette Square. Hier gaffen die Gerichtsreporter stellvertretend für die Menge, rapportieren noch die intimsten Details aus dem Leben der Eheleute, des Liebhabers. Sickles hat seinem Rivalen erst eine Kugel in die Brust gejagt, dann bewusst auf den Unterleib geschossen. Er wird aber überraschend freigesprochen wegen «zeitweisen Irreseins», *temporary insanity*. Es ist der erste derartige Entscheid in der Geschichte der amerikanischen Rechtsprechung; übrigens heissen viele New Yorker das Urteil gut.

Tausende von Gaffern stellen sich beim «schauderlichsten Ereignis des Jahres» ein, der Hinrichtung des Piraten Andrew Hicks am 13. Juli 1860. Sie spielt sich ab auf Bedloe's Island im Mündungsgebiet des Hudson, 17 Jahre später zum Standort der Freiheitsstatue erkoren. Emil selbst gehört zwar nicht zu den Augenzeugen, lässt sich aber von einem Freund namens Schneeli von der rund 12 000 Neugierige zählenden Menschenmenge berichten, die sich um den weithin sichtbaren Galgen versammelt hat – und zwar an Bord von allem, was nur irgendwie Ruder, Segel oder Schaufelräder aufweist. «Ausflugsdampfer, Frachtkähne, Schaluppen von

Austernfischern, Jachten und Ruderboote schwärmten überall in Sicht-
weite des Galgens auf dem Wasser», berichtet auch die *New York Times*;
«man sah Ausflugskähne mit Sonnensegeln, unter denen die Durstigen ihr
Lagerbier schlürften, es gab Ruderboote mit Damen – nun, mit weiblichen Wesen jedenfalls, die ihren Teint mit ihren Parasols vor der Sonne
schützten, während sie den Todeskampf des nach Atem ringenden Mör-
ders unter den Fransen und Zotteln des Schirms hervor verfolgten.» Am
begehrtesten, so heisst es weiter, waren Plätze auf der frisch überholten
Sloop *E. A. Johnson* – dem Schiff, auf dem Hicks seine jüngsten Mordtaten
begangen hatte. Der Reporter berichtet anschaulich vom weithin sichtbaren Banner am Hauptmast, das den Namen des Unglücksschiffes trug:
«Ihr Deck war gedrängt voll, ihre Masten und Spriete schwärmten von
Menschen. Sah sie der Mörder noch, bevor die Haube, die seinem Blick
alle irdischen Dinge für immer verdeckte, über sein Haupt gestülpt
wurde? Sein Gesicht war ihr voll zugewandt, als er starb.»

Auch wenn die mediengerecht inszenierte öffentliche Hinrichtung
eines Piraten selbst für New York als drastische Ausnahme gelten kann –
das Tagebuch zeigt sich auffällig kritisch gegenüber jeder Art von Sensa-
tionslust oder kollektiven Modeströmungen. Das gilt auch für die Klei-
dermode, von deren stetem Wechsel Emils Branche ja lebt. Einer ihrer
jüngsten Auswüchse bringt einen massiven Mehrbedarf für Seide und
andere feine Stoffe: die Krinoline. Dieser seit den späten 1850er-Jahren
um sich greifende Trend erweitert die Unterpartie der weiblichen Robe
mithilfe eines runden Käfigs aus Draht oder Fischbein zu einer starren,
wippenden Glocke. Diese ist unterfüttert mit Unterröcken und gepols-
tert mit einem sich bauschenden Oberkleid, das oft Dutzende Meter
gerafftes Material erheischt.

Offensichtlich bringen es aber die New Yorkerinnen fertig, die in
Paris lancierte und von Kaiserin Eugénie propagierte Mode nochmals
um einen Tick zu steigern. Die hiesigen Zeitschriften überbieten sich mit
Karikaturen geplagter Modedamen, die in ihren Rockkäfigen jegliche
Bewegungsfreiheit verlieren. Dank dem Tagebuch lassen sich die prakti-

schen Auswirkungen im Alltag auch heute noch nachvollziehen, und dies in den unterschiedlichsten Lebenslagen. Selbst die grosszügig bemessenen Räume an der Vesey Street sind den Dimensionen der Reifröcke nicht gewachsen. Schon beim Eintritt zweier modisch gekleideter Kundinnen wird der Platz eng: «Es kamen Miss Davis und Willis auf ihrer Shoppingtour zu uns und versperrten das ganze Bureau mit ihren Krinolinen.» Ein andermal bleibt Emil in einem Omnibus voll junger Frauen weit über seinen Zielort hinaus sitzen, weil das Aussteigen «wegen der umfangreichen Krinolinen viel zu beschwerlich fiel». Als sich der Wagen aber immer weiter von Bergen Hill entfernt, fasst er sich schliesslich ein Herz und klettert bei einem Halt höchst geniert zum Ausgang, «was ich dann auch mit vieler Mühe bewerkstelligte». Auch bei der Anfahrt zum Bürgerwehrball von Hoboken zeigt sich bei Mrs. Aschmann und Miss Davis, dass die herkömmlichen Mietdroschken der neuen Mode nicht gewachsen sind, ja ihre Anhängerinnen oft in eine peinliche Lage bringen: «Das enge Fuhrwerk drohte dabei die Krinolinen unter sich selbst zu zerdrücken, und sie drängten sich gewaltsam in die Höhe, zum Schrecken ihrer Trägerinnen.» Was sich hier dem Auge der männlichen Begleiter zu enthüllen drohte, zeigt ein weiterer Zwischenfall. Hier wird Emil zusammen mit Kollegen auf der Strasse von einem Regenschauer überrascht. Neben ihnen schürzt eine Passantin ihren eleganten Rock, «um ihn vor Kot zu schützen, und nun kam die blosse Krinoline in vollständigster Enthüllung zum Vorschein. Darunter schlotterte dann einige Unterwäsche herum, die jedenfalls eher über dem Drahtgitter am Platz gewesen wäre und so uns Junggesellen keinen so prosaischen Anblick weiblicher Toilette gewährt hätte.»

Aber Mode ist Mode, und die wird in New York gemacht, da beisst die Maus keinen Faden ab. Selbst Prinzipal Aschmann, der sich zuletzt beschweren dürfte, schüttelt den Kopf «über die lächerlichen Launen der Frauenzimmer, wie zum Beispiel nichts gut genug ist von New Jersey, nicht einmal ein Schächtelchen Nadeln, sondern alles von New York kommen muss».

Krinolinen, das weiss er, tragen auch die Frauenzimmer zu Hause; da braucht sich Emil bloss die Schützenzeitungen anzusehen, die vom Eidgenössischen Schützenfest 1859 in Zürich eintreffen. Aber wie verträgt sich solcher Luxus mit der viel gerühmten Frömmigkeit im Lande? Mit der Anspruchslosigkeit des Puritanertums, dessentwegen die Siedler von einst ihre Heimat verliessen, um ihrem Glauben nachzuleben?

Wenn Emil Streuli auf die alteingesessene Bevölkerung von New York oder New Jersey trifft, so geschieht dies häufig beim Kirchgang und beim Musizieren mit den angeschlossenen Chören. In den kirchlichen Kreisen der Presbyterianer von Bergen Hill oder der Methodisten von Hudson City finden sich viele Nachfahren holländischer, deutscher oder englischer Siedler, sowohl unter den Geistlichen wie in der Kirchenpflege. Gerade beim Verhältnis der Amerikaner zu Kirche und Religiosität bringt er nun aber seine stärksten Vorbehalte an. Oft scheinen Emil Andacht und Frömmigkeit bloss geheuchelt; umso stärker ausgeprägt sind dafür Gewinnsucht und Berechnung. Besonders empörend: die an jeden Gottesdienst anschliessenden Spendenaufrufe. Manche Geistliche genieren sich nicht, den Gläubigen vor diesem Appell tüchtig einzuheizen. Reverend Dr. Weakley von den Methodisten in Hudson City ruft mit der Bibel auf dem Pult aus, «es existiere ein persönlicher Teufel, so sicher, als das Buch daliege. Nach dieser Gelegenheit ging die Bettelei an; es sollten nämlich nicht weniger als 500 Dollar aus dieser Zuhörerschaft fliessen, und nun begannen die Geistlichen und Vorstände zu treiben, dass es einen Fremden beschämte und es am Ende zu einem wahren Lustspiel wurde, und man lachte wie in einem Theater. Zuerst wurden 5-Taler-Kollektionen aufgenommen und bei jedem der Reihe nachgefragt. Herr Aschmann wurde mit 5 Dollar gepumpt, zur grossen Entrüstung seiner Frau.»

Auf eindrückliche und gemütvolle Predigten folgen übergangslos handfeste Spendenaufrufe, etwa bei der Einweihung der presbyterianischen Kirche in Bergen Hill. «Das Fest wurde noch am Ende durch eine ekelhafte Bettelei vonseiten des Kirchenvorstandes in seiner Würde herabgesetzt, indem dieser um allen Preis aus der anwesenden Versammlung

etwa 3200 Dollar freiwillige Leistungen zur Deckung der Baukosten her-
auspumpen wollte. Wir langten deswegen nicht tiefer in den Beutel als an
gewöhnlichen Tagen.»

Im heimatlichen Horgen wird die Kirchgemeinde von der ganzen
Einwohnerschaft getragen, hier verstehen sich die religiösen Körperschaften durchaus auch als Unternehmen. Oft sind ihre Vorsteher Kaufleute mit ausgeprägtem Sinn für Rendite. «Um von den Kirchen zu sprechen», entrüstet sich Emil im März 1859, «so sieht man, wie sich diese
Korporationen in der Stadt reich machen. Alle die grossen Kirchen, die
jetzt im Handelsquartier stehen, wo sonst niemand wohnt, werden für
grosse Summen von Hunderttausenden verkauft, niedergerissen und
Stores auf dem Platze erbaut. Aus dem Erlös aus Grund und Boden baut
sich dann die Gemeinde wieder eine Kirche oben in der Stadt, und hat
diese fromme Schar dann obendrein noch einen schönen Fonds, trotzdem betteln sie aber immerfort wie die alten Bettelmönche.»

Den kirchlichen Fest- und Feiertagen, so muss Emil feststellen, fehlt
die Besinnlichkeit, mit der sie zu Hause begangen werden. Der Karfrei-
tag beispielsweise ist im Geschäftsleben ein Tag wie ein anderer auch;
bloss die Episkopalischen – und natürlich die Katholiken – rufen zum
Gottesdienst. Auch die Osterfeier wird begangen «wie ein gewöhnlicher
Sonntag». Und beim gewöhnlichen Sonntag selbst hat man vielerorts
eine Kompromisslösung gefunden, wie er mehr als einmal feststellen
muss: «Die Arbeitsleute, Gärtner und Kutscher arbeiteten gerade wie an
Werktagen und legten sich erst gegen Mittag den Sonntagsanzug an.»
Advent und Weihnachten gelten vor allem als Zeit der Geselligkeit. Das
wird auch nicht ausgeglichen durch Thanksgiving, das ja als Pendant zum
heimatlichen Buss- und Bettag gelten darf. «Dieser amerikanische Feiertag», heisst es am 29. November 1860, «ist eigentlich ein Humbug, weil
niemand ernstlich ans Beten denkt, sondern alles nur ans Essen und Trinken. Es wäre interessant gewesen, gestern alle die Turkeys zu zählen, die
vom Washington Market an unserem Store vorbeigetragen wurden,
deren Zahl jedenfalls nahe 10 000 betrug.»

Abb. 65: Die New Yorker High Society feiert den Höhepunkt des Jahres: den Besuch des britischen Thronfolgers in der zweiten Oktoberwoche. Nach einer grossartigen Parade durch die Strassen der Stadt steht der Prince of Wales, ältester Sohn von Königin Victoria und späterer König Edward VII., im Mittelpunkt eines rauschenden Balls in der Musikakademie. Allerdings trübt ein peinlicher Zwischenfall die Festfreude: Die Bretter des Tanzbodens brechen ein.

Das Jahr 1860

Es war an dieser Stelle kaum mehr die Rede vom Briefverkehr mit der Familie in Horgen. Tatsächlich treffen Schreiben des Vaters oder der Brüder seit dem Tod der Mutter in immer grösser werdenden Abständen ein. Das lässt sich verfolgen anhand der Einträge im Tagebuch, die alle Sendungen aus der Heimat vermerken, oft mit längeren Zusammenfassungen. Bis heute erhalten haben sich hier nur die Schreiben Caroline Streulis, diese dafür vollständig. Für Emil stellen sie einen Schatz dar, «den ich zu hüten habe und an dessen Heiligtum kein Mangel hängen darf». Noch sorgfältiger als über die Tagebücher, die nach wie vor fortlaufend per Dampfer nach Horgen spediert werden, wacht er über Carolines «edle Anleitungen zu tugendhaftem und gesegnetem Wandel»: «Eine schmerzvolle Arbeit verrichtete ich im Laufe des stillen Nachmittags. Ich nahm meine Briefe aus dem Portefeuille und suchte die Briefe der seligen Mama aus denjenigen des lieben Papas hinaus und ordnete beide sorgfältig den Daten nach, mich überzeugend, ob mir ja keines der teuren Dokumente fehle. Diese nun für ewig abgeschlossene Korrespondenz beginnt mit dem Juli 1858 und endet nach 26 Briefen am 31. Januar 1859. Zuoberst auf dieses Bündelchen Briefe legte ich die gedruckte Traueranzeige, darunter die erschütternden Todeskunden, die gleichzeitig eintrafen, und die Leichenpredigt, auch ein Blatt, auf das ich die verschiedenen Anzeigen in den Zeitungen wegen Legaten und das Gedicht von Lehrer Bänninger geklebt hatte.» Später lässt Emil beim Buchbinder eine Kassette anfertigen, in der er die rund zwei Dutzend Briefe verschliesst und später noch «einige Haare von dem teuren Haupt der Toten» dazulegt.

Was den verwitweten Vater betrifft, so findet dieser offenbar noch viele Monate nach dem Trauerfall nicht in einen einigermassen geordneten Alltag zurück. «Der liebe Papa», heisst es an einer Stelle, «wird immer noch von wehmütigen Eindrücken und Erinnerungen bewegt bei seinem Leben im trauernden Vaterhause; in seinen alten Tagen muss er nun noch selbst Hand anlegen, um Hausgeschäfte zu verrichten, wo früher die nun ruhende Hand der Seligen waltete. Wie hülfreich könnte nun eine Tochter von meinem Alter dem einsamen Vater sein. Beim Einräumen der Wäsche findet es sich immer mehr, welch musterhafte Ordnung die Verstorbene in allen Sachen hatte. Jedes hat sein Plätzchen, aufs Beste eingeteilt, Massen von Linges, auf Jahre hinaus gesorgt. Briefe, Konti, Gold- und Silberzeug, alles in bester Ordnung, sowie alle Kleider.»

Auch wenn die Wendung «auf seine alten Tage» im Zusammenhang mit dem damals 53-jährigen Hans Caspar Streuli heute merkwürdig anrührt, so steht doch fest, dass der Fabrikherr seit dem Tod seiner Gattin den festen Halt im Leben vermisst. Im persönlichen Teil seiner Briefe, meist als Postskript den geschäftlichen Ausführungen angehängt, klagt er über gesundheitliche Beschwerden, hält auch einmal in düsterer Vorahnung fest: «Dass ich selbst kein hohes Alter erreichen werde, fühle ich immer mehr.» Manche Briefe klagen über Schwindelanfälle, andere über eine allgemeine Müdigkeit und Lustlosigkeit. Immerhin bleibt Papa der ausgefuchste und scharf kalkulierende Geschäftsmann, wenn er den Junior über die möglichst profitable Placierung der Lieferungen von Baumann & Streuli instruiert.

Für Emil begann dieses Jahr 1860 mit einem Akt des Gedenkens. Er schlug sämtliche Einladungen zu geselligen Anlässen aus, verbrachte den Silvesterabend bis zum Glockenschlag allein in seinem Zimmer im *Lafarge*, zog Bilanz für 1859: «Das vergangene Jahr war ein vielfach Heimsuchendes für mich. Die teure Mutter wurde mir entrissen, ein wichtiges Unternehmen misslang nach unzähligen Mühen, und in dieser Beziehung trat ich das neue Jahr mit bedrücktem Herzen an.» Umso mehr lag ihm daran, das verunglückte Gasgeschäft in den ersten Monaten zu einem einigermassen sauberen Abschluss zu bringen, reinen Tisch zu machen. Das gelang – wie gesehen – nur mit Mühe. Erst nach einer auf den 20. Juni angesetzten Auktion hatte man das *Gas-Company*-Lager mit Gerätschaften und Bestandteilen von Apparaten vom Hals. Und auch bei dieser Gelegenheit kam es zu lautstarken Beschimpfungen, Androhungen neuer rechtlicher Schritte; einer der Beteiligten musste mit Gewalt vor die Türe gestellt werden. Mit den Gebrüdern Hendrickx einigte sich Emil separat, dies auf Anraten des spindeldürren Rechtsanwalts Delavane; «freilich hatten die Advokaten nur immer das Beste daran, nämlich sie erhalten das Geld».

Etwa zu dieser Zeit zog Familie Aschmann samt ihrem Dauergast aus dem *Lafarge* nach Bergen Hill zurück, für einen etwas improvisierten Sommer in der nur halbwegs geräumten Villa. Der Verkauf war zwar erfolgt, die Übergabe indes erst auf den kommenden Herbst festgesetzt. Angesichts des bevorstehenden Abschieds findet das Tagebuch nun doch ein paar gemütvolle Worte für das beschauliche Heim im Grünen, ja Emils «Lob des Sonntags» beschwört geradezu die vergnüglich gähnende, gliederreckende Behaglichkeit eines grossbürgerlichen Feiertags herauf. «Die Sonntage kommen uns jetzt umso idyllischer vor, je näher sie zu Ende rücken. Man erlebt den Tag so gemütlich beisammen, der Morgen mit erfrischender Kühle wird unter dem Schatten des Gartens zugebracht, und man mag dieses behagliche Sonntagsleben nicht einmal durch Kirchengehen unterbrechen, was ich seit Monaten nicht mehr getan habe. Das Mittagessen schmeckt ausgezeichnet, das familiäre Roastbeef und die Gemüse schmecken ganz anders als die alltägliche Restaurantkost, und eine gute Flasche Rotwein gibt dazu eine angenehme Würze. Nachmittags macht man gewöhnlich einen Spaziergang, abends nach 7 Uhr wird eine Manila angesteckt und meistens Lektüre getrieben.»

So wie Hunderttausende von New Yorkern erlebte Emil Ende Juni die Ankunft der *Great Eastern*, des grössten je gebauten Dampfers. Zusammen mit Freunden buchte er einen Platz auf einem der vielen Ausflugsdampferchen, die das «schwimmende Weltwunder» schon vor der Einfahrt in den Hafen empfingen, staunte über die Dimensionen des 19000-Tonnen-Ungetüms: «Das oberste Deck nahm sich von unserem Boote turmhoch aus; unseres Schiffes Kamin erreichte dasselbe nicht einmal an Höhe.» Die *Great Eastern* spielte auch bei der Unabhängigkeitsfeier vom 4. Juli eine wichtige Rolle als schwimmender Festplatz; Emil und die Kollegen vom Schweizerklub zogen aber eine Landpartie nach Gutenberg vor, dem Ausflugsort oberhalb der steilen Kreidefelsen am Hudson. Hier lockte neben der Aussicht eine weitere Attraktion, nämlich die beiden ausnehmend schönen Töchter des Wirts, die hier den Gästen aufwarteten, «deren angenehme Gegenwart man aber in den Weinpreisen unverschämt teuer zahlen muss».

Wie sich amerikanische Frauenschönheit definierte, zeigte ein weiterer Ausflug am folgenden Wochenende. Das sympathische Ehepaar Boyd hatte den jungen Schweizer nach Fire Island eingeladen, offensichtlich als Kavalier für ein paar ebenfalls geladene junge Damen. Für eine von ihnen muss Emil auf einem Segeltörn zum Ufer von Long Island einen Sonnenschirm improvisieren: Er schützt «Miss Hall, die trotz Kopfbedeckung und Shawls die Weisse ihrer Haut zu verlieren fürchtete, kavaliersmässig durch eine aufgepflanzte Stange mit einer Mantille daran vor den bräunenden Sonnenstrahlen».

Der Juli brachte eine längere Reise nach Buffalo und an die Niagarafälle, von der hier noch die Rede sein wird. Und Ende August war es auf Bergen Hill so weit: Das Aschmann'sche Haus musste endgültig geräumt werden. Nach einer letzten Nacht auf dem bereits lakenlosen Bett fand sich Emil am frühen Morgen inmitten von aufgetürmten Koffern, zerlegten Möbeln und gegen die Wände gelehnten Gemälden: «Wie im Königreich Neapel scheint alles im Aufbruch zu sein und alle Ordnung und Disziplin aufgehört zu haben.» Er selbst hatte einen Grossteil seiner Habseligkeiten bereits an den neuen Wohnort gebracht; von Beginn September weg beherbergte ihn die Pension einer Familie Clark am University Square, nur zwei Blocks von Aschmanns Agentur entfernt.

Die Aschmanns nahmen Mitte September Abschied, hatten die Überfahrt auf dem Schraubendampfer *Bavaria* gebucht. Da noch zwei weitere Landsleute mit ihnen verreisten, fand sich fast die gesamte Schweizerkolonie der Stadt zu einem Abschiedstrunk an Bord ein. In den proppenvollen zwei Kabinen der Aschmanns stiess man mit Champagner auf eine glückliche Reise an, unter fürchterlichem Gedränge, «nur der kleine Freddy sass in einer Ecke und liess sich nicht beim Kugelspiel stören». Was Aschmann bei seinem Schweizer Besuch unter anderm zu klären vorhatte, war die Ablösung Emils als Volontär bei *Ashman's* durch den zweitältesten Bruder Ferdinand. Auch plante Streuli senior die Errichtung einer kleinen Agentur in London, mit Emil als Leiter; auch bei diesem Unternehmen sollte der New Yorker «Commanditär» in noch zu bestimmender Form mitwirken.

Im Oktober erlebte Emil in New York den Besuch des Prinzen von Wales mit, des Sohnes und designierten Thronfolgers der englischen Königin Victoria: ein gesellschaftliches und publizistisches Ereignis ersten Ranges! *Ashman's* stand zu dieser Zeit auf zwei Beinen; über Wochen hinweg verlegten die Angestellten Lager und Mobiliar zum neuen Standort an der Douane Street. Emil selbst schloss im Dezember den Umzug mit den letzten Transporten ab, sah sich ohne Bedauern in den geräumten Lokalen an der Vesey Street um: «Wir haben nun seit längster Zeit kein Stück mehr im alten Store verkauft, und überhaupt sieht darin alles so verlassen und staubig aus, dass ein Aufwühlen wieder gut tut.»

Prinzipal Aschmann kehrte am Weihnachtstag aus Europa zurück, gerade noch rechtzeitig zur Eröffnung der neuen Agentur. Martha und der kleine Freddy blieben auf unbestimmte Zeit zurück, liessen sich übrigens auch einige Wochen im Horgner Heilibach nieder, von wo Aschmann ein ganzes Bündel Post zurückbrachte: Briefe des Vaters, Martha Aschmanns und der drei Brüder. «Ersterer», so der bestürzte Eintrag im Tagebuch, «enthielt eine Bemerkung, die mir viel nachzudenken gab, nämlich dass Papa sich eine andere Lebensgefährtin nehmen werde, seit nun seine Söhne bis auf zwei bleibend in der Fremde etabliert sind.»

Papa wollte wieder heiraten? Und wie vertrug sich das mit dem Gedenken an Caroline Streuli, die einzige und unersetzliche Gattin und Mutter? Vielleicht wurde es wirklich höchste Zeit, dass Emil nach Hause zurückkehrte. Seine Abreise, auch das meldete Aschmann, war für Mitte Februar des nächsten Jahres vorgesehen, die Passage bereits gebucht. Jemand würde in Horgen nach dem Rechten sehen müssen.

Was die Schweiz betrifft, so reihen heutige Historiker das Jahr 1860 unter das Stichwort «Savoyerkrise» ein. Es handelt sich bereits um die zweite internationale Krise seit der Gründung des Bundesstaates vor zwölf Jahren. Währenddem drei Jahre zuvor ein drohender Konflikt mit Preussen um die Zugehörigkeit von Neuenburg – zugleich ein Schweizer Kanton und ein preussisches Fürstentum – immerhin eine Teilmobilisation ausgelöst hatte, verzichtete die Schweizer Regierung diesmal auf militärisches Säbelrasseln. Umso kriegerischer gab sich die Presse. Der Anlass: Seit dem Übergang Savoyens an Frankreich stand die bis anhin garantierte Neutralität der Zone südlich des Genfersees in Gefahr. Die Nordwestecke der Schweiz war eingeschlossen von einer einzigen Grossmacht: eine strategisch unhaltbare Situation! Noch im Februar hatte Napoleon III. offeriert, die beiden fraglichen Provinzen Chablais und Faucigny an die Schweiz abzutreten. Als sich die betroffenen Savoyer für den Anschluss an Frankreich aussprachen, zog das Elysée sein Angebot zurück. Prompt plädierten einige Falken wie der streitbare Bundesrat Jakob Stämpfli für die sofortige Besetzung Nordsavoyens durch eidgenössische Truppen. Ihm schlossen sich friedliche Bürger an, so der völlig waffenunkundige Dichter Gottfried Keller – ungeachtet des Risikos, das Land in einen verheerenden Zweifrontenkrieg gegen Frankreich und Sardinien zu verwickeln. Wie schon bei der Neuenburgerkrise war es schliesslich ein besonnenes Parlament, das unter britischer Vermittlung die Krise aussteuerte: Zwar ging Savoyen mit sämtlichen Provinzen an Frankreich über, das dafür der Schweiz eine grosszügig definierte Freihandelszone rund um Genf einräumte.

Mit Emils Anspielung auf die in Neapel herrschende Unordnung bekommen wir eine weitere europapolitische Aktualität am Zipfel zu fassen: die nationale Einigungsbewegung Italiens. Im Mai des Jahres war Garibaldi mit einer Armee von Freiwilligen in Sizilien gelandet. Aus dem «Zug der Tausend» wurde der unaufhaltsame Marsch einer Volksarmee, die Anfang September in Neapel einrückte. Das bedeutete den Fall des Regenten und die Auflösung des Königreichs Neapel-Sizilien; schon einen Monat darauf wurde Vittorio Emmanuele II. zum König eines neu vereinten Italien ausgerufen. Für die Schweiz, die nach der ersten landesweiten Volkszählung dieses Jahres 2,5 Millionen Einwohner zählte, bedeutete diese Entwicklung, dass ihr an der Südgrenze des Landes eine weitere, neu geschaffene Monarchie gegenüberstand. Nach wie vor blieb die Eidgenossenschaft die einzige Republik inmitten keineswegs freundschaftlich gesinnter Nachbarn. Das Jahr 1860 setzte ein Zeichen, dass sich das Alpenland in seinem Kurs nicht beirren liess: Am 2. Juli ging die Rütliwiese als Nationaleigentum in den Besitz des Bundes über. Der Mythos von der «Wiege der Eidgenossenschaft» war geboren.

Englands Politiker hatten die massive Gebietserweiterung Frankreichs mit bissigen Kommentaren bedacht. Seit Waterloo hiess auf dem Inselreich die Devise: keine dominierende Macht auf dem Kontinent! So gesehen erstaunt es, dass in China britische und französische Truppen Seite an Seite kämpften. Trotz eines im Vorjahr abgeschlossenen Vertrags mit dem Reich der Mitte hatten chinesische Truppen europäische Handelsstationen angegriffen; einige französische Missionare waren ermordet worden. Im Oktober beschoss ein britisches Geschwader die Hafenstadt Kanton, gleichzeitig rückten die alliierten Bodentruppen auf Peking vor und zerstörten nach erbitterten Kämpfen den Sommerpalast; der Kaiser musste fliehen. Im Friedensvertrag von Peking machte die chinesische Regierung den beiden europäischen Mächten weitgehende Zugeständnisse. Eine Reihe von Häfen mussten Handelsniederlassungen der Westmächte akzeptieren, deren Schiffe durften hinfort die grossen chinesischen Flüsse befahren. Nach Jahrtausende während Isolation hatte sich China unter militärischem Zwang den westlichen Industrienationen geöffnet und glich nun faktisch – wenn auch nicht staatsrechtlich – einem Kolonialstaat vom Schlag Indiens oder Indonesiens.

Und New York? Wie lauteten hier die Schlagzeilen zur Chronik der Stadt und des Landes? Glücklicherweise wurde Emil Augenzeuge vieler einschneidender Ereignisse dieses Jahres, sodass das Tagebuch historisch relevante Episoden gleichsam in Nahaufnahme wiedergibt: eine reizvolle

Spiegelung! Zu ihnen gehört der Besuch einer diplomatischen Delegation aus Japan, die Mitte Juni in der Metropole eintraf; er stellt einen wichtigen Schritt dar bei der Öffnung dieses bis anhin weitgehend isolierten fernöstlichen Landes gegenüber den westlichen Industrienationen. Emil, der die Gäste übrigens mit der damals gebräuchlichen Bezeichnung als «Japanesen» betitelt (dies in Anlehnung an Begriffe wie «Chinesen» oder «Javanesen»), erwähnt an einer Stelle den zwei Jahre zuvor geschlossenen *Harris Treaty*. Damals kam nach zähen Verhandlungen eine Annäherung USA-Japan zustande. Das Kaiserreich öffnete fünf Häfen für den mächtigen Handelspartner, gewährte Religionsfreiheit für die in den Hafenstädten stationierten US-Bürger und sagte die Aufnahme diplomatischer Beziehungen zu.

New York empfing die Gäste an einem drückend heissen Tag mit einer Parade auf dem Broadway. Emil konnte sich von der «ungeheuren Menschenmasse» auf einem Balkonplatz absetzen. «Nach einigem Warten», so setzt der Bericht ein, «erschien die berittene Polizei und gleich nachher die Gesandten, alle in schwarzblauen Kutten ohne Verzierungen gekleidet, ohne Kopfbedeckung, den Kopf glatt geschoren und nur ein Zöpfchen auf dem Wirbel. Jeder der Gesandten hatte eine eigene Kutsche und war von einem Marinekapitän begleitet. Der erste, der höchste Prinz, hatte ein sehr intelligentes Gesicht, und so auch mancher aus seiner Suite. Sonst aber schaute der Rest einfältig und wie alte Weiber drein. Es bestand das Gefolge aus japanischen Doktoren, Dolmetschern, Offizieren, jeder mit zwei Säbeln. Auch der Vertragsbehälter wurde auf einem Wagen geführt, dahinter kam Tommy, ein wegen seiner Leutseligkeit und Fröhlichkeit schnell populär gewordener Japanese. Diese Fremden unterschieden sich sonst äusserlich nicht von den hiesigen trödelkrämernden Chinesen.»

Das tönt eher abschätzig, nur dass das Tagebuch noch respektlosere Worte für die Gastgeber bereithält. Das im Umzug folgende Militäraufgebot von 6000 Mann vermochte höchstens durch seine Masse zu beeindrucken, jedenfalls für das kritische Auge des jungen Schweizers: Die meisten Truppen marschierten angeblich in «herzlich schlechter» Haltung. «Die Reiterei war miserabel in Ordnung, und einzig das 7. Regiment und die *Garde Lafayette* liessen sich mit etwas Europäischem vergleichen.» Zwar ist Emil überzeugter Republikaner, aber in diesem Fall scheint ihm, die New Yorker hätten Mühe, gegenüber königlichen Besuchern den richtigen Ton zu treffen, ja es mangle ihnen bei allem Hurrageschrei ganz offensichtlich am gehörigen Respekt und kollektiven Feingefühl: «Hierzulande kann man solch monarchischen Gästen keine konvenierende Rezeption geben. Das souveräne Volk behandelt sie zu grobhölzig und lästig, und zeigte sich in der steifen Haltung der japanesischen Würdenträger, dass diese seit ihren Erfahrungen in Washington und Philadelphia eine wahre Scheu vor dieser Pöbelherrschaft haben.»

Für die Weiterfahrt der Gäste stellten die Gastgeber die *Niagara* bereit, «ein sehr schön gebautes Kriegsschiff, nach neuem System mit zwölf langen Kanonen versehen». Es war eben diese elegante Fregatte, die einige Tage darauf, am 28. Juni, zum Empfang des grössten Dampfers abgeordnet wurde, den die Welt je gesehen hatte: der *Great Eastern*. Das nach Entwürfen des britischen Ingenieurs Isambaard Brunel gebaute Monstrum war im Vorjahr in England vom Stapel gelaufen; nach dem Willen seiner Erbauer sollte es die Atlantikpassage mit einem starren Fahrplan zwischen Alter und Neuer Welt revolutionieren. Mit seinem Fassungsvermögen von zweitausend Passagieren machte es eine Industrie aus dem Personentransport; entsprechend würden die Preise für die Überfahrt massiv sinken.

Emil erlebte die Ankunft des über 200 Meter langen Giganten mit seiner Doppelausstattung von gewaltigen Schiffsschrauben und gigantischen Schaufelrädern vom Deck der *May Queen* aus; dieser kleine Hafendampfer fuhr dem Ankömmling bis auf die Höhe von Sandy Hook entgegen. Als Erstes erhoben sich die sechs Masten über dem Horizont, mit denen die *Great Eastern* auch die Windkraft nutzte, «dann, beim Näherkommen, sahen wir die Kamine und mehr und mehr vom ungeheuren Rumpf». Als Antwort auf mehrere Salutschüsse begann eine Kapelle an

Bord den *Yankee Doodle* zu spielen, was die Neugierigen auf den Begrüssungsdampfern mit Hurrageschrei quittierten. «Auf dem Vorderdeck sah man an vier Steuerrudern acht Mann auf Kommando manövrieren, und das Schiff lenkte sich so sehr leicht, wie der Pilot, der mit dem Captain auf dem Radkasten stand, es befahl.» Kaum eine halbe Stunde später dampfte der Koloss triumphierend in den Hudson; «dort vermehrte sich der Schwarm der Dampfschiffe, die ihn bisher begleitet hatten, noch um Hunderte von kleinen Yachten und Seglern».

Bei diesem Augenschein von aussen wollte Emil es nicht bewenden lassen. Einige Tage später stattete er – gegen ein Eintrittsgeld von 50 Cents – der im Hudson vertäuten *Great Eastern* einen Besuch ab, zusammen mit einem Landsmann namens Egli. Vom obersten Deck aus kletterten die beiden auf den Kasten hinunter, der die Schaufelräder umschloss: «Einen guten Standpunkt, die Höhe des Schiffs zu messen, hat man auf dem Radkasten, von wo aus, wie von einem fünfstöckigen Haus herab, die Menschen auf dem Deck wie Mäuse erscheinen; die Dächer solcher Häuser in der Nachbarschaft des Schiffes stehen ungefähr auf dem gleichen Niveau mit obigem Punkt.» Anschliessend wurde die Maschine besichtigt, welche die Schaufelräder antrieb: «Je zwei ungeheure oszillierende Zylinder treiben mit ihren Kolbenstangen ein einseitiges Stück Eisen, an dem eines der Räder sich bewegt.» Der Rundgang führte weiter in die Tiefen des Rumpfs zu den Dampfkesseln, «wovon, in drei Reihen abgesondert, etwa 100 stehen. Ferner sah ich die Schraubenmaschine, dem ungeübten Auge als ein Gewirr von Schrauben, Röhren und Stangen erscheinend. Der Damensalon ist luxuriös ausgestattet, und glaubt man darin vollends, nicht auf einem Fahrzeug, sondern in einem Hotel auf dem Festland zu sein. Die Kajüten sind gross. Es gibt davon zu vier bis acht Betten und Sofas, kurz mit allem Komfort versehen. Selbst unsere flüchtige Durchsicht nahm uns doch über zwei Stunden weg, und kann man dieses Riesenschiff füglich als ein Weltwunder betrachten.»

Was das weitere Schicksal des Weltwunders *Great Eastern* betrifft, so sollte es die darein gesetzten Erwartungen nicht erfüllen. Die Revolution im Passagierwesen blieb aus – schon weil es nicht gelang, die Kabinen für die Fahrt in westöstlicher Richtung zu füllen. Immerhin sollte der Riesendampfer doch noch Geschichte schreiben, nämlich als umgebautes Kabelschiff. Er war es, dem einige Jahre später die erste Legung eines Telegrafenkabels glückte. Den Unternehmern blieb dadurch die bereits in Angriff genommene, überaus aufwendige Alternativlösung einer Kabelroute durch Russland, Sibirien, Alaska und Kanada erspart.

Mit dem Besuch des Prinzen von Wales in der zweiten Oktoberwoche feierte New York *das* Ereignis des Jahres. Der Sohn der seit 1837 regierenden Königin Victoria von England absolvierte seine erste grössere Auslandsreise, die ihn durch das Dominion Kanada und – als ersten Vertreter des englischen Throns – durch die einstige britische Kolonie führte. Zudem war der 19-Jährige ein ausgesprochener Publikumsliebling. Offensichtlich legte der spätere King Edward VII. ein einnehmendes Wesen an den Tag, war dabei ausgesprochen publizitätsbewusst und amourösen Abenteuern zugetan – darin durchaus vergleichbar der heutigen Prinzengeneration des Königshauses, die weniger durch nachweisbare Leistungen als durch Eskapaden aller Art auffällt. Die Galerien des Broadway boten Porträts des künftigen Thronfolgers in den unterschiedlichsten Ausführungen an, die vor allem bei der Damenwelt grossen Anklang fanden; entsprechend fühlte sich Emil geschmeichelt, als ihn eine Bekannte «vom Aussehen her» mit dem populären Prinzen verglich.

Emil Streuli erlebte auch hier die prächtige Parade zu Ehren des königlichen Besuchs mit. Der Prinz hatte eine Rundreise durch Kanada und den Westen der Union hinter sich und traf von Philadelphia her kommend in der Metropole ein, der zweitletzten Station seiner Amerikareise. Am Broadway herrschte an diesem 11. Oktober ein womöglich noch grösseres Gewühl als beim Empfang der Japaner; sämtliche Ladengeschäfte und Büros hatten den Betrieb seit zwölf Uhr eingestellt. Emil, der es versäumt hatte, sich einen Platz auf einem der begehrten Balkons zu sichern, erhaschte schliesslich, hinter einer fünf Reihen dichten Mauer von Leibern auf den Zehenspitzen stehend, doch noch einen Blick auf die Besucher. «Die Kutsche des Prinzen war von acht superben schwarzen Pferden gezogen. Er sass in seiner roten Uniform neben dem Mayor von New York und machte eben den Eindruck, den man aus den vielen Porträts von ihm gefasst hat. Er hatte viel zu tun mit Auflüpfen seines Federhutes, um die vielen Hurras zu erwidern. Rückwärts sassen der Herzog von Newcastle in Zivil, mit rotem Bart und einem schäbigen Ungeheuer von Hut auf dem Kopf, und General Bruce. Hintendrein folgte die Suite, meist in Uniform; man konnte das Erstaunen dieser Leute in den Gesichtern sehen, als sie diese ungeheuren Menschenmassen erblickten, die vom Boden bis zu Kirchturmhöhe alle Standpunkte besetzten. Die zahlreiche Anwesenheit des schönen Geschlechts bekundete sich durch das Wehen der weissen Taschentücher, die wie unzählige Schneeflocken aus allen Fenstern wehten. Als der Prinz Trinity Church passierte, erschallten die Glocken und spielten *God save the Queen*.»

Einmal mehr zeigte sich Emil äusserst unzufrieden mit der anschliessenden Militärparade. Es fehlten die irischen Regimenter, die «heute aus altem Stammhass gegen das Königsgeschlecht nicht Dienst tun wollten». Wiederum vermochten seiner Meinung nach nur das 7. Regiment und die *Garde Lafayette* zu bestehen; dagegen aber machten «die Kavallerie und Artillerie, meistens aus Deutschen bestehend, wie gewohnt eine traurige Figur».

Auch das Grossereignis vom Folgetag, einem Freitag, sah ihn als kritischen Augenzeugen: «Heute fand der Ball statt, den 400 der reichsten Bürger dem Prinzen geben und der 40 000 Dollar kosten soll, wobei 3000 Personen zugelassen werden. Wir gingen zur Academy of Music und sahen dort die eleganten Damen aus den Kutschen aussteigen und oft ganze Strecken laufen, bevor sie zum Eingang gelangen konnten. Da man unsere Hoheiten bei dieser Affäre übersehen hatte, so mochten wir nicht draussen der Hautevolee unsere Bewunderung zollen und decampierten wieder, indem wir uns hinter ein Halbdutzend Austern machten.»

Der süffisante Tonfall deutet es an: So wie beim Empfang der Japaner zeigten sich die New Yorker Veranstalter auch diesem Anlass nicht ganz gewachsen. Nicht nur in den Augen Emils wurde der Ball in der Musikakademie «eine gefehlte Geschichte, weil die 400 Aristokraten das Ding nicht ohne Fehler und Verstösse abtun konnten. Ein Unfall war das Brechen des Bodens unter den Tanzenden.» Tatsächlich barsten bei einem der ersten Tänze die Bretter der Tanzdiele; auch wenn bei diesem Einsturz keine Opfer zu beklagen waren, hatte sich die viel belächelte selbsternannte Hautevolee eine peinliche Blösse gegeben. Emil liess sich einen persönlichen Augenschein nicht nehmen, als am darauffolgenden Sonntag die Akademie wieder fürs Publikum geöffnet wurde. Zwar hatten die Veranstalter in der Zwischenzeit die beschädigten Bretter notdürftig überdeckt. Aber auch die noch nicht demontierte Ausstattung der Festsäle erwies sich als «gefehlt», zumindest in den Augen des Seidenhändlers Emil Streuli: «Zum Beispiel die Decke in Gestalt eines Zeltdachs war aus lumpig gelbweissem Zeug gemacht, während es von Seide nicht einmal sehr hoch gekommen wäre und dem Ganzen einen ganz andern Anstrich gegeben hätte.» Wie hoch der Prinz in der Gunst der Damenwelt stand, zeigte sich auch an diesem Sonntag daran, dass Besucherinnen das Bouquet, das noch immer im Kabinett des Prinzen stand, plünderten und einzelne Blumen als Andenken herausrupften, ja: «Einige Damen liessen es sich nicht nehmen und sassen die ganze Zeit auf dem erhöhten Sofa, auf dem sie sich vorstellten, dass der Prinz gesessen war.»

Aus der *New York Times* vom 8. November erfahren wir mehr zum hohen Besuch – mit Details, die Emils Schilderung auf verblüffende Weise bestätigen. Zwei Dampferstunden nördlich der Metropole hatte der Prinz den königlichen Steamer *Harriet Lane* bestiegen und wurde an der Landestelle des Battery Parks empfangen – dies auf «ruhige und freundliche Art», wie der Reporter betont. Leider hätten ja manche Zeitungen nach den vorangegangenen Empfängen das amerikanische Publikum für seine Zudringlichkeit und Würdelosigkeit gerügt, «so als sei die Bevölkerung dieser Stadt eine Horde ungezogener Schlingel, denen man erst die Grundregeln des zivilisierten Umgangs beibringen müsse». Es sei die kleinste Ansammlung in den Landstädtchen, das harmloseste Zeichen von Neugierde als empörende Schandtat ausgegeben worden. Darin habe sich besonders der New Yorker *Herald* hervorgetan und dabei leider keine Gelegenheit ausgelassen, «die Manieren und Bräuche seiner Landsleute in den Dreck zu ziehen».

Nach diesem Seitenhieb gegen die Konkurrenz schildert der Reporter den grandiosen und stilvollen Empfang am untersten Broadway, zu dem die regelmässigen Salutschüsse von der Battery den Rahmen liefern, dabei aber leider «die Stadt in riesige Schwaden weissen Rauches einhüllend, welche die Strassen mit einem dünnen Wolkenschleier bedeckten». Aus der Menge ertönte «ein heiseres, auf- und abschwellendes Dröhnen, wie der Wellenschlag der aufgewühlten Brandung». Beim Empfang durch den Bürgermeister stellt sich übrigens heraus, dass der junge Mann bisher unter dem Alibi eines Baron Renfrew gereist ist. Dieses muss angesichts «der unzähligen öffentlichen Einladungen im Namen seiner Königlichen Hoheit, des Prinzen von Wales, natürlich fallengelassen werden». So wie Emil beschreibt auch die *New York Times* die ungeheure und unübersehbare Menschenmasse entlang des Broadway, die Menschentrauben «an Masten, Kaminen und auf Simsen», in erstaunlich ähnlicher Wortwahl sogar «das Schwenken unzähliger Taschentücher, das wie Schneegestöber die Fronten stattlicher Häuser überzog». «Wenn der Prinz auch nur den Kopf drehte, jubelte die Menge, tat er es nicht, so jubelte sie noch lauter.» – Einigen Tadel hat allerdings auch dieser wohlwollende Berichterstatter anzubringen: Man habe sich viel zu lange bei der Abnahme einer Parade im City Hall Park aufgehalten, sodass ein Grossteil der Neugierigen die Kutsche erst nach Einbrechen der Dunkelheit zu Gesicht bekommen habe. Zudem sei sie von einer Kavallerieeskorte begleitet worden, «die in ihren Reihen einige der dicksten Männer New Yorks aufwies. Auf Ersuchen des Prinzen liessen sie sich zurückfallen, sodass er selbst etwas zu sehen bekam und von den so lange auf ihn wartenden freundlichen Leuten gesehen werden konnte.»

So triumphal der New Yorker Aufenthalt Edwards im Ganzen gesehen ablief, so ist auch in diesem Fall ein betrübliches Nachspiel zu melden. Kurz nach Edwards Rückkehr starb sein Vater, Prinzgemahl Albert, völlig unerwartet. Königin Victoria führte die plötzliche Erkrankung auf eine Reise zurück, die ihr Gatte wegen einer Indiskretion des Sohns hatte antreten müssen: Der Bursche hatte ein Verhältnis mit einer attraktiven Schauspielerin angeknüpft. Albert sprach ein Machtwort und konnte den befürchteten Skandal unterdrücken, nahm sich aber die Affäre so sehr zu Herzen, dass er geschwächt zurückkehrte und an Typhusfieber erkrankte. So blieb Victoria ihr ältester Sohn zeitlebens verhasst; erst viele Jahre später sollte er als fettleibiger und verlebter 62-jähriger Bonvivant die Thronfolge antreten.

In New York besetzte gleich nach der Abreise des Prinzen ein anderes Thema die Schlagzeilen: die Präsidentschaftswahl. Nach vierjähriger Amtszeit sollte der Demokrat James Buchanan das Weisse Haus verlassen. Um seine Nachfolge bewarben sich mit dem sogenannten Fusionsticket die Demokraten John Breckinridge und Joseph Lane; ihnen standen mit Abraham Lincoln aus Illinois und Vizekandidat Hannibal Hamlin zwei entschiedene Gegner der Sklaverei gegenüber. Emil Streuli erlebte die Schlussphase des Wahlkampfs aus nächster Nähe: Umzüge und Demonstrationen spielten sich vor allem auf dem Broadway und hier wiederum vorzugsweise rund um den City Hall Park ab. «Alles politisiert gegenwärtig und spekuliert, ob Demokraten oder Republikaner siegreich werden», meldet das Tagebuch am 2. November. «Alle Nächte wird der Schlaf durch Getrommel und Gepfiff von Fackelzügen gestört, die durch die Strassen passieren. Wir müssen in unserer Strasse auch viele politische Notabilitäten haben, denn schon an zwei Abenden sind in der Nachbarschaft Serenaden gebracht worden, die einen allemal aus dem tiefen Einschlummern wecken.»

So wie viele Kollegen vom Schweizerklub sympathisierte auch er mit den Republikanern, dies vor allem wegen deren entschiedener Stellungnahme in der Frage der Sklavenhaltung. Zudem hatten sich den Republikanern zahlreiche deutsche Freiheitskämpfer angeschlossen, die nach dem Scheitern des Frankfurter Parlaments von 1848 in die USA emigriert waren. Männer wie Carl Schurz, ein langjähriger Weggefährte Lincolns, hatten früher auch in der Schweiz viele Sympathien genossen. «Vor acht Tagen hörte ich auch den Deutschen Carl Schurz von Wisconsin, einen früheren Gefährten von Kinkel im Jahre 1848, einen äusserst talentvollen Mann, die hiesigen Deutschen anreden. Seine Reden zeichnen sich unter diesem politischen Faseln allerseits vorteilhaft durch ihre Logik aus, was eben den Amerikanern oft trotz aller brillanter Sprache abgeht.»

Mehrere Male findet auch William Seward Erwähnung, der «Hauptkämpe des Republikanismus» in der demokratischen Hochburg New York, der später in Lincolns Kabinett das Schlüsselamt des Aussenministers übernehmen wird. Emil bekam ihn bei einer Wahlkampfveranstaltung im Palace Garden zu Gesicht, «der ein imposanter Umzug von Wide-Awakes vorausging. Ich war dort, konnte jedoch nicht viel von der Rede hören, die man bequemer in der Zeitung des folgenden Tages lesen kann. Seward ist ein kleiner, grauhaariger Mann, dem man jedoch den Yankee-Geist und -Witz ansieht.»

Aus heutiger Sicht bemerkenswert sind Effizienz und Tempo, mit der am grossen Tag selbst Stimmen ausgezählt und Ergebnisse übermittelt wurden: ein Triumph des Telegrafs, dessen Netz nunmehr auch die abgelegensten Täler von Georgia oder Maine erreicht hatte! Am 6. November, einem Dienstag, notierte Emil: «Heute ist der grosse Wahltag, der merkwürdig ruhig verläuft. Aus unserem Store votet niemand, und im Hause an der 10. Strasse wählen fünf das republikanische und nur einer das Fusionsticket.» Bereits am Mittwoch stand das Resultat fest, die Republikaner hatten gesiegt. «Abraham Lincoln Präsident, Hannibal Hamlin Vize – so steht es an der Spitze der heutigen Blätter als Resultat des gestrigen Wahlkampfes. Der Staat New York, von dem alles abhing, gibt obigen Kandidaten etwa 50000 Stimmen Majorität, da die Stadt New York, die mit ihrer demokratischen Mehrheit dem Rest des republikanischen Staates die Wagschale halten sollte, bloss etwa 28 000 statt der erforderlichen 60 000 Majorität hat. Damit ist nun das Interregnum der Unentschiedenheit beendet, und in der Tat konnten nur durch diese Wahl der republikanischen Kandidaten die entzweiten Demokraten gehindert werden, durch ihren Zwist noch mehr Unheil zu stiften, weshalb auch mehrere Bankpräsidenten wie Jones von der Chemical öffentlich zum Stimmen für Lincoln anhielten.»

Die Telegrafendrähte hielten New York aber nicht nur über die Wahlergebnisse auf dem Laufenden. Wenige Tage später, und schneller als gewünscht, zeichnete sich ab, dass die Entscheidung das Land nicht geeint hatte, sondern dass sich die Gräben zwischen Nord und Süd noch einmal vertieften. In keinem einzigen Südstaat hatte Lincoln eine Mehrheit gefunden. «Die Ruhe ist dem Land durch die überstandene Präsidentenwahl keineswegs wiedergegeben worden», musste Emil am folgenden Wochenende resümieren. «Vom Süden kommen alarmierende Berichte, dass man dort keinen republikanischen Präsidenten anerkennen wird und sich die Union trennen wird. South Carolina scheint vor allem ernst machen zu wollen mit dieser Sezession, und daraufhin ist unsere Börse nun in eine Art Panik verfallen, in der heute alle Arten Wertpapiere um etwa 5 Prozent gesunken sind. Auch im Warenhandel geht nichts, und wäre jeder froh, zu irgendwelchen Preisen zu verkaufen, wenn er nur könnte.»

Sezession – ein Wort, das zum ersten Mal im Tagebuch erscheint. Bis zu Emil Streulis Heimreise wird es dort noch häufiger genannt, unter zunehmend düsteren Vorzeichen.

Abb. 66: Wo treffen sich New Yorkerinnen und New Yorker in ihrer Freizeit?
Eine beliebte Attraktion ist auch im Winter der «Spatzentempel» – eine exzentrische Pyramide am Union Square, in der Tausende aus England importierte Vögel nisten.

Feierabend

Eine unübersehbare Folge hat die Liquidation der Gasgesellschaft, deren Geschäfte den jungen Emil Streuli über ein Jahr lang in Bann schlugen: Vom Sommer 1860 an finden sich wieder vermehrt Einträge über Unterhaltendes, über Lektürestunden oder kleinere und grössere Vergnügungsreisen. Emil hat wieder Zeit für den Zeitvertreib! So fallen die bereits beschriebenen Theaterbesuche der grossen Bühnenerfolge am Broadway und anderswo ausnahmslos in diese Periode. Auch lockt jetzt wieder die Lektüre grösserer erzählender Werke – in der Zeit des geschäftlichen Chaos eine undenkbare Sache! Bezeichnend dafür ist die Notiz vom 19. August: «Gegenwärtig lese ich die Werke von Jeremias Gotthelf, deren heimatliche Sprache mich oft anheimelt und unterhält, deren altväterische Ideen und Gebräuche, die darin personifiziert werden, mich aber auch oft gegen die immer noch bestehenden Zeigfingereien draussen aufbringen.»

Dass sich Emil gerade die Werke des streitbaren Berner Autors aussucht, ist in vielerlei Hinsicht bezeichnend. Der Pfarrherr von Lützelflüh im Emmental ist vor wenigen Jahren gestorben, aber bereits finden sich Ausgaben seiner Werke in vielen Deutschschweizer Haushaltungen. Romane wie *Uli der Knecht* oder *Annebäbi Jowäger* gelten als Inbegriff realistischer und zugleich heimatverbundener Literatur. Sie nehmen den bäuerlichen Alltag im Emmental zum Anlass, menschliche Grundsituationen und Charakterzüge in wenigen Personen zu bündeln, die ihre Konflikte gleichsam stellvertretend für die Gemeinschaft austragen. Dabei scheut der Pfarrherr Albert Bitzius, der hinter dem Pseudonym Gotthelf steckt, keineswegs davor zurück, die Handlung ungeniert zu unterbrechen und mit einer Kanzelpredigt auszulegen, als handle es sich um einen Text aus der «Gschrift». Ebenso ungeniert lässt Bitzius-Gotthelf seine Personen über Seiten hinweg im Dialekt sprechen. Das wirkt in seiner Authentizität tatsächlich «anheimelnd», macht die Werke aber fast unübersetzbar.

Ob Emil mit den so merkwürdig benannten «Zeigfingereien» Gotthelfs eingeschobene Predigten meint, bleibt unklar. Eher noch bezieht er sich auf die Vorurteile der handelnden Personen, etwa auf den so eindrücklich geschilderten Starrsinn Annebäbis, den Alltagstrott auf dem Hof des Glungge-Bauern oder die Rückständigkeit vieler Dorfgenossen, die Eigennutz vor Solidarität stellen. Einen Autor tadeln – das liegt Emil fern, dafür ist sein Respekt vor der Zunft der Schreiber zu gross. Ohne je eine Zeile von Washington Irving gelesen zu haben, dem damals populärsten lebenden Autor der Staaten, gerät er bei einem Ausflug ins Schwärmen, wie man in die Nähe von Irvings Anwesen am Hudson gelangt: «Hier ist die Bank mit der Aussicht auf den ruhigen Flussspiegel, worauf er seine Werke unter Gottes blauem Himmel schreibt, dort ist das Haus im altenglischen Baustile mit einem alten, efeuumrankten Turm an der Seite. Stiller Friede und ungestörte Einsamkeit scheint über dieser Stätte zu walten. Vergebens drangen meine Blicke in alle Zimmer des Erdgeschosses, um den berühmten Mann selbst zu sehen – er war nicht zu finden. Ich nahm einige der ungemein grossen Rosskastanien mit, die hier unter einem Baume lagen, und behalte sie nun als Andenken, indem ich Namen und Datum darin einschnitt.»

Es ist anzunehmen, dass sich Emil während seines Aufenthalts noch mit Irvings Werken bekanntmachte – beispielsweise mit den *Hudson Tales*, deren Schilderungen von Land, Leuten und Traditionen im Hudsontal sich durchaus vergleichen lassen mit Gotthelfs Erzählwelt, den Hügeln und Weilern des Emmentals. Eher zum Bereich der leichteren Muse gehörten die bereits genannten Satiren des Modeautors Philander Doesticks, die er zusammen mit Martha Aschmann las. Der New Yorker Humorist half oft mit, regnerische Sonntage zu vertreiben: «Den ganzen Mittag und Abend beschäftigte man sich mit Lektüre. Frau Aschmann las aus einem neue Buche Doesticks' vor, das aber den früheren an Wert nicht gleichkommt.» Vollends dem Zeitvertreib zuzurechnen ist die Lektüre der *Gartenlaube*. Offensichtlich mag Emil auch in der Fremde nicht auf die populäre deutsche Familienzeitschrift verzichten. Er teilt sich mit einem Kollegen in die Kosten; er löst «ein Abonnement auf die *Gartenlaube* zu 2 Dollar, woran Herr Itschner auch teilnimmt».

Starautorin des wöchentlich erscheinenden Blattes ist in dieser Ära die Schriftstellerin Eugenie Marlitt. Ihre in Serie veröffentlichten Liebesromane haben freilich weder mit dem Realismus Gotthelfs noch der Satire Doesticks' irgendetwas zu tun, sondern sind wirklichkeitsfreier, weltflüchtiger Kitsch. Mitunter scheint es, als drücke ihr Stil selbst in Emils Tagebucheinträgen durch, bezeichnenderweise vor allem in den Naturbeschreibungen. «Der Himmel war den ganzen Tag wunderklar», heisst es an einer Stelle in Band IV, «und prangte im schönsten Blau. Überall waren die Strassen trocken und doch nicht staubig, nach gestrigem Regen, und als Krone von allem wehte eine sanfte Seebrise überall und säuselte zephyrartig mit frischem Hauch selbst mitten in der beengten Stadt.» Oder sollten solche Passagen etwa die Empfänger zu Hause mit ihrem poetischen Zartsinn beeindrucken? «Der Himmel hatte sein schönstes blaues Kleid, zuweilen säuselte ein leichter, duftiger Wind, sodass es schien, als wäre der Winter völlig ausgetrieben worden und die Natur bereite sich vor, diesem ersten Frühlingshauche sich zu erschliessen und wieder dies grüne farbige Kleid anzulegen.»

Und in welche Ecke soll man Charles Reade stellen, den britischen Erfolgsautor und Vielschreiber, von dem jedes Jahr ein Roman oder zwei erscheinen? «Ich kaufte die Novelle *Love me little, love me long*», heisst es in Band VI, «für junge Kaufleute von Handelsmeier sehr empfohlen.» Mit einigem Zähneknirschen beginnt Emil die Lektüre, die er wohl nur aus Pflichtgefühl abschliesst. Jedenfalls fehlt ein zusammenfassendes Urteil wie im Falle von Gotthelf, Doesticks oder Dickens. Dabei wird der heute fast vergessene Reade damals durchaus mit Charles Dickens verglichen: Auch er versteht es, im Rahmen einer spannenden Geschichte auf soziale Missstände hinzuweisen, die er sorgfältig recherchiert hat. Immerhin muss *Love me little* bei Emil einige Saiten angeschlagen haben: Im Mittelpunkt steht eine von vielen Seiten umschwärmte hübsche Heldin, die Emil bestimmt an Frances Davis erinnert. Weshalb gerade junge

Kaufleute das Buch mit Gewinn lesen würden, wird rückblickend ebenfalls klar: Die Handlung kreist um das britische Bankenwesen, und Autor Reade schildert dessen Sitten und Gebräuche in einem Exkurs von nicht weniger als vierzig Seiten!

Die Begeisterungsfähigkeit, die einen jungen Burschen mit poetischer Ader dazu bringt, einen Dichternamen in eine Kastanie zu ritzen, zeigt sich auch in Emils Haltung zur darstellenden Kunst. In Gemälden oder Zeichnungen verkörpert sich für ihn das Wahre und das Schöne; umso gereizter reagiert er, wenn jemand beispielsweise einen Frauenakt mit Bocksmeckern betrachtet statt mit dem abgeklärten Blick des Kenners. Entrüstet erzählt das Tagebuch von einem Treff, zu dem ein reicher Bekannter Emil und ein paar Geschäftsfreunde in seine stattliche Wohnung an der 2nd Avenue lädt. Offenbar legt der Hausherr ein paar Illustrationen bereit, die für Herrenbesuche reserviert bleiben: «Vor dem Essen besuchten wir noch die schöne Bibliothek Waibels im Parlor und hatten einen Disput über die auf dem Tische liegenden Illustrationen zu Goethes *Faust*. Die wunderschönen Zeichnungen sollten jeden nur deren Kunst bewundern machen. Die verheirateten Männer Aschmann und Burton ergötzten sich aber nur an den nackten Frauenbildern.» Wer so primitiv reagiert, das steht für Emil fest, verdient diese Art von Kunst ganz einfach nicht: «Allerdings schweinpelzige Nationen wie Franzosen und Amerikaner übersehen ob dem Obszönen das Wahre und die Schönheit des Bildes, während der Deutsche mehr Kunstsinn und Anstand hat, ohne sich an so etwas zu stossen.»

Noch kennt die Drucktechnik kein Verfahren, mit dem sich Fotografien wiedergeben lassen. Für die Kunstliebhaber allerorten werden «grosse» Werke nachgestochen und als Stahlstich reproduziert. Auch der junge Horgner legt in New York den Grundstein zu einer kleinen privaten Sammlung. «Ich kaufte heute ein Werk ‹Die Galerien von München› mit Stahlstichen von den berühmtesten dortigen Gemälden. Es besteht aus 42 Lieferungen à 25 Cents. Wenn es einst vollständig ist, so ist dies wirklich ein Prachtswerk.» So wie noch heute bei Kunstverlagen üblich, werden Interessenten mit einem Lockvogel geworben, in diesem Fall einem plakatgrossen Stich: «Auf heute wurde mein Prämiumstahlstich fertig, den ich zur Münchner Galerie erhalten hatte. Er stellt die verschiedenen Teile in Schillers ‹Lied von der Glocke› dar und hat sehr grosses Format. Ich liess ihn nett und billig einrahmen, trug dann selbst das grosse Paket zur Ferry und heim und hängte das Bild über meinem Bette auf.»

Wie sehr Emil das Bildungsgut Kunst am Herzen liegt, zeigt sich daran, dass er nach der letzten Lieferung die Bogen zu einem stattlichen Buch mit Lederrücken binden lässt: tatsächlich ein «Prachtsband», der sich bis heute im Familienbesitz erhalten hat! Noch bedeutet die Auseinandersetzung mit der bildenden Kunst aber keineswegs, dass Ausdruck, Stimmung oder Dynamik eines Werks gewürdigt werden. So wie die damals gängige Kunstkritik begnügt sich auch das Tagebuch damit, den Inhalt eines Gemäldes nachzuerzählen und allenfalls über handwerkliche Finessen zu urteilen. Da New York über kein öffentliches Kunstmuseum verfügt, ist Emil für solche Eindrücke auf Galeriebesuche angewiesen. Gelegentlich spricht er bei *Goupil's* am Broadway ein, einem Filialbetrieb des berühmten Pariser Kunsthändlers: «Dieser Gemäldeladen ist der grösste in New York und enthält namentlich eine grosse Masse Ölgemälde von ziemlich grossem Werte zum Verkauf.»

Entsprechend erhebt ein Galerist wie Goupil durchaus Eintrittsgeld, wenn er ein besonders attraktives Gemälde zeigt, beispielsweise ein Porträt der Gattin Napoleons III.: «In einem eigenen Kabinette war ein überlebensgrosses Porträt der französischen Kaiserin ausgestellt. Sie sitzt im Freien im weissen Grège-Kleid und mit einem Strohhut, mit Blumen geziert. Ihre Haltung ist so viel natürlicher, als ich sie je abgebildet gesehen habe, und in diesem Anzug statt dem kaiserlichen Pompe ist sie viel reizender und graziöser. Das Porträt ist von Winterhalter. Daneben sind auch noch eine Kreidezeichnung von Rosa Bonjour und verschiedene Tiersachen.»

So populär ist Trendsetterin Eugénie, Inbegriff von Chic und Anmut in Europa wie in der Neuen Welt, dass *Goupil's* wenig später ein weiteres Porträt zeigt. Eine vor dem Ladenlokal flatternde Trikolore weist hin «auf das hier ausgestellte Porträt der Kaiserin und ihrer Hofdamen. Ich trat ein, zahlte den Preis von 25 Cents und wurde in ein dunkel drapiertes Kabinett geführt. Das Gemälde war auf einer Art Bühne in Lebensgrösse aufgestellt und von oben mit einem Kranzgaslüster beleuchtet. Der Effekt war so wirklich ein brillanter und fesselnder. Das Bild stellt die Kaiserin mit ihren Gefährtinnen in einem Parke dar, Blumen windend, während eine Dame ihr vorliest. Die Gruppe dieser neun Damen ist ungemein vorteilhaft für jede derselben und doch sehr natürlich gestellt. Die zunächst der Fürstin sitzenden Personen sind ältere Frauen, während die andern sechs jünger und also auch reizender sind. Eine ideale Schönheit ist eigentlich keine.» Von der inhaltlichen Beschreibung geht der Text unmerklich über in eine Rangordnung weiblicher Reize, die mehr über Emils Vorlieben verrät als über das Werk. Am besten gefällt ihm eine Hofdame «mit erhabenen weichen Zügen und weichen goldenen Locken, den zweiten Rang nimmt nach meinem Urteil die Kaiserin selbst ein. Das Gesicht ist aufs Edelste geformt. Namentlich möchte ich die Nase sogar klassisch schön nennen, aber die Augen sind zu hell, um schön blau zu sein.»

Leider gibt das Tagebuch keinen Aufschluss darüber, bei welchem Kunstliebhaber der Stadt dieser gemalte Hofdamen-Reigen schliesslich landet. Wie eng Kunst und Kommerz zusammenhängen, zeigt sich aber nicht nur am konsequenten Ausnutzen des Trendthemas Eugénie durch die Galerie Goupil. Ebenso aufschlussreich ist die Notiz über eine spektakuläre Ausstellung der Kunsthandlung Ball, Black & Co., auch sie am Broadway angesiedelt. Sie zeigt uralte Aztekenkunst in Form von Statuetten: «Es sind goldene Figuren – Frösche, Fledermäuse von grotesken Formen.» Aber nicht die faszinierende Bilderwelt eines untergegangenen Reiches lässt die New Yorker aufhorchen, sondern die Tatsache, dass die aus purem Gold bestehenden Figuren «aus Indianergräbern in Chiriqui bei Panama ausgegraben werden». Bereits haben sich Glücksritter und Abenteurer nach Zentralamerika aufgemacht: «wohin nun schon Leute strömen, da sich jedenfalls mehrere Millionen Wert solches Gold dort haben lässt».

Noch kennt die Zeit um 1860 keine handlichen und leicht transportierbaren Fotokameras für Laien. Fotografieren bleibt eine Domäne der Spezialisten. Dafür sind Fotografien selbst zur Handelsware geworden, und dies mit unzähligen Sujets in unzähligen Formaten, als Abzüge auf Glas, Leinwand, Papier oder Karton. Schon kurz nach der Einführung des Lichtbilds wird auch die Variante des Stereobilds populär. Sie stellt *die* Sensation der Londoner Weltausstellung von 1851 dar: Zwei nebeneinander angeordnete Objektive produzieren leicht verschobene Ansichten des gleichen Sujets; wer die Abzüge durch ein Paar Speziallinsen betrachtet, erhält den Eindruck einer plastischen Szenerie. Bereits sind spezielle Betrachtergeräte aus Holz und Draht entwickelt worden; sie werden zusammen mit entsprechenden Bildersets angeboten. Aschmann und Emil haben auf der Durchreise in Paris je ein solches Gerät erstanden und erregen damit im Bekanntenkreis einiges Aufsehen: «Das Stereoskop, das wir von Paris mitgebracht hatten, war dabei mit seinen hübschen Bildern aus dem dortigen Leben ein Gegenstand allgemeiner Bewunderung.» Da die Neuheit bald auch in New York angeboten wird, entwickelt sich *stereo viewing* zum beliebten Zeitvertreib. Gäste bringen zur Abendgesellschaft neue Bilderserien mit, die man gemeinsam betrachtet und diskutiert. Kurz, das neuartige Gerät ist unentbehrlich geworden: «Ich brach letzte Nacht das Stereoskop, das mir herunterfiel, und musste es heute dem Einrahmer Hoffmann bringen, um die Gläser wieder festzumachen.»

Was jede Partnerin eines eingefleischten Jassers noch heute bezeugen kann: Die Begeisterung für das typisch helvetische Kartenspiel lässt sich vielen Frauen nur schwer vermitteln. In Bergen Hill nahmen Aschmann und sein junger Gast mehrere Anläufe, den Damen des Hauses das

Spiel mit Puur und Näll, Wys und Stöck näherzubringen. «Nach dem Tee versuchten wir Frau Aschmann unseren vaterländischen Jass zu lehren», heisst es bereits wenige Wochen nach Emils Ankunft, «was ihr aber bei den fremdartigen Karten recht langweilig vorkam.» Wo immer sich drei oder vier Spieler aus der Deutschschweizer Kolonie zusammenfanden, setzte man sich zu einem Bieter oder Schieber hin, selbst am Abend von Emils Ankunft in New York, an dem man Emil eher in besinnlicher Stimmung vermutet hätte. Um auch an langen Sonntagnachmittagen oder -abenden eine Runde einberufen zu können, galt es aber die weiblichen Mitglieder des Haushalts zu motivieren. «Abends spielten wir noch Jass», notierte Emil wenig später, «und machten dabei die Lehrmeister von Frau A. und Miss Davis, welch letztere namentlich eine gelehrige Schülerin darin ist.» Das war allzu hoffnungsfroh formuliert; letztlich scheiterte das Vorhaben der beiden Männer. Das hatte einesteils mit Martha Aschmanns Abneigung gegen frivoles Kartenspielen am Tag des Herrn zu tun, aber auch mit der wachsenden Gereiztheit des Hausherrn bei solchen Versuchsrunden: «Herr Aschmann, der Lehrmeister, hat aber keine Geduld hiezu, sondern balgt seine Schülerin beständig aus.»

So kam es, dass schliesslich eine weitere Passion Emils die Spielrunden im Haus auf Bergen Hill bestimmte: Schach. Emil selbst brachte gute Kenntnisse aus seinem Welschlandjahr mit und erwies sich in New York von Beginn weg als ernst zu nehmender Gegner der älteren Herren im Schweizerklub. Martha Aschmann liess sich mit viel mehr Bereitschaft als beim etwas knorrigen Jass die Grundregeln des königlichen Spiels beibringen. Der Hausherr selbst brachte seine eingerosteten Kenntnisse wieder in Schwung, sodass er und Emil manche Abende in zähem Ringen über dem Brett mit den 64 Feldern verbrachten – dies wiederum zum Unbehagen von Frances Davis, die sich von Emil lieber eine Polka oder einen Walzer am Klavier vorspielen liess.

Mit welcher Begeisterung Emil dem Spiel oblag, zeigt sich an seiner Verehrung für den neu gekrönten, unbestrittenen Meister aller Klassen, den jungen Südstaatler Paul Morphy. In der Berliner *Schachzeitung* hatte Emil die Karriere des Juristen aus New Orleans verfolgt: Gleichsam aus dem Nichts kommend, hatte Morphy am ersten *American Chess Congress* von 1857 alle namhaften Spieler des Landes besiegt und war zum amerikanischen Meister ausgerufen worden. Man erzählte sich, bereits als Zwölfjähriger habe Morphy das ungarische Schachgenie Johann Löwenthal besiegt, dann aber während des gesamten Studiums keine Figur mehr in die Hand genommen. Nach dem spektakulären Ausgang der amerikanischen Meisterschaft hatten britische Herausforderer den vermeintlichen Emporkömmling zu einem Turnier nach England geladen. Auch in London und später in Paris hatte der im Übrigen höchst bescheidene Jungstar gegen alle namhaften Spieler des Kontinents gesiegt. Königin Victoria lud den jungen Mann zu einer Audienz, die britische Schachvereinigung erhob Morphy gar zum *Champion of the World*.

Es war dieser von Kennern des Spiels abgöttisch verehrte Meister, dem der junge Emil Streuli nun leibhaftig gegenüberstehen sollte. Die Rückkehr Morphys von seiner triumphalen Europareise wurde vom New Yorker Schachklub mit einem festlichen Empfang in den Räumlichkeiten der Universität gefeiert – ein öffentlicher Anlass, den sich Emil nicht entgehen liess. «Die Versammlung war sehr zahlreich, alle Sitze besetzt», fasst sein Eintrag vom 25. Mai 1859 zusammen. «Auf einer Erhöhung stand der elegante Tisch, auf dem die goldenen und silbernen Figuren aufgestellt waren. Unten am Rednerstand sassen zehn Reporter, die die ganze Zeit zu schreiben hatten. Morphy selbst kam unbemerkt hervor und wurde mit Akklamation empfangen. Er gleicht den Porträts ziemlich, die von ihm zirkulieren, sein Kinn steht aber mit irischem Typus etwas stärker hervor. Die etwas schwache Musik eröffnete die Feierlichkeit, dann wurden die verschiedenen Reden gehalten, die die Verdienste und Erfolge Morphys priesen, ihn an die Seite von Fulton, Morse, Stears usw. stellten und die auch seinen Charakter, der sich durch Bescheidenheit, Loyalität und Edelmut auszeichnet, als den eines *American gentleman* lobten.»

Höhepunkt der Veranstaltung war eine Ansprache von John van Buren, dem Sohn des früheren Präsidenten, die Morphy auch vonseiten der amerikanischen Klubs zum Weltmeister erklärte. Das Tagebuch beschreibt auch die dabei überreichte Ehrengabe; «von dem Komitee wurde ihm nämlich eine hier verfertigte Uhr geschenkt, auf deren Zifferblatt die Zahlen durch Schachfiguren dargestellt sind, XII der schwarze König, VI der weisse König, I und XI weisse und schwarze Königin usw. Trotz der erdrückenden Hitze war doch jedermann sehr interessiert an den Reden, und als schon nach einer Stunde alles fertig war, wollte sich die Zuhörerschaft noch nicht trennen.» In letzter Minute versuchten einige Enthusiasten einen Schaukampf zwischen Morphy und dem anwesenden New Yorker Champion O'Connor zu arrangieren. «Der Mann aber lehnte die Aufforderung ab, und so war doch alles zu Ende. Nicht so mit mir: Ich liess meine Gefährten laufen und stieg dann entschlossenen Schrittes auf den Stand, wo Morphy, umringt von Schachspielern, die noch andere Leute bei ihm einführten, stand. Ich machte dies ohne Introduktion und ohne Glacéhandschuhe, und als eine günstige Gelegenheit da war, bot ich ihm meine Hand und sagte: ‹Allow me to shake your hand›, worauf er ‹Certainly, Sir› erwiderte und mit Wärme und freundlichem Lächeln meine Hand drückte.» Auch aus der Nähe bestätigte sich der Eindruck eines äusserst zurückhaltenden Menschen: «Morphy ist etwas schüchtern und unsicher in seinem Benehmen. Ich bemerkte verschiedene Male, als Reden an ihn gehalten wurden, dass er mit seinem Schwager konsultierte, ob er aufstehen oder sitzen bleiben sollte. Und doch sprach er mit Anstand und guter Haltung.»

Was die Passage kurioserweise verschweigt: Bei dieser kurzen, aber freundlichen Begegnung stehen sich zwei Altersgenossen gegenüber. Emil wird in Kürze seinen 20. Geburtstag begehen, Morphy ist kaum zwei Jahre älter. Umso bemerkenswerter ist, was keiner der hier Anwesenden ahnt: Die New Yorker Ehrung wird einer der letzten öffentlichen Auftritte des Schachgenies aus New Orleans bleiben. Morphy bestreitet in der Folge nur noch wenige Wettkämpfe, verschmäht grundsätzlich eine professionelle Laufbahn, wie sie viele seiner europäischen Rivalen einschlagen. Seiner Meinung nach, so Morphy selbst, geriete er damit in gefährliche Nähe des berufsmässigen Gamblers. Dazu passt auch eine Bemerkung Morphys, die Emil beim Empfang in der University Chapel festhält, «dass nämlich das Schachspiel nie des Menschen ganze Tätigkeit absorbieren, sondern als Spiel gepflegt werden sollte».

Einen ganz zentralen Platz unter den abendlichen Zerstreuungen nahm der Tanz ein. Getanzt wurde im Wohnzimmer auf Bergen Hill, wo die Jungmannschaft bei aufgerolltem Teppich «alte Yankeetänze» einübte, getanzt wurde im schicken Ballroom des Hotels *Lafarge*, wo ein Zehn-mannorchester aufspielte, getanzt wurde weiter an den zahlreichen Soirees, zu denen die fest etablierten Mitglieder des Schweizerklubs luden. Unverheiratete junge Kaufleute machten sich hier diskret auf die Suche nach einer guten Partie, junge Töchter sahen sich nach vielversprechenden Partnern um. Für Burschen wie Töchter galt zudem: Der Tanz bot beinahe die einzige Gelegenheit, eine Person des andern Geschlechts im Arm zu halten. Im Falle Emils war dies meist eine der vier Schwestern Davis, vor allem die noch nicht vergebene Frances.

Dass er über dem grosszügigen Dekolleté der reizenden Blondine mehr als einmal die korrekte Schrittfolge vergass, wurde hier bereits erwähnt. Ein versierter Tänzer kann der Bursche aus der Provinz ohnehin nicht gewesen sein: Das Tagebuch spricht ein einziges Mal von ordentlichem Tanzunterricht, dies noch während der Zeit in New Jersey. Offensichtlich handelte es sich auch nicht um einen eigentlichen Kurs, sondern um eine Schnellbleiche mit den wichtigsten Grundschritten, zu der sich Emil und Kontorkollege Stapfer gemeinsam entschlossen. «Die Gesellschaft bestand sowohl bei den Herren als auch bei den Frauenzimmern meist aus Deutschen», meldet der Eintrag in Band II, «und auch der Tanzlehrer, Herr Meyer, ist ein solcher. Er ist noch jung, hat aber eine sehr praktische Methode, um die Tänze, namentlich auch den Walzer, sehr schnell und gleichwohl regelmässig zu lehren. Er selbst tanzt mit grosser Grazie.» Dass der Anlass nicht nur dazu diente, sich für den bevorstehenden Bürgerwehrball in Hoboken die notwendigsten Schritt-folgen anzueignen, geht deutlich aus den kritischen Anmerkungen über die anwesenden jungen Damen hervor: «Die Zahl der Schönheiten war an diesem Abend auf sechs beschränkt, und hätte es grosse Mühe gekos-tet, an irgendeiner äusserlich schöne Eigenschaften zu entdecken. Die alte deutsche Solidität gab sich bei den meisten von ihnen in derbem Masse kund. Ich lernte recht viel in dieser Stunde. Die Quadrille, Walzer und Polka wurden gehörig nach Klaviermusik einstudiert, und zeigte mir Herr Meyer manches recht Wichtige in der Haltung und namentlich auch beim Walzertritt.»

Stapfer, der junge Lebemann mit eigenem Pferd und Chaise, liess es sich nicht nehmen, den jungen Kollegen anschliessend nach Hause zu kutschieren. Emil war bei Polka und Walzer mächtig in Schweiss gera-ten und wappnete sich für die Fahrt durch die kühle Novembernacht, indem er sich in eine Wolldecke wickelte, «um mich vor Erkältung zu schützen».

Kunstblätter mit Szenen aus Schillers «Glocke», *Gartenlaube* und Gott-helf, Jassrunden, Schachpartien und Tanzkurs – all dies tönt fast aufrei-zend bedächtig und angepasst. Haute der junge Mann aus der Provinz denn nie so richtig auf den Putz? Gab es keine Sauftouren mit Kollegen, kein *painting the town red*, wie der unnachahmliche Ausdruck im Amerika-nischen lautet?

So richtig feuchtfröhlich ging es zu beim Auftakt von Emils Reise zu den Niagarafällen, übrigens der einzigen grösseren Exkursion dieses Sommers 1860. Auf das letzte Juniwochenende lud Buffalo zum grossen Sängerfest ein; alle namhaften New Yorker Chöre hatten sich angemel-det. Entsprechend offerierte die *Erie Railroad* günstige Fahrkarten für die nach Hunderten zählenden Sängerinnen und Sänger und stellte einen Extrazug bereit, der um fünf Uhr abends vom Endbahnhof in Jersey City abging. Emil, obwohl nicht als Chormitglied unterwegs, ergatterte ein

Ticket und machte es sich mit zahlreichen Bekannten aus schweizerischen und deutschen Kreisen im Waggon bequem. Da man nicht vor elf Uhr morgens des Folgetags ankommen sollte, schonten sich die Musikanten keineswegs: Es wurde gesungen, gefiedelt und getanzt, «es gingen mehrere Flaschen Cognac herum, um den Staub in den Kehlen hinunterzuschlucken». Die paar Vernünftigen, die von den mitgeführten Schlafwaggons Gebrauch machten, hatten zu leiden unter «Possen und Unfug, welche die Schlaflosen trieben». Entsprechend stieg Emil in Buffalo mit bleiernen Gliedern aus dem Zug, verabschiedete sich von den Kollegen und brach unverzüglich zu den Fällen auf. Offenbar tat der weltberühmte Anblick aber seine Wirkung: Emils Beschreibung lässt keinerlei Katerstimmung durchschimmern.

«Von Buffalo bis Niagara Falls braucht es eine Stunde per Eisenbahn», beginnt der Eintrag vom 22. Juli. «Ich kam dort um halb vier Uhr an und kehrte auf Empfehlung von Herrn Waibel in einem kleinen deutschen Hotel ein. Mein Zimmer war gerade über dem Flusse, der schon in gewaltigem Strudel unter grossem Getöse dem Fall entgegeneilt. Nach Durchlesen aller Guides und Reisebücher, die ich bei mir hatte, machte ich mich auf den Weg, den ich mir als den besten dachte. Ich überschritt mehrere Brücken und gelangte nach Goat Island. Dort kommt man aus einem romantischen Wäldchen plötzlich zum Anblick des amerikanischen Falles, der etwa 150 Fuss breit und 160 Fuss hoch ist. Dieser Fall ist prachtvoll, die ungeheure Wassermasse stürzt sich kerzengerade aus dieser beträchtlichen Höhe herab und löst sich dabei in milchigweissen Staub und weithin sich verbreitenden Dunst auf, in denen die Sonne recht oft Regenbogen bricht. Mittels einer Stiege, die am Felsen angebracht ist, gelangt man unterhalb des Falls, wo man einen noch besseren Begriff von der sich herabstürzenden Wassermasse erhält.»

Bei aller Begeisterung fällt dem Jungkaufmann auf, wie gnadenlos das Naturschauspiel vermarktet wird – ob auf amerikanischer oder kanadischer Seite. Mit einigem Unwillen nimmt er «eine Unmasse indianischer Raritären-Stores» zur Kenntnis, kauft dann aber doch ein paar winzige Mokassins für den kleinen Freddy, lässt sich weiter zum Besuch eines albernen Museums beschwatzen, «das unter anderm den Kochofen des Seiltänzers Blondin zeigt, auf dem er mitten auf seinem Seile stehend Omelettes buk». Die Einheimischen, so scheint ihm, haben schon längst jeden Sinn für das Grandiose ihrer Umgebung verloren, betrachten die Fälle als eine Art Geldmaschine: «Die Leute hier tun nichts als wegelagern, den Fremden das Geld ablauern. Die Fähren und Brücken chargieren exorbitantes Passagiergeld.» Trotzdem wechselt er am nächsten Tag auf die kanadische Seite, mischt sich unter die Touristen an Bord des Dampferchens *Maid of the Mist*, «mit dem man sozusagen in den Fall hineinfährt. Man wird mit Harzkutten versehen und begibt sich auf das Vordeck. Das Boot fährt am amerikanischen Fall vorbei und geht zum Kanada-Sturz, bis man im Staub und Nebel des Wassers, das über das Schiff stürzt, kaum mehr dessen Spitze sieht.»

Die *Maid of the Mist*, 1846 vom Stapel gelaufen, verkehrt heute noch, und die paar Hotels, über die sich Emil ärgerte, würden sich neben der heutigen Beherbergungsmaschinerie wie ein romantisches Dörfchen ausnehmen. Ähnliches gilt auch für eine weitere Attraktion im Umkreis von New York, die viele Touristen des 21. Jahrhunderts im Reiseplan haben: Coney Island. Emil lernt das Vergnügungsparadies auf einem Ausflug mit den Ehepaaren Tooker und Aschmann kennen. Die Anreise geschieht per Dampfer, und so wie die fünf aus Jersey haben die meisten Ausflügler den Weg auf sich genommen, um im Meer zu planschen oder zu schwimmen: Badestrände gibt es in der näheren Umgebung von Manhattan nicht. Emil Streulis Schilderung des Sonntagsvergnügens interessiert denn auch vor allem als Einblick in den Strandbetrieb vor eineinhalb Jahrhunderten.

«Wir gingen direkt zu den Bädern und nahmen dort eine Zelle, wo wir uns entkleideten. Dann legte man Hose und Jacke aus Flanell an, setzte einen alten, schlechten Strohhut auf, die Frauenzimmer dito, und in diesem bizarren Kostüm, das uns viel zu lachen machte, marschierten wir über den sandigen Strand zum Meer, das sich hier sehr langsam vertieft. Zuerst kam uns das Wasser kühl vor, Frau Aschmann durfte sich kaum hineinwagen, während Mrs. Tooker frisch voranging. Bald tummelten wir uns im Wasser herum.» Seebub Emil, obwohl nur an Süsswasser gewöhnt, entpuppt sich als der gewandteste Schwimmer, ja er darf seiner Gastgeberin Schwimmunterricht geben, «indem ich sie ihren Hals auf meinen Arm legen liess und so den Kopf ausser Wasser hielt». Schon nach einer Viertelstunde haben alle vom Wellenplausch genug. Erneut zieht man sich in der Strandkabine um; leider bleibt unerwähnt, was mit den nassen Flanellsachen geschieht.

Und die grossartigen Achterbahnen, die Rollercoasters, die fliegenden Teppiche und Hightech-Lifts, mit denen der Vergnügungspark heute lockt? Auch sie haben ihre Vorgänger, die Mrs. Tooker vor wollüstiger Furcht kreischen lassen: «Hierauf liessen wir uns auf einer riesigen Schaukel, die sich um sich selbst dreht, in eine Höhe von etwa 40 Fuss heben, Mrs. Aschmann und ich in einem Kasten und Mrs. Tooker im andern, die je am Ende der Achse waren. Von diesem Punkte übersahen wir die ganze Insel und das umgebende Meer mit den Küsten bis auf grosse Distanz.»

Abb. 67: Vorsitzende des New Yorker Stock Exchange Board (Börsen-Aufsichts-
rat) müssen aufgeregten Anlegern Red und Antwort stehen. Zu stürmischen
Sitzungen führte Ende 1860 die verheerende innenpolitische Krise. Der
drohende Alleingang der Südstaaten führte zu einem Einbruch der Kurse;
vorübergehend stellten zahlreiche Banken und Börsen den Betrieb ein.

DER LANGE ABSCHIED

Auf eine furchterregende Schaukelpartie sollte sich bald auch die ganze Nation begeben. Anders als beim Ausblick von der Riesenschaukel am Vergnügungsstrand von Coney Island sollte sich der Horizont aber zusehends verengen und sich erst nach vier Jahren blutigen Bürgerkriegs wieder öffnen. Die turbulenten Ereignisse gegen Jahresende – angefochtene Präsidentenwahl, Börsenkrise – erscheinen rückblickend bloss als Auftakt zum verheerendsten Kapitel in der Chronik des jungen Staates. «Wir stehen jedenfalls vor einem fürchterlichen Sturme», meldet Emils Tagebuch an einem der letzten Dezembertage in düsterer Vorahnung.

Auch im privaten Bereich begann dieses unheilvolle Jahr auf wenig verheissungsvolle Weise. Am Neujahrsmorgen 1861 erwachte Emil mit einem fürchterlichen Kater, sah sich belämmert in seinem Pensionszimmer um. «Ein starkes Kopfweh war das Erste, was mich nach dem Erwachen empfing. Dann erblickte ich mit Schrecken die Unordnung, die mein rebellischer Morgen im Zimmer und auf der Seite des Bettes angerichtet hatte. Über mich selbst degoutiert, stand ich auf und hielt mir eine scharfe Moralpredigt über die Moral des Trinkens. Trotzdem wich aber mein Katzenjammer doch nicht, und obwohl ich rechtzeitig aufstand, durfte ich es vor Elendigkeit lange nicht wagen, zum Frühstück zu gehen, und probierte vorher noch den Abtritt. Eine Tasse Kaffee war natürlich alles, was ich herunterbringen konnte.»

Auf die Verwüstungen des «rebellischen Morgens» wird leider nicht weiter eingegangen. Aber dass der Silvesterabend der jungen Schweizer Kaufleute in ein allgemeines Besäufnis ausartete, entspricht der Untergangsstimmung, die nicht nur die Schweizerkolonie, sondern das ganze Land umfing. Es drohte ein allgemeines Chaos; die Fronten zwischen Nord und Süd verhärteten sich. So umfassend waren die allgemeine Besorgnis und das Gefühl drohenden Unheils, dass Präsident James Buchanan als eine seiner letzten Amtshandlungen dem Land eine Atempause verordnete. Der 3. Januar sollte als eine Art Time-out zur

Neuorientierung genutzt werden: «Heute war der dritte Feiertag dieser Woche. Der Präsident der Vereinigten Staaten hat nämlich den heutigen Feiertag zu einem Buss- und Fasttag mit Gebet zur Erhaltung der Union festgesetzt. Die Geschäfte waren geschlossen, und so musste man unfreiwillig feiern, obschon sich niemand, selbst die Amerikaner nicht, in Feiertags- oder Büssermiene versetzen konnte. Man spielte sogar Karten, die Orgeln auf der Strasse tönten den ganzen Tag, und die Stages gingen ungehindert.»

Was war geschehen, seit die Präsidentschaftswahlen von Anfang November eine solch heftige Reaktion der Südstaaten gebracht hatten? Auf die ersten grossen Schwankungen an der Börse war ein allgemeiner Einbruch gefolgt, der bald auch die Textilbranche mit sich riss. «Die Panik ist nun auch in die Drygoods-Notes gefahren», hielt Emil am 13. November fest, «die besten Namen wurden zu unerhörtem Disconto offeriert, zum Beispiel J. F. Moore zu 20 Prozent, Wilmerdings & Montts zu 12 Prozent – Leute, die über allen Zweifel erhaben sind.» Zwei Tage später heisst es: «Die Sachen sehen immer bedenklicher aus. Sogar State Stocks fielen heute Morgen; Virginia 80, Missouri 69. Gleichfalls waren im Exchange alle Schranken gebrochen, man hätte nur zu offerieren brauchen, um zu beliebigen Kursen anzukommen. Dies kommt einer Krise gleich.» Wiederum zwei Tage später wurde klar, dass auch dieser Ausdruck noch viel zu schwach gewählt war; in manchen Südstaaten stellten die Banken den Betrieb ein. «Das Ende der Welt scheint zu kommen», meldet das Tagebuch am 20. November, «man weiss bald nicht mehr, wer noch bestehen soll in diesen Zeiten. Im Süden, sogar in Philadelphia, haben die Banken suspendiert.»

In den folgenden Tagen beruhigte sich die Börse, öffneten die Banken wieder ihre Schalter, dafür spitzte sich die politische Lage zu. Am 21. Dezember erklärte South Carolina formell den Austritt aus der Union. Die allgemeine Aufmerksamkeit konzentrierte sich nun auf die Bucht vor der einstigen Hauptstadt Charleston, wo der erste offene Konflikt drohte. Hier lagen unionstreue Truppen in zwei Forts, welche die Hafeneinfahrt dominierten und mit ihren Geschützen die Stadt selbst bedrohten. Die kleinere dieser Festungen liess Major Robert Anderson von der US Army räumen, ohne dass dafür ein Befehl aus Washington vorlag. Der betreffende Eintrag im Tagebuch: «Fort Moultrie wurde gestern von den Truppen der Vereinigten Staaten verlassen, und die Kanonen wurden vernagelt. In der Geschäftswelt sieht es bedenklich aus, sogar die Regierung bekam auf ihre 5-Millionen-Emission bloss 2 Millionen. Wir stehen jedenfalls vor einem fürchterlichen Sturme.»

In einer Geheimaktion verlegte Anderson zwei Artilleriekompanien auf das erheblich massiver gebaute Fort Sumter, das von einer künstlichen Sandbank aus Hafen und Stadt beherrschte. Für die Befehlshaber der Unionsarmeen war damit ein *Fait accompli* geschaffen. Es galt jetzt, die isolierte Festung mit Nachschub und Verstärkung zu versorgen; zu diesem Zweck lief in der zweiten Januarwoche der Dampfer *Star of the West* aus. «Gestern war grosse Aufregung in der Stadt», notiert Emil am 11. Januar, «dies in Folge widersprechender Depeschen von Charleston über Bombardements. Heute stellt sich Folgendes heraus: Der Steamer *Star of the West*, der von hier aus Verstärkungen nach Fort Sumter brachte, wurde beim Einfahren dort von südkarolinischer Artillerie beschossen, worauf Major Anderson sein Ultimatum nach Charleston schickte, die Beschiessung dieser Stadt androhend, worauf der Steamer ungehindert einlaufen konnte.»

Auch diese letzte Meldung sollte sich als falsch erweisen: Die Militia von Charleston unterband erfolgreich jede Versorgung der Garnison. In den folgenden Wochen geriet das Fort in den Brennpunkt einer Auseinandersetzung, die sich immer mehr dem offenen Schlagabtausch näherte. Im April 1861, einige Wochen nach Amtsantritt von Abraham Lincoln, war es so weit: Die Küstenbatterien von Charleston eröffneten das Feuer auf die Festung. Die «Schüsse von Fort Sumter» wurden, ähnlich wie ein halbes Jahrhundert später die «Schüsse von Sarajewo», zur Chiffre für die Auslösung einer Kettenreaktion. Der Bürgerkrieg zwischen Nord- und Südstaaten hatte seinen Anfang genommen.

Wie immer sich die Dinge entwickelten, so mochte sich der junge Emil Streuli sagen – ihn selbst würde das kaum mehr betreffen. Spätestens seit Anfang Oktober stand fest, dass sich seine Lehrjahre am Broadway dem Ende zuneigten. Papas Brief aus Horgen machte klar, dass der Sohn auf einem neu zu schaffenden Posten in London gebraucht würde. In der britischen Metropole gab es keinen «Commanditär», der analog zu Friedrich Aschmann für den Import von Horgner Seide sorgte. London war weiter das Weltzentrum für den Handel mit Rohseide, zudem produzierte England selbst Seidenstoffe von hervorragender Qualität. Liess sich der Exportkanal, den Streuli senior zu öffnen hoffte, nicht in beide Richtungen nutzen?

In den Briefen Hans Caspar Streulis nahm das Londoner Projekt zusehends deutlichere Umrisse an. «Dasselbe entstand dadurch», erklärt das Tagebuch, «dass Herr Hotz Papa einmal mitteilte, sein Sohn in Manchester habe Offerten von der Exportanstalt zur Gründung eines Geschäftes in Havanna. Da hatte Papa die Idee, diesen jungen Mann für uns selbst zu gewinnen und mit mir gemeinschaftlich in London ein Geschäft zum Einkauf von Rohseide und Ankauf von Seidenwaren errichten zu lassen. Ein ziemlich bedeutendes Kapital wäre freilich notwendig, und bliebe es einzig an B & St, dasselbe vorzuschiessen (etwa 10 000 Pfund).» Bedenken erregte einzig, dass sich weder Emil noch der junge Hotz – Sohn eines Geschäftspartners – mit Rohseide auskannten. Vor allem Papas Horgner Partner Hanskaspar Baumann hatte entsprechende Einwände erhoben und diese erst fallen lassen, als der alte Streuli «in einer stürmischen Szene» drohte, den Londoner Stützpunkt auf eigene Faust zu errichten, den langjährigen Kompagnon dann aber auch nicht am zu erwartenden Gewinn zu beteiligen.

Im Dezember hatte man «draussen» alle Differenzen bereinigt. Jetzt stand fest: Am 1. Juli 1861 würden die beiden jungen Männer als gleichberechtigte Partner in London die Firma «Streuli und Hotz» eröffnen, bis dahin würden sich beide in den Bereich Rohseide einarbeiten. «Die Würfel sind nun gefallen, schreibt mir der liebe Papa, und ein entscheidender Moment in meinem Lebensschicksal ist eingetreten. Das Londoner Projekt, einmal so weit gediehen und allerseits nicht nur als lebensfähig, sondern als im Interesse aller Beteiligten anerkannt, konnte nicht mehr wohl aufgegeben werden.» Und weiter: «Was der Verkauf von Seidenwaren im Anfang nicht ausmacht, bringt der Einkauf von Chinaseide ein, auch hoffe ich von dort aus von Leuten wie Lake, Brown zuweilen Kommissionen zu erhalten, auf denen etwas zu verdienen ist. Unsere Expenses werden in London kleiner sein, als wenn wir hier ein solches Geschäft anfangen würden, und als junge Leute mit wenig Bedürfnissen können wir auch billiger arbeiten als alte Häuser.» Wie gesehen meldete der am Weihnachtstag aus Europa zurückgekehrte Prinzipal Aschmann weitere Einzelheiten. Für Emil war auf der am 15. Februar auslaufenden *Borussia* eine Passage gebucht; zum Abschiednehmen, zum Verknüpfen der noch losen Fäden blieben ganze sieben Wochen!

Bei Dörlers in der 15. Strasse, die zum neuen Treffpunkt des einstigen Clans von Bergen Hill geworden war, löste die Nachricht denn doch einige Verwirrung aus. «Mein baldiger Abschied war eine Überraschung für alle Anwesenden; die jungen Damen sahen mich doch nicht gern gehen, sie sagten mir allerlei Schönes und überhäufen mich jetzt mit Aufmerksamkeiten, wo ich dieselben nicht mehr lang geniessen kann.»

Machte es die bevorstehende Trennung den jungen Frauen leichter, Emil ihre Zuneigung zu zeigen – jetzt, da nicht mehr mit praktischen Konsequenzen zu rechnen war? Oder empfanden die spröde Miss Willis, die hübsche Miss Davis so etwas wie Reue darüber, Emils eher ernsthaftem Umgang meist nur mit einer Mischung aus schnippischem Getue und Koketterie begegnet zu sein? Was ihn selbst betraf, so gab es rund um seine New Yorker Herzensangelegenheiten keine offenen Posten mehr. Die jüngste und schönste der Davis-Schwestern erscheint noch ein letztes Mal im Zusammenhang mit Landsmann Hanskaspar Escher. Bezeichnenderweise nennt sie das Tagebuch zum ersten Mal bei ihrem Vornamen Frances, so als nehme es der Schreiber mit dem respektvollen «Miss Davis» nun nicht mehr allzu ernst.

Offenbar hat der gut situierte Escher – eben der flotte Reiter, dem es gelungen war, im *New York Herald* namentlich unter die fesche Feierabend-Prominenz gerechnet zu werden – im Davis-Clan allerhand Heiratsphantasien geweckt, wenn auch mit gemischtem Erfolg: «Es wird geflüstert, dass es Madame Dörler doch nicht gelungen ist, das Band zwischen Escher und Frances zu knüpfen. Daher die missfälligen Bemerkungen zwischen den Schwestern Aschmann und Tooker, Escher sei ein nichtssagender Mensch. Er wird eben nicht so unvorsichtig sein, einen Antrag zu machen, und wird von draussen wahrscheinlich auch nicht dazu aufgemuntert werden, wie wir denn oft hören müssen, wir seien unter der tyrannischen Herrschaft unserer Väter und Mütter. Von anderer Seite wird dann auch wieder versichert, Escher sei sehr verliebt in Frances.»

Wie immer hier auch die Dinge stehen, Emils Phantasien zielen seit neulich in eine ganz andere Richtung. Aus Horgen ist ein Brief des Jugendfreundes Adolf Stapfer eingetroffen. Er berichtet von dieser und jener Unterhaltung mit Horgner Mädchen, unter ihnen beispielsweise Emils Nachbartochter vom Hernergut, und hier scheint es, «dass Mina Hüni sich viel von mir habe erzählen lassen und ihn einmal beim Reiten mit Fragen bombardiert habe. Dieser Brief brachte mich bedeutend in Bewegung.»

Ein heikles Thema war im Streit zwischen Papa und Kompagnon Baumann offenbar ausführlich zur Sprache gekommen: Emils Leistungen während des Volontariats bei Aschmann. Auf beiden Seiten des Atlantiks hatte man verfolgt, wie sich der Jungkaufmann immer tiefer in die geschäftlichen Strudel der *Gas Company* vorwagte und dabei die täglichen Aufgaben an der Vesey Street vernachlässigte. Das Resultat war hier wie dort niederschmetternd: Liquidation des unglückseligen Gasunternehmens mit massiven Verlusten für die Streulis und Aschmann, Prestigeverlust bei *Ashman's*, wo wichtige Abschlüsse ohne Emils Zutun zustande kamen. Die gescheiterte Zusammenarbeit mit schlitzohrigen Unternehmern wie Burton und Hendrickx hatten Papa und Partner noch unter das Stichwort «Lehrgeld zahlen» eingereiht, nicht so die unbefriedigende Stellung Emils im Store. «Meine hiesigen Leistungen wurden von obigen als unbedeutend kritisiert, darin haben sie in einem gewissen Sinn recht, allein meine Stellung war auch nicht derart, dass ich direkt etwas leisten konnte, während ich mir hingegen bewusst bin, zum Besten des hiesigen Hauses, also indirekt, treu und fleissig gewirkt zu haben.» In London, so viel stand fest, sollte alles anders werden. «In meiner neuen Stellung werden nun meine Dienste ungleich wichtiger. Ich halte meinen Willen für stark genug, die Schwierigkeiten zu überwinden. Die harte Arbeit und die vielen Sorgen, die meiner warten, schrecken mich nicht ab, denn sie werden nicht vergeblich sein wie bisher.»

Was Prinzipal Aschmann, grosszügiger Gastgeber und erfahrener älterer Freund, von Emils Leistungen hielt, zeigte sich zum Jahresende. Am Silvestertag traf sich die Belegschaft im neu bezogenen Lokal an der Douane Street, dort wurden die Gratifikationen ausbezahlt. «Ich erhielt 50 Dollar wie die andern auch.» Das war weniger als erwartet, stiess aber in diesen Zeiten allgemeiner Verunsicherung auf Verständnis. «Was mich aber empörte, war, dass Herr Aschmann mein Salär auf bloss 600 Dollar fixierte mit der Entschuldigung, die Zeiten seien zu schlecht, er würde mir sonst gerne 1000 Dollar geben. Ich war im rechten Augenblick zu blödsinnig, um dagegen etwas einzuwenden, und dankte sogar dafür.»

Für einmal spiegelt sich Emils Empörung auf den sonst so gleichmässig und säuberlich geführten Tagebuchseiten. In sichtbar energisch hingeworfenen Zeilen fährt der Eintrag fort: «Beim Nachdenken musste ich aber doch dieses Verfahren als niederträchtig und schmutzig betrachten. Wo in aller Welt lässt man dem Commis am Lohn seiner Arbeit die schlechten Zeiten entgelten? So weit habe ich es nun mit bald drei Jahren Fleiss und Arbeit gebracht, dass ich nicht nur nichts dafür erübrigt habe, sondern trotz allem eingezogenen Leben in ein bedeutendes Defizit mit meinen Auslagen komme.» Im ersten Zorn spielte Emil gar mit dem Gedanken, den vorgesehenen Nachzug von Ferdinand irgendwie zu hintertreiben: Wollte er seinen eigenen Bruder in diesem unseligen Betrieb wissen, wo Niedertracht und kalte Berechnung herrschten?

Emil sitzt an zwei Abenden in seinem Pensionszimmer am University Square, Federhalter und Notizbuch in der Hand. Wo ist das ganze Geld hingekommen? Wie sieht jetzt die Bilanz aus, nachdem beim erwarteten Jahressalär volle 400 Dollar fehlen? Hat er tatsächlich ein «eingezogenes Leben» geführt? Muss er allenfalls doch Aschmann recht geben, mit dem er sich bei einem Theaterbesuch am zweiten Neujahrstag versöhnt hat? «Abends», so der Eintrag vom 7. Januar, «machte ich mich mit grosser Energie an das Eintragen meiner Ausgaben aus dem Notizbuch in ein Kassabuch, um eine ordentliche Zusammenstellung zu erhalten.» Das Resultat sieht noch schlimmer aus als befürchtet. Für 1860 kommt er auf Ausgaben von insgesamt 1100 Dollar – ein Minus von 450 Dollar, das er aus der eigenen Tasche ausgleichen muss. Auch der Vergleich mit dem Vorjahr sieht nicht eben tröstlich aus. «Im Jahre 1859 brauchte ich 720,23 Dollar ohne Board», notiert er mit eigenartiger Präzision; für Unterkunft und Verköstigung in Bergen Hill und im *Lafarge* kommen gut 180 Dollar hinzu. Auch die Illusion, er sei mit seinen Mitteln durchwegs vernünftig umgegangen, lässt sich nicht aufrechterhalten. «Ich habe leider nicht ökonomisch gehaushaltet und so manche närrische Ausgabe gemacht, die mich jetzt gereut», heisst es weiter. Kurz, er wird in London ganz andere Saiten aufziehen müssen, wenn auch die private Bilanz stimmen soll.

Für die so sehr bedauerten «närrischen Ausgaben» liefert das Journal allerdings kaum Belege. Gehört dazu der Biberfellmantel zu 25 Dollar, den er sich im Dezember im Hinblick auf den eisigen New Yorker Winter erstanden hat? Oder der Anzug zu 37 Dollar, der auf der gleichen Einkaufstour mit anfiel? Über manche unerwarteten Kosten ärgert er sich mit einem Nachdruck, der in keinem Verhältnis zur Höhe des

Betrags steht. Einmal lässt er sich am Park Place von einem Mann, der ein riesiges Fernrohr aufgestellt hat, zu einem Blick auf den nächtlichen Sternenhimmel überreden. Er rechnet mit einem Fixpreis, «aber zu meinem Schrecken forderte mir der Mann für jeden Stern 6 Cents, wie ich ihn für alles verstanden hatte, und so musste ich einen halben Taler aussacken. Ich schimpfte und fluchte und schämte mich als ein Grünhorn. Herr Aschmann lachte sich fast toll.» Ein andermal wurmt es ihn gewaltig, dass er bei einer Kegelpartie «trotz gutem Spiel wegen schlechter Partner blechen» muss. «Ich spielte besser als meine Compagnons Aschmann und Itschner, und doch musste ich am Ende mitzahlen, was mich für etwa 1 Dollar in Kosten brachte.»

Wie macht sich diese Pfennigfuchserei bei einem Mann, der gerne genüsslich die Speisenfolge eines opulenten Dinners festhält – «Austern, Fisch, Riz de Veau, Enten – wahre Delikatessen, dazu ein ausgezeichneter Rotwein»? Der noch rückblickend vom reichhaltigen Dessert bei Tookers schwärmt – «Arrak, Trauben, Torten, Pudding, Mandeln und Nüsse»? Vergleicht man die üblichen New Yorker Einkommen und Lebenskosten, so wirken auch 600 Dollar Jahreslohn für einen Volontär keineswegs knickerig. Um 1860 kommt ein Arbeiter auf einen Tageslohn von einem Dollar, ein Volksschullehrer muss mit 50 Dollar im Monat haushalten. Die Monatsmiete für eine Wohnung in Emils bescheidenen Brownstone-Häusern an der 39. Strasse beträgt rund 25 Dollar, für ein reichhaltiges Mittagessen beim deutschen Restaurateur Buhler zahlt man 50 Cents.

Noch ausgeprägter als anderswo verschiebt sich in New York die Lohn- und Preispalette je nach Bevölkerungsschicht. Wie man beim «Volk» rechnen muss, bleibt Emil während seines gesamten Aufenthalts allerdings verborgen. Bezeichnenderweise kommt er erst kurz vor der Abreise erstmals mit Menschen aus einfachen Verhältnissen zusammen, dies bei einem Anlass des Schweizervereins *Helvetia*: «Merkwürdig war, wie man hier unverhofft auf eine ganz grosse Anzahl Schweizer aus den niederen Ständen traf, die man sonst jahraus, jahrein nie kennenlernt. Es sass da fast an jedem Tisch eine Gruppe zusammen: Männer, Frauen und Kinder, und alle waren in fröhlichster Stimmung.»

Und wie verträgt sich die auf Dollar und Cent genaue Buchhaltung im persönlichen Kassabuch mit der Tatsache, dass Emil nach der Rückkehr auf ein beträchtliches Privatvermögen wird zählen können? Einige Wochen nach Erhalt der Trauernachricht aus Horgen hat er sich beim Vater brieflich nach dem Erbteil erkundigt, das ihm und den Brüdern zusteht: «Auf einem Extrablatte befragte ich Papa, was er zu tun gedenke in Bezug auf das zugunsten von uns unter dem Namen der lieben Mama selig überschriebene Kapital.» Ein Betrag erscheint nirgends, aber an anderer Stelle wird deutlich, in welchen Grössenordnungen hier gerechnet wird. So erhält Emil zu Hause bei jedem Halbjahresabschluss von Baumann & Streuli einen Gewinnanteil gutgeschrieben, kann beispielsweise im August 1859 festhalten: «Zur Vormerkung schreibt Papa, dass nach Bücherabschluss auf meinem Kontokorrent Fr. 48 000 vorgetragen worden sind.»

Das sind Beträge, mit denen er sich mit dem Fernrohr vom Park Place die ganze Milchstrasse zeigen lassen kann. Emil, eben erst 20 geworden, ist ein wohlhabender, ja reicher Mann.

Die restlichen Tage am Broadway gehen schnell vorbei. Am liebsten würde Emil direkt nach London abdampfen und dort die neuen Aufgaben anpacken: «Am wenigsten freue ich mich auf die untätige Zwischenzeit, die ich in der Schweiz zubringen muss, und ist es bloss das Wiedersehen meiner Lieben, das mich nach der Heimat zieht.» Die letzten zwei Tagebuchbände sind per Dampfer in die Heimat aufgegeben worden, ein letzter Ausflug hat ihn nochmals, zusammen mit Stapfer, nach Flushing Point gebracht. Die Halbinsel mit dem Obstgarten sieht «womöglich noch verwilderter aus. Doch mussten wir wiederum sagen, dass es ein Prachtstück Land sei, wie geschaffen zu einem schönen Landsitz mit einer unvergleichlichen Aussicht, so gelegen, dass es ganz von Wasser umgeben scheint.» Vier Wochen vor der Abreise wird noch eine Fahrt nach Washington nötig. Ihr gilt der letzte Eintrag von Mitte Januar; Emil schreibt auf Papierbögen, die er erst nach der Rückkehr zum Buchbinder bringen wird.

Es ist jetzt sehr kalt geworden im Norden des Landes. «Ich kaufte bei Deolin heute einen Shawl zu 6 Dollar als notwendigen Begleiter auf meiner Reise nach Washington. Abends schrieb ich im *Lafarge House* mit Herrn Aschmann zusammen an Frau Aschmann.»

Abb. 68: Emil Streuli um 1900 im Park seines Horgner Anwesens (mit Tochter
Alice Stünzi-Streuli und Enkelin Elsa). Der New Yorker Aufenthalt blieb die
einzige grosse Zäsur in seinem Leben. Die Folgejahre sahen ihn als erfolgreichen Fabrikanten, Familienvater und Gemeindepolitiker. Die Tagebucheinträge
schlossen mit seiner Rückkehr aus Amerika.

Epilog

Emil Streuli traf Anfang März 1861 in Horgen ein; sein erster Gang galt wohl dem Grab der Mutter auf dem Horgner Friedhof. Schon wenige Wochen später sollte er sich zusammen mit den Brüdern wieder auf dem Gottesacker einfinden. Denn als habe sein Leben mit der Rückkehr des ältesten Sohns einen entscheidenden Punkt erreicht, verschlechterte sich das Befinden des kränkelnden Fabrikherrn Hans Caspar Streuli rasant. Einer seiner letzten Briefe nach New York hatte noch Pläne zur Wiederverheiratung angedeutet; jetzt aber bewahrheitete sich die beim Tod von Caroline Streuli geäusserte düstere Vorahnung, «dass ich selbst kein hohes Alter erreichen werde». Der Seidenfabrikant, Kirchenpfleger und eifrige Zeitungsleser, der sich einst mit dem Kontobuch in der Hand hatte in Öl porträtieren lassen, starb am 24. April. Er stand im 55. Lebensjahr; der Quartiermeister hatte seine Gattin Caroline um knapp zwei Jahre überlebt.

So hatte für Emil Streuli die Rückkehr nach Europa den «entscheidenden Moment im Lebensschicksal» gebracht, bloss auf andere Weise als vorgesehen. Was von seinem weiteren Leben zu berichten ist, lässt sich nun nicht mehr abstützen auf den persönlichen Tag-für-Tag-Rapport. Im Familienarchiv hat sich ein schmales Dossier von Briefen aus späterer Zeit erhalten; ein letztes grösseres Manuskript gilt einer Reise ins umkämpfte Elsass während des franko-preussischen Kriegs von 1870/71. Hier war der junge Artillerieoffizier mit etwas vager Begründung unterwegs; offensichtlich verschaffte die Erkundungsfahrt aber dem eidgenössischen Nachrichtendienst Informationen über Frontverläufe und Kriegshandlungen: Emil als Spion! Aber darüber hinaus kann sich diese Biografie nur noch auf amtliche Dokumente stützen – auf Kaufbriefe und Ernennungsurkunden, auf Zeitungsmeldungen, Protokolle und Rechnungen, bis hin zum Nachruf aus dem Jahre 1915. Aus Emil Streuli wird in den folgenden Jahren und Jahrzehnten ein Mann der Öffentlichkeit, ein Unternehmer, Politiker und Familienvater, ausgestattet mit all der Würde, die auf einem Entscheidungsträger der Gründerzeit lastet. Nur noch selten erspüren wir ihn aus einer Briefstelle: den unbekümmerten Burschen, der mit einem Hechtsprung die wegdampfende Hudsonfähre erreicht oder auf den Kirschbäumen des Dörler'schen Baumgartens herumklettert, den Verliebten, der selig die Nase in den nach Amber duftenden Schleier der Angebeteten steckt, den Stimmungsmacher im Salon, der eine Polka in die Klaviertasten hämmert, oder den Verzweifelten, der tränenüberströmt am Ufer des Hudson sitzt, die Nachricht vom Tod seiner Mutter in der einen und das Paket mit der eben erstandenen schwarzen Trauerweste in der andern Hand.

Wie es weiterging? Emil übernahm die Sorgepflicht für die zwei minderjährigen Brüder, den 18-jährigen Alfred und den vier Jahre jüngeren Oskar. Dessen Unberechenbarkeiten und Aussetzer, das war nun deutlich geworden, hatten sich als Symptome einer weiter reichenden geistigen Behinderung erwiesen. Ferdinand, jetzt 20-jährig, trat wie geplant Emils Nachfolge bei *Ashman's* an. Das Projekt einer Londoner Filiale hingegen wurde auf Eis gelegt; in der Firma übernahm Emil Stellung und Funktionen des Vaters. Dass Hans Caspar Streuli gesunde finanzielle Verhältnisse hinterlassen hatte, zeigte sich im Folgejahr, als die Gebrüder das stattliche Nachbarhaus im Heilibach ankauften. Erst recht konsolidierte Emil seine Stellung durch seine Heirat mit Wilhelmina Hüni im Sommer 1864. Wir erinnern uns: Die Nachbarstochter aus der Herner-Villa hatte sich einst bei einem Ausritt mit Schulfreund Stapfer angelegentlich nach Emils Ergehen im fernen New York erkundigt; diese Nachricht hatte Emil «bedeutend in Bewegung gebracht». Mina war die Tochter des erfolgreichen Seidenfabrikanten und Regierungsrats Hans Heinrich Hüni; Hünis neoklassizistische Villa im Herner mit dem vorgelagerten, ins Wasser hinausgebauten Park galt als einer der schönsten Sitze am See. Auf der südlichen Seite des Gartenzauns lagen die alten Weinbauernhäuser des Heilibach.

Es ist anzunehmen, dass hier wie dort Nachrichten aus den USA auch weiterhin mit angespanntem Interesse verfolgt wurden. 1864, im

Sommer von Emils und Minas Hochzeitsreise, entschied sich auf den Schlachtfeldern der Südstaaten der Bürgerkrieg, der seit drei Jahren die Städte und Dörfer des Landes verwüstete. Die Feldzüge der Unionstruppen unter den Generälen Ulysses Grant und William Sherman brachten einen Korridor, der das konföderierte Territorium in zwei Teile schnitt: der Anfang vom Ende! Im Jahr zuvor hatte New York seinen eigenen Bürgerkrieg durchlebt. Bei den *draft riots* oder Gestellungskrawallen vom Juli 1863 zogen mehr als 50 000 Aufrührer, viele von ihnen Slumbewohner aus dem Five-Points-Distrikt, mordend und plündernd durch die vornehmen Avenues. Mehr als 150 Personen starben gewaltsam, rund hundert Gebäude gingen in Flammen auf. Darunter war Barnums Kuriositätenkabinett mit seinen Wachsfiguren, Riesenschildkröten und ausgestopften zweiköpfigen Kälbern, von denen Emil den jüngeren Brüdern zu Hause so ausführlich berichtet hatte. Auch Emils Lieblingshotel *Lafarge* mit dem feschen Ballsaal und den Rosenholzmöbeln brannte bis auf die Grundmauern nieder – zum zweiten Mal in neun Jahren! Der Anlass für das gewalttätige Chaos: Unter Präsident Lincoln hatten die Nordstaaten die allgemeine Wehrpflicht ausgerufen, nur dass sich Wohlhabende gegen eine Summe von 300 Dollar freikaufen konnten. *The rich man's war and the poor man's fight!*, so hiess der Kampfruf der Aufrührer, die sich erst nach dem Eingreifen mehrerer Regimenter der Nordstaatenarmee zurückzogen.

Nach dem Friedensschluss im Sezessionskrieg begannen die Seidenexporte nach den Vereinigten Staaten wieder merklich zu steigen, erweiterte man bei Baumann & Streuli die Produktion. In einem Fabrikgebäude auf der Horgner Burghalden wurden Räume hinzugemietet. Seit Juli 1866 wusste man in Horgen in Minutenschnelle, welche Stoffe im *Drygoods*-Zentrum am Park Place gefragt waren und welche nicht. Denn nach mehreren gescheiterten Versuchen, an die das handlange Stück Telegrafenkabel in Emils Überseegepäck erinnerte, schaffte es Cyrus W. Field endlich, ein Unterseekabel von Irland nach Neufundland zu verlegen. Als Transportschiff für die riesige Spule diente ihm die umgebaute

Great Eastern – der Riesendampfer, den Emil zusammen mit dem Kollegen Egli vom Frachtraum bis zum Radkasten besichtigt hatte.

In ebendiesem Jahr 1866 brachte Mina ein Töchterchen zur Welt. Es wurde auf den Namen Alice getauft, und Grossvater Hans Heinrich Hüni schaffte es, in seinem humoristisch-stolzen Patengedicht immerhin zwei Reime auf den damals noch ausgefallenen Namen unterzubringen («Malice», «Caprice»). Auf die kleine Alice folgten im Abstand von je zwei Jahren Adele und Dora. Noch in die Zeit von Minas dritter Schwangerschaft fiel die erwähnte Erkundigungsreise Emils ins umkämpfte Elsass. Noch war der Krieg zwischen Preussen und Frankreich nicht entschieden, aber für den Kanonieroffizier Streuli stand fest: Nach dem Sieg der Deutschen in der Schlacht von Sedan war es mit Napoleon III. zu Ende. In der Tat dankte der in Kriegsgefangenschaft geratene französische Kaiser ab, musste Gemahlin Eugénie bei Nacht und Nebel aus Paris flüchten. Jawohl, Trendsetterin Eugénie, die Verkörperung von Chic und Glamour, vor deren Porträt in der Galerie *Goupil's* Emil einst andächtige Momente verbracht hatte – Eugénie schlug sich, ganz ohne Hofdamen und Gesellschafterinnen, mit der Hilfe eines wohlwollenden Deutschen zum Ärmelkanal durch, rettete sich bei hoher See auf einem Kutter nach England, fand hier vorläufiges Asyl.

Dank Ferdinand blieb Emil mit dem New Yorker Zirkel in Kontakt. Auch nach der Rückkehr des Zweitältesten gingen weiterhin Briefe hin und her. 1867 wurde ganz überraschend der Tod von Friedrich Aschmann gemeldet. Der clevere Seidenkommanditär, der seine Frau jeweils beim Kartenspiel ausschalt, der an einem Sonntagabend so gerne einen Ausritt über die Hügelkuppe zwischen Hudson- und Hackensacktal machte, den Zylinder auf dem Kopf – Friedrich Theodor Aschmann aus Thalwil war knapp 38-jährig geworden. Zehn Jahre später folgten bestürzende Nachrichten über die jüngste der Davis-Schwestern. Die schöne, schnippische Frances hatte sich schliesslich doch für einen ihrer zahlreichen Verehrer entschieden, hatte um 1865 einem John Sedgwick das Jawort gegeben, einem Landsmann aus Connecticut. Das Paar hatte drei

Kinder. Das jüngste Söhnchen, James, zählte vier Jahre, als die Mutter starb, noch keine 35 Jahre alt.

Herner und Heilibach statt Hudson und Hoboken, Zürcher Bahnhofstrasse und Paradeplatz statt Broadway und Park Place. Die Erie Railway hatte in einem steilen Einschnitt knapp hinter den Anwesen der Tookers und Aschmanns durchgeführt. Jetzt brachte der Bahnbau auch für die Streulis und Hünis einen tiefen Graben, der beide Horgner Grundstücke entzweischnitt. Denn 1873 begannen die Arbeiten der Nordostbahn für eine Bahnlinie entlang des linken Zürichseeufers; diese sollte die Hauptstadt mit der March und dem Glarnerland verbinden. War es die Aussicht auf Jahre dauernde Bauarbeiten, die den Seidenfabrikanten Hans Heinrich Hüni dazu bewegte, in die Stadt überzusiedeln? Jedenfalls übergab er Tochter Mina und Schwiegersohn Emil den stattlichen Sitz am See zu einem bescheidenen Preis, überging dabei seinen eigenen Ältesten, ebenfalls Emil genannt: ein unsteter, hochfahrender Bursche, der jeweils nach dem Ausreiten sein schweissnasses Pferd sorglos im Stall anschirrte, ohne sich um Abreiben und Striegeln zu kümmern.

1873 zog das Ehepaar Streuli-Hüni mit seinen drei Töchtern in das Anwesen. Der Park jenseits der Landstrasse rückte in den folgenden Jahren nochmals ein Stück weiter in den See vor, denn die zwei Familien mussten zwar Land für die Bahnlinie abtreten, durften den Aushub aber dazu nützen, den seeseitigen Park durch Aufschütten zu vergrössern. Aus einem Blumenbeet in der Hauptachse des Eingangstors zur Hernervilla entstand so ein grosszügiges Rondell – wie geschaffen für einen markanten Baum, eine dieser Atlaszedern oder Libanonzedern, mit denen jetzt Fabrikanten allerorten ihre Parks schmücken. Der Setzling, den Emil schliesslich wählte, stammte aber nicht aus der Levante, sondern von jenseits der Meere: ein Mammutbaum, eine Sequoia, wie sie an den Küsten Kaliforniens wuchs, ein rotstämmiger Riesenbaum, der an den Pazifikhängen Höhen von 100 Metern und mehr erreichte. Bemerkenswert das Datum der Pflanzung: 1876. In den Vereinigten Staaten feierte man das erste Jahrhundert seit der *Declaration of Independence*. Nachzutragen bleibt, dass viele Nachbarn Emils Beispiel folgten, dass Dutzende von Sequoias noch heute die Silhouette von Horgen bestimmen, unter ihnen noch immer der Redwood Tree im Hernerpark, mit über 40 Metern Höhe einer der stattlichsten Bäume am See.

So als habe sich mit dem Pflanzen des Baumriesen ein Kreis geschlossen, wandte sich Emils Streulis Laufbahn nun ganz dem eigenen Umfeld zu. 1877 wählten ihn die Horgner zu ihrem Gemeindepräsidenten. In seine Ära fiel die Versorgung der Gemeinde mit Energie und Trinkwasser. Der Aabach, der von den Hängen des Zimmerbergs zum See fliesst, wurde gefasst und mit einem Rückhaltebecken als Energiequelle genutzt. Von der steil abfallenden Druckleitung, die Dutzende von Werkstätten und Fabriken mit Druckwasser versorgte und später zum Ausgangspunkt der Elektrizitätsgewinnung wurde, zeugt noch heute die Fontäne bei der Horgner Sust. Gemeindepräsident Streuli trieb die Gasversorgung und Strassenbeleuchtung voran, engagierte sich im Kirchen- und Chorwesen: ein Energiebündel! Aber bei aller Betriebsamkeit blieb die eine Frage offen: Wer würde in der Firma einmal seine Nachfolge antreten? Sie schien auf die natürlichste Weise gelöst, als Mina im Februar 1880 einen Buben zur Welt brachte. Der kleine Emil Streuli, jüngstes und letztes der vier Geschwister, war zwar von Geburt an ein zartes und kränkliches Kind, das bereits in den ersten Schuljahren oft dem Unterricht fernbleiben, immer wieder von Privatlehrern betreut werden musste, immer wieder ärztliche Pflege brauchte.

War es seinetwegen, dass die Familie in den 1880er-Jahren ein Haus in Zürich-Enge bezog? Oder folgte man dem Beispiel von Emils lang-jährigem Freund und Partner Jacques Baumann, dem Sohn von Papas Kompagnon? Denn ganz in der Nähe des stattlichen Hauses der Streulis am Bleicherweg lag die Villa «Palme» der Fabrikantenfamilie Baumann, ein Pendant zum prächtigen Horgner Wohnsitz. Auch sie wurde von zwei Sequoias bewacht; noch heute scheinen die Baumriesen mit dem gleichnamigen Hochhaus «zur Palme» zu wetteifern. Auf der gegenüberliegenden Strassenseite versammelte Emil Streuli, in der Art eines alternden Patriarchen, die Familie nun im Stadthaus um sich, teilte je ein Stockwerk den Töchtern und ihren Ehegatten zu.

Minas Briefe berichten von gemütlichen Familienfesten, von gemeinsamen Ausflügen. Gelegentlich wurde gesungen, wurden Teppiche aufgerollt und getanzt, so wie einst von der Jungmannschaft in Bergen Hill. Nur dass der Hausherr selten mehr seine Polkas in die Tasten hämmerte. Es war ein prächtiges Welte-Klavier angeschafft worden, ein Wunderwerk der Technik, das mit pneumatisch betriebenen Papierrollen die neusten Walzer, One-Steps und Polkas aufs Getreulichste wiedergab. Auch ist nirgends mehr die Rede von abendelangen Schachpartien. Hat es damit zu tun, dass im Sommer 1884 in New Orleans das Schachgenie Paul Morphy gestorben ist, der Mann mit der irischen Marmorstirn? Emil Streuli wird es in der *Schachzeitung* gelesen haben: Morphy hatte sich nie mehr einem Turnier gestellt, war ein eigenbrötlerischer Junggeselle geworden, der sich nach einer einsamen Wanderung in der schwülen Hitze in eine Wanne voll eiskalten Wassers gelegt und einen Herzschlag erlitten hatte.

Und die Firmennachfolge? Mit etwelcher Mühe, unterstützt von Hauslehrern, hatte Streuli junior das Gymnasium hinter sich gebracht, ein Jusstudium begonnen, schliesslich in Leipzig aber doch seinen Doktor gemacht, auch hier unter kräftiger Mithilfe eines bezahlten Tutors. Nur dass sich niemand den schmächtigen Herrn Doktor als zukünftigen Direktor vorstellen konnte – umso weniger, als der zarte, aber eigensinnige junge Mann eine Mesalliance einzugehen drohte! Bei einer Wanderung im Engadin hatte der angehende Student nähere Bekanntschaft mit der Gouvernante seines Hotels geschlossen. Susanne Meisser war eine schöne junge Frau aus Chur, im Beruf weit herumgekommen und sprachenkundig, dabei aber aus bescheidenen Umständen stammend und fünf Jahre älter als der noch nicht einmal volljährige Gast. Die zukünftige Gattin für den zukünftigen Firmenchef?

Nie und nimmer!, hiess die Devise im Familienclan am Bleicherweg, im Verwandtenkreis in Horgen. Was nun folgte – eine langjährige Abmahnungskampagne, Drohschreiben, die von Enterbung sprachen, Loskaufversuche, schwere Erkrankung des jungen Juristen und wundersame Heilung dank treuer Pflege durch die heimlich Verlobte, widerwillige Versöhnung, die in ein «Ende gut, alles gut» mündete –, ist eine Geschichte, die ihren eigenen erzählerischen Rahmen erhalten hat. Aber auch ohne Aussicht auf eine direkte Familiennachfolge wuchs Emil Streulis Firmenimperium im neuen Jahrhundert weiter, umfasste jetzt auch eine zweite Produktionsstätte im badischen Rheinfelden, jenseits der Grenze zu Deutschland. Zum 75. Jahrestag von Baumann & Streuli, der 1914 an der Landesausstellung in Bern begangen wurde, lud Emil Streuli, aufs Jahr genauso alt wie der von Vater Hans Caspar gegründete Betrieb, rund tausend Mitarbeitende, die in Extrazügen anreisten. Er hatte in Aussicht gestellt, «vielleicht auch zu einem Tänzli zu kommen», sagte aber schliesslich ab: das Alter, die Beschwerden.

Nachzutragen bleibt, dass Emil Streuli den Beginn dieses neuen Jahrhunderts auf seine eigene Weise feierte. Der Bau, den er errichten liess, rief selbst in den an Extravaganzen gewöhnten Fabrikantenkreisen einiges Stirnrunzeln hervor. Die Mittelachse des Horgner Anwesens, die vom Villenportal über den Mammutbaum zum Ufer führte, erhielt als Abschluss eine künstliche Insel. Sie war über einen Steg mit dem Festland verbunden und eingefasst mit roh behauenen Steinen, die wie die Mauer einer Burg aus dem Wasser ragten. Das Gebäude, das hier zwischen 1899 und 1900 entstand, sollte zwar als Bade- und Bootshaus dienen, erinnerte in seiner äusseren Form aber an ein Lustschlösschen. Als Vorbild wählten Bauherr und Architekt einen bestehenden fürstlichen Gartenpavillon aus der Zeit um 1740: die zum bayrischen Schloss Nymphenburg gehörende Amalienburg. Dieser spätbarocke Bau mit Haupttrakt, Seitenflügel und Kuppel wurde auf die Dimensionen des Hernerparks zurechtgestutzt: ein Miniaturschloss, dessen vergoldeter Kuppelaufsatz in der Sonne weithin sichtbar funkelte. Ursprünglich hatte Kanoniermajor Streuli vor, die Plattformen links und rechts des Prunkbaus mit je einer Kanone zu bestücken. Die Geschütze sollten die Städte an beiden Enden des Sees ins Visier nehmen: Zürich und Rapperswil.

Es scheint, dass Mina und die Töchter hier energischen Einspruch erhoben. Die beiden Rondelle blieben leer. Erst Jahre später wurden sie mit Trauerweiden bepflanzt – wohl zum Gedenken an Emil Streuli, der ein Jahr nach der grossen Jubiläumsfeier im Alter von 76 Jahren starb. Im Familienkreis kursierten noch lange Zeit Gerüchte, der Major habe während des Baus von Insel und Pavillon einen geheimen Schacht als Versteck für Wertsachen mauern lassen. Zwar fand sich von einem Goldschatz nie die geringste Spur, auch nicht während der umfassenden Restaurationsarbeiten an Mauerwerk und Pavillon zu Beginn des neuen Jahrtausends. Aber in einem weiter gefassten Sinn hatte das Gerücht seine Richtigkeit. Was das Inselschlösschen barg, war der Traum von Freiheit, von einem einsamen Stück Land am New Yorker East Sound, auf allen Seiten von Wasser umspült, mit Blick auf die sonnenglitzernden Wellen des East River und das Flattern der weissen Segel, der Möwen.

Abb. 69: Die zehn Bände der 1858–1861 entstandenen New Yorker Aufzeichnungen. Bemerkenswert die Doppelnummerierung von Band VI; offenbar verlor Emil Streuli, der die vollgeschriebenen Bände vorweg nach Horgen zurücksandte, den Überblick über die Abfolge.

Das Tagebuch:
Lebensstütze, Lebensrapport

Tagebücher sind ein Mittel der Selbstvergewisserung, sind direkte Lebenszeugnisse in Form einer unsystematischen, aber fortlaufenden Chronik der Ereignisse. Sie sind aber auch historische Urkunden, so wie Pergamente mit Verträgen, Briefe oder Ratsprotokolle. Sie werden aufbewahrt in den Estrichen von Privathaushalten, aber auch in Archiven: Tatsächlich existiert im südbadischen Emmendingen ein Deutsches Tagebucharchiv, das in den ersten zehn Jahren seines Bestehens über 6000 Diarien und Lebenserinnerungen gesammelt hat. Auf beide Aspekte soll dieser abschliessende Teil eingehen und dabei einige Fragen rund um die Textgattung Tagebuch behandeln: Weshalb und für wen führt jemand ein Journal? Ist die tägliche Buchhaltung der Ereignisse besonders typisch für das 19. Jahrhundert oder für die Gesellschaftsschicht, der Emil Streuli angehört? Es interessiert aber auch die praktische Frage der Überlieferung. Wie und warum haben sich diese Bände bis heute erhalten? Sind sie ein einmaliges Zeugnis ihrer Zeit, oder gibt es Vergleichbares im zeitlichen und örtlichen Umfeld?

Jedes Tagebuch ist subjektiv und persönlich; für dieses Kapitel liegt es nahe, die scheinbar objektive Position des unsichtbaren Autors aufzugeben, zur ersten Person Einzahl überzugehen. Ich tue das umso lieber, als viele Stellen von Emil Streulis Aufzeichnungen mich ganz direkt angesprochen, berührt haben. Eine solche Reaktion lässt sich nur schwer herüberbringen, wenn sich «der Schreibende» äussert, «der Verfasser dieser Zeilen». Beim ersten Lesen von Emils Eintrag über den Erhalt der Todesnachricht aus Horgen habe ich mehrmals leer geschluckt, ebenso bei der Schilderung des Gedenkporträts an die Mutter, das der Sohn mit einer Locke der Verstorbenen schmücken liess. Und so wie Emil habe ich mich geduckt unter den Launen der schnippischen Frances, die von einem Tag auf den andern kein freundliches Wort mehr über die Lippen brachte, habe mit ihm Zuversicht geschöpft, wenn mir der nächste Tag wieder ein herzliches Lächeln schenkte. Mit Emil zusammen habe ich die Bilanz der unseligen *Gas Company* überschlagen und neue Möglichkeiten der Vermarktung überlegt. Das Tagebuch bezieht seinen Leser auf einer Tag-für-Tag-Basis in die Ereignisse mit ein, stimmt ihn auf das Gleichmass oder die Hektik einer Arbeitswoche ein und lässt ihn mit dem Autor zusammen auf ein sonniges, unbeschwertes Wochenende hoffen. Fehlen Einträge für einzelne Tage oder gar ganze Wochen, runzelt der Leser die Stirn: Was ist hier los? Was wird hier verschwiegen?

Kommt hinzu, dass ich selbst einige Teile des Manuskripts auf den Bildschirm übertragen habe. Diese direkte Begegnung mit dem Text sollte in ihren Auswirkungen nicht unterschätzt werden. Trotz der klaren Handschrift Emils bleiben beim Transkribieren einzelne Stellen unklar, ergeben sich Lücken. Manchmal füllten sie sich von selbst, wenn ich am Satz- oder Absatzende angelangt war und den Zusammenhang erkannte. Bei Personennamen oder Institutionen blieben sie mitunter so lange offen, bis der gleiche Begriff erneut auftauchte, diesmal vielleicht eine Spur leserlicher geschrieben. In gewisser Weise kamen mir dadurch auch die Personen oder Orte näher: Natürlich, ja, da kann nur die freundliche Mrs. Boyd oder der redselige Einkäufer Tanning gemeint sein! Die unleserliche Abkürzung hier muss als «15th street» aufgelöst werden, hier hat sich eine englische Bezeichnung wie *lot* oder *appraisor* eingeschlichen. Überhaupt nehmen angelsächsische Ausdrücke zu, je weiter der Text fortschreitet – so als habe der Schreiber in der neu angeeigneten Alltagssprache zu denken begonnen und die Einträge ins heimatliche Idiom rückübersetzen müssen.

Emil Streuli sieht sich in Gedanken manchmal als reifer Mann, der sich über die Bilder seiner Jugend beugt. «Somit bin ich nun zum letzten Tag gekommen», heisst es am Schluss von Band IX, der Anfang Dezember 1860 nach Horgen verschickt wird, «denn morgen werden diese Tagebücher schön verpackt und am Samstag nach Europa abgehen. Möge der Inhalt der Blätter den lieben Papa abermals befriedigen und ich selbst später einmal daran Interesse finden und aus den ereignisvollen Zeiten, die sie für mich erzählen, neue Lehren ziehen. Es fällt so manches Nützliche leicht der Vergessenheit an; die Tagebuchblätter sind treue Freunde, denen man Schätze der Erfahrung zur Aufbewahrung übergibt und auf die man in späteren Jahren oft wieder gern zurückgreift.»

Wie steht es damit? Die Bände gingen, wie gesehen, in etwa halbjährlichen Abständen aus New York ab. Dass die vier oder fünf Sendungen allesamt Horgen erreichten, stellt bereits einen Glücksfall dar. Dass sich die Bücher bis heute vollständig erhalten haben, ist eine weitere glückliche Fügung. Bemerkenswert ist denn auch ihr weiteres Schicksal in der Hernervilla, die nach dem Tode von Witwe Mina Streuli an den einzigen Sohn übergegangen war. Emil Streuli junior und seine Gattin zogen hier im Sommer 1927 ein, zusammen mit ihren zwei Töchtern, erweiterten das ohnehin stattliche Haus durch einen Anbau und verwandelten das umgebende Gelände in ein grünes Refugium. Die bergseitigen Gärten wurden zum wahren Obstparadies mit Aberdutzenden von Birn-, Kirsch- und Apfelbäumen, der seeseitige Park zum Arboretum mit prächtigen Zedern, Kiefern, Tannen. Dem entsprach die prächtige Bibliothek des Hausherrn, der als Privatier gelegentliche juristische Studien betrieb. Auf Dutzenden von Regalen reihten sich Aberhunderte dickleibiger Bände mit Bundesgerichtsentscheiden und gebundenen juristischen Zeitschriften. Eine zeitgenössische Fotografie zeigt einen überquellenden Arbeitstisch mit Dossiers, Faszikeln und Briefen. Merkwürdigerweise nahm sich der promovierte Jurist aber nie der familieneigenen Papiere an. Hier hatten sich immerhin zahlreiche Kauf- und Gründungsurkunden bis weit zurück ins 18. Jahrhundert erhalten, ganz zu schweigen von den Tausenden von Briefen aus einer weitläufigen Verwandtschaft, die ebenfalls bis in die 1830er-Jahre zurückreichten. Diese Dokumente, zusammen mit Bauplänen und Ansichtskarten in Schuhschachteln und Kartonmappen verwahrt, fanden hier und dort einen Platz: in alten Reisekoffern, Wandschränken oder in den Schubladen einer der zahlreichen Kommoden.

Daran änderte sich auch nichts, als nach dem Tod der Ehegatten Streuli-Meisser die ältere Tochter Susanne das Haus übernahm. Seit den späten 1960er-Jahren bewohnte die ledig Gebliebene das 30-Zimmer-Haus völlig allein. Ihre Lebensweise kippte allmählich vom Schrulligen ins Bizarre. Vor allem wurde das Fehlen jeglicher Lebenswärme im einsamen Haus kompensiert durch wahlloses Aufbewahren von Schriften aller Art. Die nur teilweise möblierten Zimmer füllten sich mit Papierstössen, die erst Knie-, dann Hüfthöhe erreichten, schliesslich die Räume vom ersten Stockwerk an fast vollständig füllten. Es blieb jeweils ein schmaler Durchgang von der Tür bis zum Fenster; hierher schoben die Frau des Hauses und die täglich eintreffende Putzhilfe die Stösse beim Saubermachen, um sie anschliessend wieder an den alten Platz zu rücken.

Es war dieses Zerrbild eines Archivs, mit dem sich die Erben nach dem Tod von Susanne Streuli im Jahre 1991 auseinanderzusetzen hatten. Neffe Hans Georg Schulthess – Urenkel des Kanoniermajors und Seidenfabrikanten –, dem die Villa zufiel, erinnert sich heute mit Beklemmung an den ersten Augenschein. «Es war ein Ort der Düsterkeit. Bei unseren seltenen Besuchen hatten wir jeweils steif auf einem Stuhl in der dämmrigen Eingangshalle gesessen und uns kaum umzuschauen gewagt. Die meisten Fensterläden waren geschlossen, die Aufgangstreppe führte in ein schummriges Obergeschoss.» Es war hier, wo bei den wochenlangen Räumarbeiten Familienpapiere aus zwei Jahrhunderten wieder zusammenfanden: mit Seidenbändern verschnürte Bündel vergilbter Briefe, Briefkuverts mit Fotos und Zeichnungen, alte Menüs und Ballkarten; selbst die Leipziger Vorlesungsnotizen des jungen cand. iur. in ihren schwarzen Wachstuchheften hatten sich erhalten. Wie sich erwies, führte dieses seltsame Archiv bis in die jüngste Gegenwart. «Ganze Wäschekörbe», so erinnert sich der Neffe, «füllten sich mit Notizblöcken. Hier hatte die Tante Tag für Tag Erlebnisse und Gedanken notiert, in praktisch unleserlicher Schrift, einer Art privater Stenografie. Es gab Hunderte dieser Hefte.»

Ganz zum Schluss der Räumarbeiten kamen die zehn Bände aus New York zum Vorschein. Am schwierigst zugänglichen Ort der Bibliothek, in einem kleinen Wandschrank oberhalb der Türfassung, hatten sie offensichtlich während Jahrzehnten geruht, zusammen mit Einzelheften ungebundener Gerichtsentscheide. Möglich, dass der Tagebuchverfasser selbst sich noch «in späteren Jahren über diese Lebenszeugnisse gebeugt» hatte, wie ihm das einst vorschwebte. Ob Emil junior oder die drei Töchter je darin blätterten, bleibt ungewiss; die folgende Generation jedenfalls wusste nichts von ihrem Vorhandensein. Davon zeugte auch der tadellose Erhaltungszustand: keinerlei Gebrauchsspuren ausser jenen der Entstehungszeit, nur ganz wenige ergänzende Bleistifteinträge.

Wie ging es weiter? In den 1990er-Jahren begann Urenkel Hans Georg Schulthess damit, Caroline Streulis Briefe nach New York zu übertragen. Neugierig geworden, liess er mehrere Tagebuchbände transkribieren und übertrug dann den Rest in eigener Regie. Aus dieser Transkription ergab sich ein kurzer zusammenfassender Aufsatz im Jahrgang 2006 des «Zürcher Taschenbuchs»; schon vorher habe ich selbst eine Anzahl New Yorker Episoden in meine 1999 erschienene Familiensaga *Die Löwenbraut* eingebaut.

Hier bleibt das Wichtigste nachzutragen zum Dokument selbst, zu seiner Entstehung und zu seiner Erscheinung, zur Übernahme des Texts in den vorliegenden Band. Über die Umstände der täglichen Einträge geben zahlreiche Stellen Auskunft, verstreut über die ganzen zweitausend Seiten. Meist setzt sich Emil vor dem Schlafengehen an seinen Tisch im Gastzimmer auf Bergen Hill, später in seinen Räumen im *Lafarge* oder am University Square, bei unfreundlichem Wetter auch an stillen Sonntagnachmittagen. Die abendlichen Einträge halten ihn oft bis über Mitternacht wach. Voller Erleichterung heisst es mitunter: «Jetzt ist es 1 Uhr und mein Tagebuch vom Sonntag bis zur Stunde also fertig geschrieben. Gottlob. Gute Nacht!» Dabei machte sich Emil Sorgen über den zusätzlichen Verbrauch an Leuchtgas, hielt die Flamme über dem Tisch so klein wie möglich – wohl mit ein Grund für die häufig auftauchenden Klagen über brennende Augen und Kopfweh. Auch auf grössere Reisen, etwa jene nach Philadelphia, wurden ein paar leere Schreibbogen mitgenommen. Selbst im Hotelzimmer, nach einem langen Tag mit Geschäftstreffen und anschliessendem Opernbesuch, unterzog sich Emil der selbst auferlegten Disziplin: ein Kraftakt!

Leserlichkeit und Sauberkeit der Gestaltung bleiben trotz wechselnder Umstände erstaunlich einheitlich. Selbst nach einem arbeitsreichen Tag begnügte sich Emil nie mit ein paar Stichworten, sondern blieb stets um zusammenhängende Sätze bemüht. Dabei finden sich kaum Korrekturen, die das Erscheinungsbild gestört hätten: Lieber biegt der Schreiber einen offensichtlich aufs Gratewohl begonnenen Satz, der nicht «aufgehen» will, irgendwie zurecht, als dass er störende Streichungen oder eingeflickte Wörter in Kauf nähme. Dem entsprechen die schwungvolle Handschrift und die schöne Seitenaufteilung. Dabei verwendet Emil die gebräuchliche deutsche Kurrentschrift; nur englische und französische Vokabeln sowie manche Eigennamen erscheinen in lateinischen Buchstaben.

Diesem schwungvoll-eleganten Schriftbild entspricht, wenigstens an guten Tagen, der Schreibstil. Emil berichtet dann anschaulich, überrascht mit unerwarteten Vergleichen und gelegentlich trockenem Humor. An manchen Abenden fühlt er sich nicht «im Strumpf», wie er selber klagt. Dann scheinen die Worte nur zögerlich aus der Feder zu fliessen, häufen sich die Wiederholungen und die stecken gebliebenen Sätze, die irgendwie aus dem Sumpf gezogen werden müssen; bezeichnenderweise sind solche Einträge oft kürzer als die Norm.

Emil hält diese Disziplin über ein Jahr lang aufrecht, lässt erstmals im Oktober 1859 die Zügel fahren. Zuerst erscheinen trockene Wochenzusammenfassungen, dann gibt es eine grössere Lücke von sechswöchiger Dauer. Über das Warum gibt auch der erste Eintrag nach Wiederaufnahme keinen zwingenden Aufschluss: «Gewiss ein langer Zwischenraum und eine starke Vernachlässigung eines Tagebuchs!», heisst es am 12. November. «Es hätte gar leicht daraus ein gänzliches Ende dieser Blätter entstehen können, denn einmal so lange unterbrochen, wird es schwer, die Ereignisse noch vors Gedächtnis zurückzurufen, die während der Zeit stattgefunden haben. Doch will ich es wenigstens versuchen, im Allgemeinen ein Bild der vergangenen Tage hier niederzulegen, und mein Äusserstes tun, wenigstens bis zum Ende des Jahres in meiner Journalistik zu verharren.»

Es folgt eine ausführliche Zusammenfassung der Zwischenzeit, aber der gute Vorsatz hält nicht Stand. Diesmal setzen die Einträge fast ein halbes Jahr lang aus, und auch hier bringt die Wiederaufnahme nur eine halbe Erklärung: «Ein langer Unterbruch hat sich in meinen Tagebuchblättern seit 9. Dezember vorigen Jahres eingeschlichen», bedauert Emil am 1. Juni 1860, «und doch hätte die Aufzeichnung der seit damals verflossenen Tage für später von grossem Interesse sein können, denn es waren ereignisschwere Zeiten von grosser Bedeutung für mein junges Leben.» Auch hier folgt ein Fazit des «fehlenden» halben Jahres auf mehreren Seiten; als «ereignisschwer» stellt sich vor allem das finanzielle Engagement des Hauses Streuli bei der *Gas Company* dar.

Davon wurde ausführlich berichtet; hier soll unbedingt noch die Übernahme des Tagebuchtexts in das vorliegende Buch zur Sprache kommen. Wie bei privaten Aufzeichnungen nicht anders zu erwarten, weist der handschriftliche Text zahlreiche Abkürzungen und weitere optische Kürzel auf. So erscheint «Herr» fast durchwegs als *Hr.*, das Bindewort «und» als *&*, und für Zahlwörter verwendet Emil regelmässig die Chiffreform. Auch verwirrt die eigenwillige Satzzeichensetzung mitunter mehr, als dass sie gliedert. So ergibt denn die Eins-zu-eins-Wiedergabe des Manuskripts ein unruhiges und verwirrendes Schriftbild. Ein Beispiel dafür: die buchstaben-, zeichen- und zeilengetreue Übernahme des Tageseintrags für den 30. August 1858; sie schliesst auch Flüchtigkeitsfehler ein (siehe Abbildung 6):

Montag 30. August.
Mein heutiges Erwachen war ungleich
fröhlicher & heiterer als das gestrige, obschon

dieß sonst an Montagen selten der Fall
ist. Ich hatte so gesund geschlafen, & der
sonnige Morgen strahlte mir beim Erwachen
so freundlich entgegen, daß ich unmöglich
in meine gewöhnliche Montagslaune versinken konnte.
Wir hatten schon einen dieser leichten,
klaren Herbstmorgen, die hier nun
seh bald in der schönsten Jahreszeit in
diesem Lande, dem Herbst, eröffnen werden.
Im Geschäfte ist wenig Leben gewesen,
bis gegen Abend mehrere auswärtige Kunden
kamen & unseren Waarenvorrath eher
sondirten als davon kauften.
Vor 6 Uhr machte ich einen Ausflug
an den Broadway, um mir endlich ein Stück
von dem atlantischen Tau, zu verschaffen.
Tiffany, der davon am meisten hat
hatte keine passenden für mich & als ich um den
Preis meiner Uhrenkette zu wissen von einem
andern Goldschmied, denselben fragte, für
wie viel er mir eine solche machen würde,
antwortete er, die Kette sei arm an Gold
& er könnte keine solche machen. Ein anderer
Juwelier jedoch weiter unten, zu dem
ich ging, muthmaßte dafür den Preis von
$ 25.– & nahm ich ihm dan auch dafür
ein Stück Telegraphentau von 4 Zoll
länge für 1 $ ab. Es hat die Dicke eines
Fingers, außen ist eine Drahthülle, dan
Guttapercha & zuinnerst der dünne Kupferdraht.

Wie viele dieser teils zeitbedingten, teils persönlichen Eigenheiten soll eine moderne Ausgabe übernehmen? Wie verfährt sie mit der vor 150 Jahren gültigen und in sich bereits uneinheitlichen Rechtschreibung? Emil schreibt *Brod* oder *Brodt* für «Brot», verwendet das damals gebräuchliche Aspirativ *th* in *That* oder *thun*, das latinisierende *C* in *Capital* oder *Conto* sowie die dem Französischen nachgefühlte Verbalendung *-iren* (heutiges «-ieren»), ganz abgesehen vom Eszett (ß) und dem Doppelvokal in Wörtern wie *Waaren* oder *Loos*.

Für die heutige Leserschaft, als breites Publikum gedacht, wirken Schreibweisen wie *muthmaßte* oder *Waarenvorrath* auf die Dauer wohl verwirrend, wirkt die grösstmögliche Texttreue auf die Dauer kontraproduktiv. Für die Übernahme von Tagebuchtexten in diese Darstellung gilt deshalb:

- Modernisierung der Rechtschreibung;
- stillschweigende Anpassung der Zeichensetzung an heutige Gewohnheiten;
- stillschweigende Verbesserung offensichtlicher Flüchtigkeitsfehler;
- Auflösung von Abkürzungen;
- Zahlwörter statt Chiffren im Zusammenhang mit Personen.

Ein Tagebuch ist ein Mittel der Selbstformung, der Selbstkontrolle. Besteht dafür kein Bedarf mehr, nachdem Emil Streuli in die Schweiz zurückgekehrt ist? Im Februar 1861 hat er zwar noch die Papierbogen mit den letzten Einträgen binden lassen (Band X), dann aber nicht länger an seiner täglichen Zeitbuchhaltung festgehalten. Die zehn Bände oder zweitausend Seiten decken also einen fest umrissenen, zweieinhalb Jahre messenden Ausschnitt seiner Biografie ab. Aus dem knapp 19-Jährigen wird der gut 21-Jährige, der nun zu Hause ins väterliche Unternehmen eintritt.

Gibt es Vergleichbares in den Familienarchiven oder Bibliotheken des Landes? Natürlich haben Tagebuchschreiber wie der Genfer Poet und Philosophiedozent Henri-Frédéric Amiel oder der Rapperswiler Jurist und Politiker Basil Ferdinand Curti noch weit umfangreichere Aufzeichnungen hinterlassen. Im Falle Amiels, der 1847 mit regelmässigen Einträgen begann und diese bis zu seinem Tod im Jahre 1881 weiterführte, zählte das hinterlassene Journal rund 17000 Manuskriptseiten; in der zwölfbändigen Druckausgabe, um 1990 abgeschlossen, füllen sie fast ebenso viele Buchseiten. Curtis noch unpublizierte Tagebücher, begonnen 1821 vom 17-jährigen Gymnasiasten, schliessen sogar über sechzig Jahre ein und enden erst 1885, drei Jahre vor dem Tod des Autors.

Hier fliessen persönliche Erlebnisse mit den Schilderungen innenpolitischer Zeitgeschichte zusammen; immer wieder dient das Tagebuch auch der eigenen Standortbestimmung und der Selbstvergewisserung, bis hin zu Ermunterungsparolen im Stil von «Zeige Mut und Kraft, Ferdinand, nicht nachlassen!». Bei Amiel dominieren die private Reflexion, die Zweifel am eigenen Tun und Lassen. Dies vor allem bei Amiels unzähligen Herzensangelegenheiten, die bis in die feinsten Verästelungen verfolgt werden. Von diesem Genre des *Journal intime* unterscheiden sich Streulis Aufzeichnungen ganz grundsätzlich durch ihre Mischung von individueller Erfahrung und objektiver Beobachtung, Beschreibung der Umwelt. Hier zeichnet ein jugendlicher und neugieriger Zeitgenosse gezielt Erlebnisse und Eindrücke auf, die einer bestimmten Leserschaft zugute kommen sollen: nämlich der Familie zu Hause und, in späteren Zeiten, dem Autor selbst, der sich als reiferer Mann über diese «Schätze der Erfahrung» beugt.

So gesehen stellen die Reiseaufzeichnungen des Zürcher Oberländer Fabrikantensohns Adolf Guyer-Zeller eine bemerkenswerte Parallele dar. Der mit Emil Streuli gleichaltrige Jungunternehmer war zudem in der gleichen Epoche in Kanada und den Vereinigten Staaten unterwegs – vom Oktober 1860 bis im Frühjahr 1861. Auch er sah sich vom Ausbruch des Bürgerkriegs zur überstürzten Heimreise gezwungen, auch ihn erreichten beunruhigende Nachrichten über den Gesundheitszustand des Vaters. Zudem lassen sich die Einträge an Dichte und Ausführlichkeit durchaus vergleichen: Guyers halbjährige Reise durch das erklärte «Traumland» Amerika füllt in der vor Kurzem erschienenen integralen Ausgabe der Hefte 125 Buchseiten, wobei noch ein Ausflug nach Kuba Platz findet. Und ganz wie Emil Streuli notiert der Schreiber konkrete Eindrücke von Wirtschaft, Verkehr und Geschäftswesen, vor allem natürlich vom Baumwollanbau und -handel, der ganz direkt mit dem väterlichen Betrieb zu tun hat. Hingegen lässt sich Guyer-Zeller nirgends länger als für ein paar Wochen nieder. Das enge Beziehungsgeflecht zwischen Landsleuten, einheimischen Bekannten und Geschäftspartnern, das bei Streuli zu einer Fülle von reizvollen Begegnungen, Episoden und Anmerkungen führt, fehlt hier völlig: Es dominiert der Beobachter.

Guyer-Zeller trifft übrigens Anfang März 1861 in New York ein und bleibt hier wenige Tage; das Tagebuch schildert denn auch die Begegnung mit jungen Landsleuten aus der Textilbranche wie Robert Schwarzenbach. Emil Streuli fehlt auf dieser Liste. Schade – er ist kurz zuvor in die Heimat abgereist.

Einen bemerkenswerten Nachtrag ergibt im Falle Guyer-Zellers die Überlieferungsgeschichte des Manuskripts; erst sie rückt den Wert der Horgner Bände ins richtige Licht. Nach dem Tod Guyer-Zellers, der 1899 seine Laufbahn als Eisenbahnunternehmer und Initiator der Jungfraubahn brüsk beendete, gingen sechs dicke Hefte mit Reiseaufzeichnungen an die Söhne über. Sohn Ernst Guyer verramschte sie, reichlich pietätlos, einem Händler am Zürcher Flohmarkt. Ohne den Zürcher Zeitungsredaktor, dem die Aufzeichnungen beim Stöbern am Marktstand kurze Zeit später in die Hände gerieten, wären sie wohl verloren gewesen. So erkannte ein historisch interessierter Käufer ihren Wert als Zeitzeugen. Mehr noch: Der Retter übergab die Hefte dem Ortsarchiv von Guyer-Zellers Heimatgemeinde Bauma. Auch hier machte sich ein später Nachfahre um die Herausgabe im Druck verdient: Wolfgang Wahl-Guyer, Ehemann einer Enkelin Guyers.

Meine eigenen Erfahrungen mit der Form des Journals: Ohne selbst je tägliche Aufzeichnungen zu führen, habe ich öfters Tagebücher und Autobiografisches historischen Texten zugrunde gelegt. Als besonders hilfreich erwiesen sich solche Lebenszeugnisse beim Band *Abenteuer Schweiz* (1991), der für jedes Jahrhundert der eidgenössischen Chronik eine Art Sondierschnitt durch die Alltagsgeschichte legte. Hier kamen hintereinander zu Wort: der Berner Adlige Ludwig von Diesbach mit seinem Lebensrückblick, der Basler Kaufmann Andreas Ryff mit seinen Reisetagebüchern, die Briefe des Genfer Diplomaten Pictet de Rochemont und die Erinnerungen der Näherin und späteren Verlegersgattin Verena Conzett aus Zürich. Mitten ins 17. Jahrhundert führten mich in der Mantel- und Degenchronik *Die Brigantin* die Briefe einer Gruppe britischer Flüchtlinge, die während Jahrzehnten in Vevey im Exil weilten, ebenso die bemerkenswerten Tagebücher John Evelyns über seine Schweizer Reise um 1650.

Als eine Art Logbuch, das Tag für Tag die Breiten- und Längengrade neu bestimmt, wartet das Tagebuch mit wechselnden Blickwinkeln und unerwarteten Details auf, die gerade einer historischen Darstellung Farbe und plastische Konturen verleihen können. Im Falle von Henri-Frédéric Amiel liess mir die blosse Fülle dieses Angebots nur den Entscheid übrig, mich auf einen Jahresausschnitt zu beschränken: Was trieb den so melancholischen wie charmanten Stadtneurotiker Amiel von Januar bis Dezember 1860 um? Beim Schreiben von *Das gespiegelte Leben* ahnte ich nicht, dass mich Emil Streulis Tagebuch in eben diese Epoche zurückversetzen würde. Bei der Arbeit an der New Yorker Saga ergaben sich reizvolle Rückkoppelungen: Beide Autoren äussern sich zum Konflikt rund um Savoyen (der Genfer Amiel naturgemäss um einiges detaillierter), beide sind leidenschaftliche Schachspieler, beide lieben die Musik, lassen sich beispielsweise keine Wagneraufführung entgehen. Ja, ich ertappte mich dabei, dass ich gewisse Daten hier wie dort verglich, zum Beispiel nachschlug, wie Amiel den Abend des 19. Oktober verbrachte, an dem Streuli am Broadway die Aufführung von *Guy Manne-*

ring besuchte – vielleicht in der Hoffnung auf einen entsprechenden Theaterbesuch Amiels jenseits des Atlantiks. Eine Spielerei, gewiss; irgendeine Übereinstimmung ergab sich nicht. Immerhin widmete sich Amiel an diesem Freitag ebenfalls der Literatur, indem er Goethes Gedicht «Der Fischer» ins Französische übersetzte, und für den Vortag ergab sich doch noch eine Parallele, die mich schmunzeln liess: Beide trugen eine Schachpartie aus.

Weshalb und für wen führt jemand Tagebuch? Ein anrührendes Beispiel gibt der oben genannte Basil Ferdinand Curti, der Rapperswiler Politiker und Publizist. In den letzten Lebensjahren übertrug der Greis einzelne Einsichten, Aphorismen und längere Passagen aus seinen unzähligen Heften in ein prächtiges Album mit Goldschnitt: eine volle Seite für jeden Tag des Jahres! Den fertigen Band übergab er seinem offenbar halt- und ziellosen einzigen Sohn mit der Widmung «Von Deinem Vater – lass ihn nicht ganz gestorben sein»: die Einträge von 60 Jahren komprimiert, konzentriert in einem «Buch der Weisheit», das der nächsten Generation als Lebensstütze dienen soll!

Im Falle Amiels, des bekanntesten Tagebuchschreibers der Schweizer Literatur, sind die Antworten ebenso zahlreich wie unterschiedlich. Eine häufig vertretene These besagt, das tägliche Bilanzieren des Alltags habe den Schreiber vor dem Absturz in die Depression gerettet, ja eine eigentliche Therapie dargestellt, die sich der Autor selbst verschrieb. Das sei genau umgekehrt zu sehen, urteilt eine Minderheit: Amiel habe sich in eine «Gegenwelt zur wirklichen Welt geflüchtet» und sei diesen «virtuellen Doppelgänger» nicht mehr losgeworden, habe darüber eine definierbare Stellung in der Gesellschaft verscherzt, habe sich beispielsweise auch die Suche nach einer Lebenspartnerin bis zur Aussichtslosigkeit erschwert. Jüngere Diagnosen ziehen eine Parallele zu den zahllosen Weblogs, mit denen sich unbekannte wie bekannte Diaristen ein Forum, einen gesellschaftlichen Hallraum erschaffen; ja Amiel wird geradezu als «Ahnherr aller Blogger», als «Neil Armstrong des Cyberspace» bezeichnet.

Wer Eindrücke und Erlebnisse einem anonymen Internetpublikum unterbreitet, gibt einen Grundgedanken auf, der die Diaristik des 19. Jahrhunderts prägte: Das Tagebuch ist ein Monolog, ein Gespräch der/des Schreibenden mit sich selbst. Im weiteren Sinn verletzen auch Romanautoren diese Grenze, indem sie ihre Geschichte zwar in die Form eines fiktiven Tagebuchs kleiden, dieses aber einem breiteren Publikum vorlegen. Besonders populär scheint dieses Rezept im angelsächsischen Raum, wo sowohl Thriller wie John Fowles' *The Collector* als Romanzen wie «Schokolade zum Frühstück» auf die Tagebuchform zurückgreifen. Eine Mischform bilden kolumnenartige, aber datierte Texte, eine Art Tag-für-Tag-Moderation wie jene des bayrischen Autors Helmut Krausser. Dieser Mann, der sich selbst als «absolut grössenwahnsinnig» bezeichnet, führt seit zwölf Jahren jeweils einen Monat im Jahr Tagebuch; ein Verlag gibt die Texte vorweg gehorsam heraus. In den Beispielen, die ich lese, finden sich eigentlich kaum Hinweise auf eine übersteigerte Selbstwahrnehmung Kraussers, dafür viel Nachdenken übers Schreiben: Literatur und Massenwirkung, eine literarische Anekdote über Rilke, kleine Werkstattprobleme. Dazu auffallend viele erinnernde Passagen, über eine Jugendgang im Quartier, eine Busfahrt in Rom, einen verletzten Hund, ebenfalls in Italien. Nur wenige Beispiele können durchgehen als Reflexe des Tages, und hier finden sich dann häufig Rückbezüge auf Boulevardklatsch; der Fussballer David Beckham wird zitiert, die Sängerin Britney Spears, die unsägliche Hotelerbin Paris Hilton.

Beim Zweitlesen wird mir Kraussers Prinzip allmählich klar. Ob Beckham, Britney oder blutender Hund – es sind gespiegelte Wirklichkeiten, die, zu Leseofferten umformuliert, auf den Leser hingeformt werden. Nichts in diesem Angebot braucht sich, wie behauptet, im April 2004 abgespielt zu haben. Das Prinzip Tagebuch liefert bloss die Stilschablone; diese erlaubt das Abliefern von Unzusammenhängendem, das An- und Wegformulieren, die bruchstückhaften Phantasien. Dass sich hier ein Autor spätabends im Lampenschein über seine Blätter beugt, den gelebten Tag vorbeiziehen lässt, erweckt als Vorstellung bestenfalls gerührtes Schmunzeln.

All dies gibt nur wenige Analogien zu Emil Streulis Werk her. Selbst wenn viele seiner Einträge durchaus den Reiseberichten in den Internetportalen gleichen, mit denen heutige Urlauber die Daheimgebliebenen orientieren, würde er heute als Blogger keine grosse Gefolgschaft finden, keine Community um sich scharen. Dafür fehlt ihm der radikale Selbstbezug heutiger Blogger, die Unverfrorenheit, mit der flüchtige Erkenntnisse als Diskussionsbasis ausgegeben werden. Emils Zielpublikum, das stand von Beginn weg fest, waren Mama und Papa, vielleicht noch die älteren Brüder. Dem Schreiber selbst hat die tägliche schriftliche Selbstvergewisserung fraglos gute Dienste geleistet, ohne dass deshalb gleich der Begriff «Therapie» bemüht zu werden braucht. Davon zeugt vor allem der problemlose Einbezug ins neue häusliche und geschäftliche Umfeld.

Viel eher trifft der Begriff «Schreibtherapie» zu auf die riesige Menge täglicher Aufzeichnungen, die sich ebenfalls in der Hernervilla fand: die erwähnten Stenoblöcke von Emil Streulis Enkelin, der einsamen Susanne Streuli. Ich habe diese wahnwitzige Zeitbuchhaltung bereits in *Die Löwenbraut* geschildert, komme aber nicht umhin, das Kapitel nochmals aufzugreifen. Allzu frappant ist das Aufeinandertreffen zweier Extreme der Gattung Tagebuch innerhalb der gleichen Familie, des gleichen Hauses!

Ob hier ein bestimmtes Gen, eine Generation überspringend, wirksam wurde? Ob die verstaubten New Yorker Bände der Schreibenden sogar als Anregung, als Vorbild dienten? Tatsache ist, dass die Enkelin rund hundert Jahre nach ihrem Grossvater mit ihren eigenen täglichen Aufzeichnungen begann und diese Routine über mehr als zwei Jahrzehnte hinweg aufrechterhielt. In den 1970er- und 1980er-Jahren füllten sich so gegen tausend einheitliche Stenoblöcke, die offenbar im Grossen eingekauft wurden. Es waren Hefte von 70 Seiten, liniert und an der Schmalseite spiralgebunden, in denen die alternde Frau und die Greisin in flüchtiger, beinahe unleserlicher Schrift ihre Tageserlebnisse festhielt. In längeren und kürzeren Paragrafen, von 1 bis 60 oder 70 durchnummeriert, erscheinen alle Verrichtungen, Begegnungen und Zwischenfälle des Tages, oft sogar mit Angabe der Uhrzeit. Der einzelne Tag nimmt sechs, acht, ja zehn Seiten in Anspruch, dies vor allem, wenn mehrere Telefonate anfallen. Gespräche mit der Gemeindeverwaltung, dem Friseur oder der Putzhilfe werden oft Wort für Wort festgehalten, das Ausmachen eines Termins mit dem Klempner oder Elektriker nimmt ohne Weiteres zwei Seiten in Anspruch. Ein gelegentlicher Ausflug nach Zürich, meist mit halbtägig engagiertem Chauffeur, gipfelt oft im Besuch der Confiserie Sprüngli; hier hält der Stenoblock jede Einzelheit der Konsumation (Geschmack, Aussehen, Preis, Trinkgeld) fest.

Dieses in seiner absurden Genauigkeit beklemmende Tages-Stenogramm wird ergänzt durch Verdacht erweckende Beobachtungen: Finstere Gestalten schleichen rund ums Haus, lassen sich angeblich sogar in Gartenhaus oder Garage nieder, scheinen die einsame Villenbewohnerin rund um die Uhr zu beobachten. Solchen diffusen Verfolgungsängsten macht die Bedrohte in zahlreichen Telefonaten an einen Berater Luft, dem sie auch die Aktivitäten des Tages zur Gutheissung unterbreitet. Die Stenoblöcke halten selbst das winselnde «Danke, danke vielmals!» fest, mit dem die verwirrte Frau das Gespräch verdankt; oft folgt ein ergebenes «Wann darf ich wieder telefonieren?».

Dass es sich bei diesem Beistand keineswegs um eine Phantasiefigur handelte, wurde in der *Löwenbraut* ebenfalls geschildert. Gegen ihr Lebensende geriet Susanne Streuli unter die totale Kontrolle eines Aussenstehenden, dem sie schliesslich einen Grossteil ihres Vermögens vermachte. Die gespenstischen Tagesnotate, die nach der Hausräumung zahlreiche Kartonschachteln füllten, können einesteils als Versuch gelten, den sinnentleerten Alltag mit einer Art Struktur zu festigen. Die 60 000–70 000 vollgekritzelten Seiten lassen sich aber auch als Protokoll einer Gehirnwäsche lesen, die schliesslich mit der Selbstaufgabe einer Person endete.

Ich möchte den Tagebuch-Exkurs aber nicht mit diesem extremen und extrem bedrückenden Beispiel beschliessen. Jedes Tagebuch, so heisst es, ist auch eine Auseinandersetzung mit der Zeit; das tägliche Resümee spiegelt dabei ein Innehalten der Zeit vor. In gewissem Sinn stockt tatsächlich ihr Fluss, solange die Ereignisse des Tages resümiert werden. Während des Festhaltens herrscht so etwas wie Null-Zeit, und nur ein Eintrag wie Emils «Jetzt ist es 1 Uhr … Gute Nacht!» erinnert daran, dass der Uhrzeiger natürlich auch während des Schreibens vorgerückt ist. Was die sinnvolle Verwendung der Zeit betrifft, so vergewissert in Emil Streulis Fall der Eintrag nicht nur den Schreiber selbst, sondern auch die Familie «draussen». Entsprechend halten die Passagen, die eine «übersprungene» Woche zusammenfassen, vor allem die Aktivitäten dieser Tage fest: Verkäufe im Store, Buchhaltung für die *Gas Company*. Die verflossene Zeit definiert sich hier über die Leistung; Schilderungen von Personen und Landschaften fehlen in diesen Zusammenfassungen völlig.

Umgekehrt häufen sie sich in den Einträgen über Urlaubsreisen oder längere Wochenendausflüge. Hier wird ein bestimmter Zeitraum gleichsam als gesetzt erklärt: drei Wochen in den Catskills-Bergen, drei Tage im Schweizer Chalet von Dobbs Ferry. Das lässt Raum für Gefühle, Eindrücke, Stimmungen. Dank der Ruder- und Angelpartie auf dem poetischen Waldweiher erfahren wir mehr über das Verhältnis des jungen Burschen zu seiner Gastgeberin; am Nachmittag in Dörlers Kirschgarten bleibt Zeit für religiöse Erwägungen.

Verwirrung stiftet der Umgang mit der Zeit, wenn es um den Austausch von Nachrichten über den Atlantik hinweg geht. Wie gesehen, erfährt Emil mit beinahe dreiwöchiger Verspätung vom Tod seiner Mutter; auf gewisse Weise stirbt sie für ihn erst im Augenblick, in dem er den Briefumschlag mit der Trauerkarte öffnet. Trotzdem macht sich Emil Vorwürfe über die unbeschwert verbrachten Wochen, in denen seine Lieben zu Hause den Tod von Caroline beweinten. Er schlägt im Tagebuch die Daten ihres Sterbens und ihrer Beerdigung nach; unter seinen New Yorker Alltag hat sich ein zweiter, «richtiger» Kalender geschoben. Und

in einem praktischen Sinn gilt dieses *timelag*-Paradox auch für die Kriegsnachrichten des Sommers 1859. Während die New Yorker Presse von
blutigen Schlachten in Norditalien berichtet, haben die Kriegführenden
bereits einen Waffenstillstand geschlossen. Entsprechend liest Emil die
Meldung über den Frieden von Villafranca geradezu mit einem Anflug
von Ärger: Hat er sein Mitgefühl vergeudet, hinkt er in seiner Teilnahme
hintennach?

So gesehen geht sein Leben nach einem kurzen Unterbruch weiter,
wie er Anfang März 1861 wieder in Horgen eintrifft und nach dem Time-
out der zweiwöchigen Überfahrt auf die alte Zeitschiene zurückkehrt.
Die New Yorker Jahre bleiben Episode, es kommt nach der Übernahme
der Firma und der Verheiratung zu keinen grösseren Reisen mehr. Es ist
anzunehmen, dass die Jahre am Broadway und in der Villa über dem
Hudson auch in Emils Erinnerung verblassen. In der spärlich erhaltenen
Korrespondenz der späteren Jahre klingen sie kaum mehr an. Vielleicht,
dass sie wenigstens am Klavier ab und zu wiederauflebten, dass der
Broadway wenigstens musikalisch an den Bleicherweg fand. Denn immerhin haben sich im Nachlass einige New Yorker Notenblätter mit geselligen und besinnlichen Liedern erhalten. Ein fescher Song mit dem Titel
Shew Fly! erinnert an amüsante Abende in der Minstrels Show, ein besinn-
liches Lied für den Sonntagssalon an das Verstreichen der Zeit: *Too late,
too late.*

Anhang

Bibliografie

Handschriftliche Quellen, Familienarchiv Schulthess (Horgen)

FAS St 7: Briefe von Caroline Streuli-Maurer (1815–1859) an Heinrich Emil Streuli in New York, 1858–1859
FAS St 8: New Yorker Tagebuch von Heinrich Emil Streuli (1839–1915), 10 Bde., 1858–1861

Gedruckte Quellen (Darstellungen, Periodika)

Adams, Arthur: The Hudson. A Guidebook to the River. Albany o.J.
Arlettaz, Gérald: Emigration et colonisation suisses en Amérique, 1815–1918. Bern 1979
Bitterli, Urs: Schweizer entdecken Amerika. Zürich 1991
Bordman, Gerald: The Oxford Companion to American theatre. New York 2004
Browne, Junius Henri: The Great Metropolis. A Mirror of New York. New York 1869 (Reprint Arno Press, New York 1975)
Burns, Ric / Sanders, James / Ades, Lisa: New York – Die illustrierte Geschichte von 1609 bis heute. München 2002
Cardia, Clara: Ils ont construit New York. Histoire de la métropole au XIXe siècle. Genf 1987 (= Collection Histoire / Urbanisme 1)
Cheda, Giorgio: L'emigrazione ticinese in California. 2 Bde., Locarno 1981
Condit, Carl W.: The Port of New York. A History of the Rail and Terminal System from the Beginnings to Pennsylvania Station. Chicago 1980
Dickens, Charles: American Notes (1842). Oxford University Press, London 1957
Dunshee, Kenneth Holcomb: As You Pass By. New York 1952
Ellis, David Maldwyn: New York – State and City. Ithaca 1979
Goldstone, Harmon / Dalrymple, Martha: History Preserved. A Guide to New York City Landmarks and Historic Districts. New York 1974
The Great East River Bridge. Ausstellungskatalog Brooklyn Museum, New York 1983
Harper's Weekly. A Journal of Civilization. New York 1857 ff.
Hintermeister, Karl: Die Schweizerische Seiden-Industrie mit besonderer Berücksichtigung der mechanischen Seidenstoffweberei. Zürich 1916
Holzhalb, Hans Jakob: Verzeichnis der Stadtbürger von Zürich auf das Jahr 1848. Zürich 1848
Homberger, Eric: The Historical Atlas of New York City, New York 1994
Jackson Kenneth T. / Dunbar David S. (Hrsg.): Empire City: New York Through the Centuries. New York 2005
Jackson Kenneth T. (Hrsg.): The Encyclopedia of New York City. New Haven 1995
Kläui, Paul: Geschichte der Gemeinde Horgen. Horgen 1952
Kouwenhoven, John A.: The Columbia Historical Portrait of New York. Garden City 1953
Lightfoot, Frederick S.: Nineteenth-Century New York in Rare Photographic Views. New York 1981

Messerli, Barbara: Seide – zur Geschichte eines edlen Gewebes. Commission Européenne Promotion Soie (Hrsg.). Zürich 1985

Morris, Lloyd: Incredible New York. High Life and Low Life of the Last Hundred Years. New York 1951

New York Times, The (abgekürzt: NYT), New York 1851 ff.

Plunz, Richard: Habiter New York. La forme institutionalisée de l'habitat new-yorkais, 1850–1950. Brüssel 1982

Schindler, Peter: Vom Haus zur Palme. Zürich 2003

Shorto, Russell: New York – Insel in der Mitte der Welt. Wie die Stadt der Städte entstand. Hamburg 2004

Snyder, Robert W.: The Voice of the City. Vaudeville and Popular Culture in New York. New York 1989

Spann, Edward: The New Metropolis. New York City, 1840–1857. New York 1981

Stokes, Phelps: The Iconography of Manhattan Island, 1498–1909. 6 Bde., New York 1915–1928

Treichler, Hans Peter: Gründung der Gegenwart. Erlenbach/Zürich 1985

Ders.: Abenteuer Schweiz. Geschichte in Jahrhundertschritten. Zürich 1991

Ders.: Die stillen Revolutionen. Zürich 1992

Ders.: Die Brigantin oder Cromwells Königsrichter. Zürich 2002

Ders.: Rapperswil, Stadt am Übergang. Rapperswil 2006

Ders.: Amiel oder Das gespiegelte Leben. Zürich 2006

Ders.: Die Löwenbraut. Familiengeschichte als Zeitspiegel der Epoche. Zürich 2009, 6. Auflage

Virga, Vincent: Historical Maps and Views of New York, New York 2008

Wahl-Guyer, Wolfgang: Reisen als Schlüssel zur Welt. Die Reisetagebücher von Adolf Guyer-Zeller (1839–1899). Zürich 2000

White, Norval: New York: A Physical History. New York 1988

Zogg-Landolf, Annemarie: Ein junger Horgner erkundet den Broadway – Aus den Tagebuchaufzeichnungen des Emil Streuli. In: Zürcher Taschenbuch für das Jahr 2006, Zürich 2005

Textnachweis

Die Zitate aus Emil Streulis Tagebüchern werden mithilfe des Eintragsdatums verortet. Wo dieses aus dem Buchtext eindeutig hervorgeht, wird auf einen Nachweis verzichtet. Die Verweise auf Sekundärliteratur begnügen sich mit dem Autorennamen; alle weiteren diesbezüglichen Angaben finden sich in der Bibliografie.

7 f. Abreise, Beschreibung Kabine: 27.7.58
9 Irische Nonnen, Maschinenraum: 28.7.58
    Segel einziehen: 31.7.58; Segel setzen: 2.8.58
10 Fotoporträt: siehe Abb. 36
11 Sturm, leutseliger Kapitän: 1.8.58
12 Seekrankheit, Mr. Yard staunt über Emils Esslust: 3.8.58
    Kompliment für Englischkenntnisse: 30.7.58
    Mitte des Atlantik erreicht: 3.8.58
13 Kleiderausstattung durch Mutter: 4.8.58
    Wehmut auf nächtlichem Deck: 2.8.58
14 Passagier reist mit Sarg seiner Schwester: 7.8.58
15 Ankunft in New York: 9.8.58
16 Schlechtes Wetter verzögert die Ankunft der *Persia*: 13.12.58
    Sturzwelle tötet Kapitän der *Ariel*: 21.12.58
17 Schnellste Zeiten Atlantikpassage, Rekord *Vanderbilt*: 21.5.59
19 Ankunft in New York, Transfer nach Bergen Hill: 9.8.58
20 Aussicht von Veranda Bergen Hill: 14.8.58
    Bevölkerungszahlen New York: Cardia 79 f.
20 f. New York Handelszentrum: Cardia 53 f.
21 Entwicklung des Sektors rund um Park Place: Cardia 58–60
    Ankunft in Bergen Hill, Beschreibung Gastgeberfamilie: 9.8.58
22 Familien Aschmann-Tooker-Davis-Dörler: siehe Genealogie www.davefinlay.com
23 Erster Tag im Store: 10.8.58
24 *Dry goods commerce*, Allgemeines: Cardia 58
    Beschreibung Park Place, Broadway: 10.8.58
25 f. Berichte von Mutter Caroline Streuli: FAS St 7, 28.8.58 und 3.9.58
27 Gottesdienst in Hudson City: 15.8.58
    «Heimwehkiste» mit Zither eingetroffen: 10.9.58
    New Yorker zeigen «Kälte» gegen Fremde: 31.8.58
    Mutter Caroline über mangelndes Heimweh: 21.11.58
28 Missgünstige Stimmen, «lammfrommer» Emil: 22.10.58
    Wichtigste Einkäufer im Store: 17./20.8.58, 25.2.59
    Starrköpfiger Kunde, Einkäufer Constable: 28./29.8.58
29 Rolle von Kollege Itschner: 25.4.59
    Verhältnis Ryffel/Baumann & Streuli im *Ashman's*-Angebot: 22.12.58
    Einrichtung Store (Gaslicht, Flaschenzug): 17.8.58, 27.4.59
    «Launen und Neigungen», Urteil Hausgenosse Hogt: 25.2.59
    ES erstmals als Verkäufer eingesetzt: 4.9.58
30 ES hat «Manieren wie ein Pariser»: 28.7.59

197   ES über 5th Avenue: 10.12.59
197 f. Besuche in Brooklyn: 14.10.58, 27.10.58
198   Rückfahrt von Hempstead: 15.10.60
199   New Yorker Schwerindustrie: Cardia 63–65
199 f. Wall Street, Börse: 13.8.58, 29.11.58
200   Alte Gebäude der Seidenimporteure: 29.11.58
       Atlantic Insurance: 2.2.59, 16.8.58
201   Hauptpost in Kirche: 7.3.59, 13.8.58
       Spekulanten durchschneiden Telegrafenkabel: 4.5.59
202   New York als Vermittlungszentrum für Telegraf: 21.8.58
       New Yorker bedient sich mit Charlotte Russe: 25.7.59
       Prächtige Feuerwehrleute: 13.10.60
202 f. ES trifft John Jacob Astor junior: 3.10.60
203   Mehrzahl der New Yorker im Ausland geboren: Cardia 79
       ES wird US-Bürger: 8.4.59
204   Feuersbrunst in Wall Street: 29.7.59
205   Besuch Schwurgerichtsverhandlung: 10.1.59
205 f. Hinrichtung Pirat Hicks: 13.7.60; NYT 14./15.7.58
207   Krinoline versperrt Store: 18.12.58
       Krinoline verhindert Aussteigen in Kutsche: 11.10.58
       Krinolinen für Ball in Kutsche zerdrückt: 21.12.58
       Entblösste Krinoline: 24.3.59
       Aschmann über «lächerliche Launen»: 12.5.59
208   «Bettelei» mit Namensliste: 28.8.59
       «ekelhafte Bettelei» durch Pfarrer: 28.10.58
209   Kirchen spekulieren mit Grundstücken: 27.3.59
       Karfreitag nur von Episkopalischen begangen: 22.4.59
       Osterfeier «gewöhnlicher Sonntag»: 23.4.59
       Sonntag als Werktag: 17.4.59
       Thanksgiving ist «Humbug»: 29.11.60
211   ES ordnet Briefe der Mutter: 24.4.59
211 f. Einsamer Vater Streuli, Todesahnungen: 18.4.59
213   ES rühmt Sonntagsidyll auf Bergen Hill: 19.8.60
213 f. Ankunft *Great Eastern:* 28.6.60
214   Besuch Fire Island: 12.7.60
       Umzug ins *Lafarge:* 22.8./1.9.60
214 f. Abreise Aschmann: 15.9.60
215   Umzug Store nach Douane Street: 27.12.60
       Aschmann zurück, Heiratspläne Vater Streuli: 25.12.60
       Savoyerkrise, Allgemeines: Treichler 1985, 207 ff.
218 f. Besuch japanische Delegation: 16.6.60
219 f. Ankunft/Besuch *Great Eastern:* 28.6.60, 14.7.60
221   ES sieht aus wie Prince of Wales: 4.11.60
221 f. Besuch Prince of Wales: 11.–14.10.60
223 f. NYT über Besuch Prince of Wales: NYT 14./15.10. und 8.11.60
226   Wahlkampf, Rede Seward: 2.11.60

226 f. Präsidentschaftswahl: 6./7.11. 60
227   Erste Anzeichen Sezession, Börsenkrise: 12./17.11.60
230   ES schwärmt für Irvings Anwesen: 17.10.58
         Gemeinsame Doesticks-Lektüre: 19.11.58, 5.12.58
230 f. ES liest/abonniert *Gartenlaube*: 5.4.59, 31.1.59
231   Schwärmerische Frühlingstexte: 13.3.59, 23.3.59
         Lektüre Reade, *Love me little*: 21.8.59
232   Illustrationen *Faust*: 9.1.61
232 f. ES abonniert Kunstblätter: 5.11.58
233   Stahlstich als Prämie: 23.2.59
233 f. Ausstellungen bei *Goupil's*, Porträts Eugénie: 20.5.59; 8.12.58
234 f. Aztekenkunst: 2.8.59
235   Stereoskopie: 29.12.58; 12.8.58
235 f. «Jassen»: 19.8.58, 28.8.58; 28.1.59
237 f. Ehrung für Schachspieler Paul Morphy: 25.5.59
239 f. Tanzunterricht in Hoboken: 1.11.58
240 f. Reise nach Niagara Falls: 22.7.60
242 f. Ausflug nach Coney Island: 30.7.59
245 f. «Tag der Besinnung»: 4.1.61
247   Rückzug von Fort Moultrie: 28.12.60
248 f. Projekt Niederlassung in London: 8.10.60, 20.12.60; 26.12.60
249   Abreise Mitte Februar, Reaktion junge Damen: 25.12.60
249 f. Heiratsspekulationen um Frances Davis: 8.7.60
250   Über Hanskaspar Escher: Holzhalb 44
         Episode mit Mina Hüni: 27.7.59
251   Kritik über Leistung im Store: 26.12.60
         Abschluss-Salär im Store nur 600 Dollar: 31.12.60
252   Bilanz, Jahresrechnungen 1859/60: 7./10.1.61
         Anschaffungen Mantel, Anzug: 15.12.60
253   Kosten Fernrohr am Park Place: 23.5.59
         Kosten Kegelpartie: 7.9.59
         Reichhaltige Mahlzeiten: 29.11.60, 9.1.61
         Tageslohn für Arbeiter: 7.4.59
         Monatslohn Lehrer: Plunz 232
         Miete für Häuser 39. Strasse: 12.11.59
         «niedere Stände» bei Helvetia-Fest: 18.12.60
254   Erkundigung nach mütterlichem Erbe: 12.8.59
         Halbjahresabschluss bringt 48 000 Fr.: 3.8.59
         «Am wenigsten freue ich mich ...»: 1.1.61
254 f. Ausflug nach College Point: 28.10.60
255   ES kauft Schal: 14.1.61
257   Vorahnung: Treichler 2009, 82
         «entscheidender Moment»: 20.12.60
         Bericht über Elsass-Reise: Treichler 2009, 111
258   Kauf Nachbarhäuser im Heilibach: ebd., 82
         «bedeutend in Bewegung gebracht»: 27.7.59

Bildnachweis

Abkürzungen:
FAS   Familienarchiv Schulthess, Horgen
GS   Graphische Sammlung
HPT   Archiv Hans Peter Treichler, Richterswil
HW   Harper's Weekly
NYPL   New York Public Library
ZbZ   Zentralbibliothek Zürich

1   *Birdseye View of New York.* Lithographie John Bachmann, 1865, Kartensammlung/ Repro ZbZ
2   *Arrival of a European Steamer.* Holzstich von J.W. Champney. HW 2.6.1877 (Ausschnitt), Repro ZbZ
3   *Along the Docks, View from West Street.* Holzstich HW 24.7.1869 (Ausschnitt), GS/ Repro HPT
4   *Brand der «Austria» vor Neufundland am 13. September 1858.* Holzstich Leipziger Zeitung 30.10.1858, Repro ZbZ
5   *Birdseye View of New York.* Lithographie Locher, St. Gallen/New York, 1856 (Ausschnitt), Kartensammlung/Repro ZbZ
6   Tagebuch Emil Streuli, Band I. FAS, Foto HPT
7   Porträt Frances Davis. Foto um 1860, FAS
8   *A View of Hudson Valley.* Holzstich HW 9.1.1869 (Ausschnitt), GS/Repro HPT
9   Porträt Caroline Streuli. Gemälde Konrad Hitz, FAS, Foto HPT
10 Porträt Emil Streuli. Foto um 1860, FAS
11 *Sleighing on Broadway in 1860.* Stich GS NYPL
12 Strassenarbeiten. Holzstich HW 18.9.1869 (Ausschnitt), GS/Repro HPT
13 Dose mit Bild Segeldampfer. FAS, Foto HPT
14 Blick von Bergen Hill auf Manhattan. Stich um 1860, GS/Repro HPT
15 Ausschnitt *Birdseye View* 1856 (s. Abb. 5)
16 Die Schwestern Davis mit Ehemännern. Foto um 1862, FAS
17 Vesey Street mit Broadway. Stich 1853, GS NYPL
18 Ausschnitt Dripp's Map 1865. Aus: Cardia (s. Bibl.)
19 Brand Crystal Palace. Lithographie 1858. Aus: Dunshee (s. Bibl.)
20 Komet Donati. Stich London Illustrated News 23.10.1858, Repro ZbZ
21 *Printing House Square.* Stich 1869. Aus: Browne (s. Bibl.)
22 *23rd Street at 5th Avenue.* Foto um 1870, GS/Repro ZbZ
23 *The Papprill View from St. Paul's Chapel.* Aquatinta um 1850. Aus: Stokes (s. Bibl.), Band III, 132
24 Omnibus auf Fulton Street. Stich HW 4.3.1865 (Ausschnitt), Repro ZbZ
25 Washington Market, Fischmarkt. Holzstich nach Skizze von Stanley Fox. HW 3.4.1869, GS/Repro HPT
26 Washington Market. Stich um 1860. Aus: Browne (s. Bibl.)
27 Porträt Albert Stapfer. Daguerrotypie in Kassette, um 1860, FAS
28 Damenmode 1865. Stich HW 25.2.1865, GS/Repro HPT
29 Porträt Frances Davis. Foto um 1860, FAS

Register

Häufig erwähnte Personen / Örtlichkeiten sind nur dort aufgeführt, wo sie in wesentlichem Zusammenhang mit den Ereignissen stehen. Die kursiv gesetzten Ziffern verweisen auf die Nummern der entsprechenden Abbildungen.

Zeittafel

> Emil Streuli	> New York, USA, Europa

1839 Hans Caspar Streuli gründet
Seidenmanufaktur in Horgen;
Geburt von Sohn Heinrich Emil

1841 Geburt von Mina Hüni

1858
27.7.–9.8. Überfahrt auf *Arago*
ab 9.8. in Bergen Hill, Hudson City

18.8. NY: Brand City Hall
1.9. NY: Feier Transatlantikkabel
11.–13.9. mit Aschmann in Philadelphia
13.9. Atlantik: Untergang *Austria*
26.9. Geburt Freddy Aschmann
7.10. NY: Brand Crystal Palace
21.12. Bürgerwehrball in Hoboken

1859 10.1. NY: Kältewelle
21.2. Erste Fahrt nach College Point
5.3. Tod von Caroline Streuli
16.3. Tod Albert Dörler, Totenwache
30.3. Todesnachricht aus Horgen trifft ein
8.4. ES erhält US-Bürgerrecht
25.5. Schachklub ehrt Paul Morphy Mai: Kriegsausbruch: Koalition
Frankreich/Sardinien gegen
Österreich
2.6. Vertrag mit Gas Company 2.6. I: Schlacht von Montebello
6.6. I: Schlacht von Magenta
24.6. Konzert Harmonic Society 24.6. I: Schlacht Solferino, Dunant
5.7. ZH: Eidgen. Schützenfest
16.7. 20. Geburtstag, Vorsätze
9.–22.8. Ferien in Catskill Mountains
1.10.–12.11. Tagebucheinträge suspendiert 10.11. Frieden von Zürich beendet
Krieg in Norditalien
6.12. bezieht Winterlogis *Lafarge*

1860
1.1.–30.5. Tagebucheinträge suspendiert
16.6. NY: japanische Gesandtschaft
28.6. NY: *Great Eastern* läuft ein
14.7. Besuch auf der *Great Eastern*

> Emil Streuli		> New York, USA, Europa	
22.–28.7.	Ausflug nach Niagara Falls		
1.9.	Verkauf Haus in Hudson City, Umzug nach NY, wohnt 28 University Place		
8.10.	Projekt Londoner Filiale		
		11.10.	NY: Besuch Prince of Wales
		12.10.	NY: Ball der 400, Bühneneinsturz
		13.10.	NY: Parade der Fire Brigade
28.10.	letzter Besuch in College Point		
		2.11.	USA: Wahlkampf
		6.11.	USA: Abraham Lincoln Präsident
		12.11.	USA: Sezession von South Carolina
		17.11.	USA: Börsencrash
25.12.	Rückkehr Aschmanns Store nach Douane Street verlegt		
31.12.	Ärger über Lohnabzug		
1861			
		3.1.	USA: Präsident Buchanan ruft zu Buss- und Fasttag auf
10.1.	Fazit NY-Aufenthalt	10.1.	USA: Zwischenfall Fort Sumter
15.1. etwa	Abreise ES nach Washington		
15.2.	Rückfahrt in die Schweiz		
		12.4.	Beschiessung von Fort Sumter löst Amerikanischen Bürgerkrieg aus
24.4.	Tod von Vater Hans Caspar Streuli ES übernimmt Firmenleitung		
1864			
12.4.	Heirat mit Mina Hüni		
1865		April	USA: Sezessionskrieg beendet
		4. 4.	Abraham Lincoln ermordet
1870			
September	Aufklärungsmission im Elsass		
1876	Pflanzung Sequoia im Hernerpark (Zentenarfeier USA)